novum pro

Thomas Deutschbein

Freiheit von der Eifersucht

Wege zu einer neuen Partnerschaft

novum pro

Bibliografische Information
der Deutschen Nationalbibliothek:

Die Deutsche Nationalbibliothek
verzeichnet diese Publikation in der
Deutschen Nationalbibliografie.
Detaillierte bibliografische Daten sind
im Internet über
http://www.d-nb.de abrufbar.

ISBN 978-3-99003-223-7
Lektorat: Susann Säuberlich
Alte Rechtschreibung

www.novumpro.com

AUSTRIA · GERMANY · HUNGARY · SPAIN · SWITZERLAND

Inhaltsverzeichnis

Freiheit von der Eifersucht

Wenn ich für dich will, was *du* für dich willst, dann liebe ich dich wirklich. Wenn ich für dich will, was *ich* für dich will, dann liebe ich mich *durch* dich. An demselben Maßstab kannst du ablesen, ob andere dich lieben und ob du andere wirklich liebst. Denn Liebe wählt nicht für sich selbst, sondern macht die Wahl möglich, die die geliebte Person getroffen hat.

(N. Walsch)

Vorwort

„Eifersucht ist ein Zeichen von Liebe." – „Eifersucht ist kein Zeichen von Liebe." – Wer sich mit der Ratgeberliteratur zum Thema Eifersucht beschäftigt, wird entweder auf die eine oder auf die andere Aussage stoßen – man kann es sich aussuchen. Was hat also Eifersucht mit Liebe zu tun? „Müssen" wir eifersüchtig sein, wenn wir lieben, oder ist eine Liebe ohne Eifersucht denkbar und lebbar?

Diesen Fragen wird hier nachgegangen, wobei unsere gängigen Vorstellungen von Partnerschaft etwas radikaler hinterfragt werden als sonst in der Literatur üblich; hierbei werden auch Aspekte von Liebe, Sexualität und Partnerschaft zur Sprache kommen, die sonst eher ausgeblendet werden, um ein vollständigeres Bild zu erhalten. Das Ergebnis sei jetzt schon verraten: Ja, es ist möglich, Partnerschaft und Liebe ohne Eifersucht zu leben, jedoch nicht im Rahmen des traditionellen, uns allen bekannten, Partnerschaftsmodells. Es wird gezeigt, daß Eifersucht eine notwendige Folge des derzeitigen Partnerschaftsmodells ist. Im letzten Teil des Buches wird diskutiert, wie Liebe und Partnerschaft konzipiert sein müssen, damit Eifersucht nicht mehr auftritt.

Am Ende dieses Buches befindet sich ein Fragebogen über Treue, Untreue und Eifersucht. Ich empfehle, diesen Fragebogen *vor* dem Lesen dieses Buches zu beantworten – und ihn dann nach dem Lesen noch einmal durchzugehen. Es ist durchaus möglich und wahrscheinlich, daß es interessante Ergebnisse gibt.

Teil 1: Ein genauer Blick auf ein bekanntes Gefühl

Treue als Voraussetzung

Gesetzt den Fall, man würde die Menschen fragen, was für sie das Wichtigste in einer Ehe oder Partnerschaft sei, so würden viele die Treue nennen – dem Partner treu sein und treu bleiben ist für die meisten ein hoher Wert, ja die unverzichtbare Voraussetzung jeglicher Beziehung. Treue hält die große Mehrzahl aller Männer und Frauen für wichtig, wesentlich und unentbehrlich. Wo es die Erwartung von Treue gibt, da gibt es auch die Möglichkeit von Untreue – und Eifersucht ist die allgemein übliche Reaktion auf wahrgenommene oder vermutete Untreue. Somit ist Eifersucht die Konsequenz der Erwartung von Treue. Da fast alle die Wichtigkeit von Treue für selbstverständlich halten, halten sie auch die Eifersucht als natürliche und automatische Reaktion auf die Bedrohung der Treue für logisch und zwingend: In einer repräsentativen Umfrage der Zeitschrift „Elle" fanden 82 % der Befragten, daß Eifersucht völlig legitim sei, wenn man liebe. (Spiegel Panorama 14. 03. 2006)

Eifersucht und Treue gehören demnach zusammen und sind sozusagen nur im Doppelpack zu haben: Wer das eine will, kriegt auch das andere. Dies ist den meisten zumindest halbwegs bewußt. Und da Treue für die meisten einen hohen Wert darstellt, färbt dies auch auf die Eifersucht ab – dann muß Eifersucht doch wohl auch etwas Gutes sein. Wenn man in der Beratung junge Menschen fragt, wie sie sich ihren Partner vorstellen, so wird meistens die Erfordernis von Treue genannt. Fragt man dann weiter, *warum* sie sich eigentlich einen „treuen" Partner wünschen, so geraten die Befragten ins Schleudern. Schon die Frage löst Verwunderung aus, *das ist doch wohl selbstverständlich!* Darüber hinaus fällt den meisten wenig ein; die Frage scheint ein Tabuthema zu berühren.

Doch wo ein Tabu herrscht, da besteht die Möglichkeit zu Entwicklung und Erkenntnis; eine Erfahrung, die schon Adam im Paradies machte, als er das Tabu in Frage stellte und den Apfel pflückte. Also stellen wir weiterhin unverdrossen die scheinbar so selbstverständliche Frage: *Warum wünschen wir uns eigentlich einen treuen Partner?*

Die Komponenten der Eifersucht

Eifersucht ist die Reaktion auf wirklichen oder vermeintlichen Liebesentzug. Diese Reaktion tritt vor allem auf, wenn der Partner sich jemand anderem zuwendet als uns selbst. Das Auftreten von Eifersucht ist nicht auf Paare beschränkt; Kinder können auf Geschwister eifersüchtig sein, wenn sie sich von Mama vernachlässigt fühlen; auch unter Freunden kann Eifersucht vorkommen. Bei Paaren jedoch gewinnt Eifersucht noch einmal eine besondere Qualität; denn Eifersucht wird hier am Sex festgemacht.

Eifersucht ist meist eine Mischung von mehreren negativen Gefühlen, von denen folgende besonders hervorstechen:

- **Verletztsein:** Dies ist sicher das häufigste Gefühl. Es ist das Gefühl, daß die Basis der Partnerschaft verlassen bzw. entzogen wurde, daß eine unausgesprochene Vereinbarung, ein Versprechen gebrochen wurde. Typischer Gedanke: Warum hat er mir das angetan.
- **Angst, Panik:** Die Angst richtet sich hier besonders auf die Möglichkeit, den Partner und somit seine Liebe zu verlieren, „Ich kann ohne ihn nicht leben".
- **Wut, Haß:** Wut richtet sich vor allem auf die dritte Person, die man dafür verantwortlich macht, daß es zum „Treuebruch" kam oder kommen könnte. Die Wut kann sich aber auch auf den untreuen Partner richten („Wie kann sie es wagen.")

- **Mißtrauen:** Eine argwöhnische, mißtrauische Haltung, die stets das Schlimmste – gewöhnlich Fremdgehen des Partners und Beendigung der Beziehung – vermutet, gehört in der Regel auch zur Eifersucht.
- **Selbstzweifel und Minderwertigkeitsgefühle:** In der Regel sinkt bei Eifersucht das Selbstwertgefühl. Je nach Veranlagung versinkt der/die Eifersüchtige in Hilflosigkeit und Angst oder versucht, durch Wut und Rache sein Selbstwertgefühl wiederherzustellen.
- **Scham, Ehre verletzt:** Die Rolle der betrogenen Ehefrau, des gehörnten Ehemannes wird hier als absolut stigmatisierend empfunden – als *Schande.* Schlimm vor allem dann, wenn andere von dem Seitensprung/der Affäre wissen oder wissen könnten, ganz schlimm, wenn diese es eher wußten als man selbst, „nur ich habe es nicht gewußt.“

Dieser Gefühlscocktail kann verschiedene Verhaltensweisen zur Folge haben:

- Ausrasten, eine Szene machen
- Gewalttätig werden
- Kontrollieren, nachspionieren, einen Detektiv beauftragen
- „Die Koffer packen“, sofort die Beziehung beenden
- Aus Rache selber fremdgehen – und anderes mehr.

Bei „gerechtfertigter“ Eifersucht, wenn die Untreue herauskommt, fühlt sich der „Betrogene“ oft, als würde man ihm den Boden unter den Füßen wegziehen. Viele können nicht mehr essen und nicht mehr schlafen; sie erleben die Untreue als absolute Katastrophe mit tiefen Depressionen, psychosomatischen Symptomen wie Herzrhythmusstörungen und Panikattacken bis zu Selbstmordgedanken, was im Extremfall auch zu Mord oder Suizid führen kann. Immer wieder tauchen Bilder und Phantasien auf, die den Partner im zärtlichen oder sexuellen Kontakt mit dem Nebenbuhler zeigen. Die Betroffenen fühlen sich traurig, erniedrigt, gedemütigt; das Vertrauen in den Partner geht gegen Null. Frauen in dieser Situation reagieren emotionaler, oft in Form von offen geäußerter Wut, Männer blocken eher ab und ziehen sich zurück. Sehr typisch ist auch die *Verunsicherung:* Wie konnte das geschehen? Wie konnte mein Partner mich so hintergehen? Man fühlt sich verwirrt und unsicher, weiß nicht, was man jetzt von der Beziehung halten soll, ja, man fühlt sich *verraten* – ein *Versprechen ist gebrochen* worden, man fühlt sich *betrogen,* gebrandmarkt, für dumm verkauft. Entsprechend sinkt das Selbstwertgefühl.

Im folgenden einige typische Beispiele (entnommen aus Baumgart 2006, S. 296 f.):

„Ich habe nicht gemeint, daß ich je wieder ein normales Leben führen kann. Ich dachte, es ist alles zu Ende – wenn der Mann die Familie verläßt, und vor allem, wenn er mich verläßt. Ich kam mir weggestellt vor, wie ein Möbelstück mit zwei Kindern. Denn er war damals alles für mich, und ich war eben – das mußte ich begreifen – ***nicht*** *alles für ihn."*

„Ich bin mir wie hinausgeschleudert vorgekommen, wie total allein in der Welt, ich will nicht sagen, ich war tot, aber es war Nacht. Wenn ich damals die Beratung nicht gehabt hätte – ich weiß nicht, ob ich heut noch wär." (Dazu Baumgart: In diesem Fall war die Frau ganz sicher, daß ihr Mann mit der Rivalin nicht geschlafen, sondern nur heftig geflirtet hatte. Und in der Katamnese, siebzehn Jahre nach Beratungsbeginn, war die Erinnerung noch so schmerzlich, daß Tränen flossen)."

„Mich überfiel das wie ein Erdrutsch, und ich konnte mir ***nichts*** *erklären. Ich habe immer gedacht, ich hätte alles richtig gemacht, und uns kann so was nicht passieren, weil unsere Beziehung so einmalig ist. Es war so bitter – damals ging durch die Presse das Bild von einem Vietnamesen, der erschossen wird und sein Gewehr verliert. Man sah das Ungläubige von dem Mann: Warum werde ich jetzt erschossen? So hab ich mich gefühlt. Dieses: Warum mir! Warum mir? – Ich tu doch alles!"*

Die Heftigkeit der Reaktion ist bemerkenswert. Baumgart kommentiert: „Viele Klienten haben die Gefährdung der tragenden Liebe als eine Frage von Tod und Leben empfunden. Immerhin ein Drittel der befragten Klienten hat Suizidversuche gemacht." Partnerschaft so gesehen scheint etwas absolut Gefährliches zu sein, wenn sie nicht gelingt, d. h. einseitig beendet wird oder gefährdet scheint. Derartige Reaktionen deuten auf eine tiefe Abhängigkeit der Partner hin: Wenn mein Partner sich nicht so verhält, wie ich es mir wünsche, dann bin ich im Eimer, schlimmstenfalls verliere ich sogar jeglichen Lebenssinn. Und die Frage, die in diesem Buch immer wieder auftauchen wird, ist: *Wollen wir* Partnerschaft *so* definieren, begreifen und leben?

Schauen wir uns jedoch zunächst die verschiedenen Komponenten der Eifersucht einmal genauer an.

Verletztsein ist sicher die häufigste Reaktion bei Eifersucht – verletzt, weil der Untreue sich nicht an das „Versprechen" gehalten hat, was er einmal gegeben hat; verletzt, weil er sein Glück sich jetzt „woanders" holt, statt bei mir, und so weiter. Aus all dem läßt sich eine einfache Schlußfolgerung ziehen: *Verletzt ist der, dessen Erwartungen nicht erfüllt wurden.* Der Umkehrsatz gilt ebenso: Wer keinerlei Erwartungen hat, kann auch nicht verletzt werden. Nun ist es nicht nur so, daß es Erwartungen in einer Partnerschaft gibt, man könnte sagen, daß eine Partnerschaft geradezu aus Erwartungen besteht, Erwartungen, wie der Partner sein *soll,* wie er sich verhalten *soll* und vor allem, *daß er unsere Wünsche erfüllen soll,* Wünsche nach *Geliebtwerden,* nach *Versorgtwerden* und dergleichen mehr. Es ist in einer Ehe oder Partnerschaft fast unmöglich, keine Erwartungen zu haben, ja, Erwartungen gelten sogar als normal und erwünscht. Erwartungen an den Partner stellen heißt, uns ein Bild zu machen, wie ein Partner sein soll, der unsere Bedürfnisse erfüllt. Erwartungen sind *auf den Partner* gerichtet, aber *nicht zugunsten des Partners, sondern zugunsten von uns selbst.*

Verletzbarkeit und Erwartungen gehören zusammen; auch sie sind nur im Doppelpack zu haben. Je mehr Erwartungen ich an einen Menschen habe, desto verletzbarer bin ich. Immer wenn ich verletzt reagiere, so kann ich daraus schließen, daß eine Erwartung von mir enttäuscht wurde.

Die grundlegendste Erwartung in fast allen Partnerschaften ist die nach sexueller Ausschließlichkeit oder „Treue". Diese Erwartung ist so fundamental, daß sie gewöhnlich nicht diskutiert wird; ihre Kenntnis und Befolgung wird in der Regel stillschweigend beim Partner vorausgesetzt. So schreibt die Paar- und Sexualtherapeutin Esther Perel:

Unser Glaube an die Monogamie ist sotief verwurzelt, daß die meisten Paare, insbesondere heterosexuelle, dieses Thema gar nicht erst ansprechen. Es scheint sich für sie zu erübrigen, über etwas zu diskutieren, das als gegeben feststeht. Selbst diejenigen, die sonst durchaus bereit sind, alle möglichen Spielarten der Sexualität auszuprobieren, sind sehr zurückhaltend, wenn es darum geht, die Grenzen der Exklusivität anzutasten. Monogamie hat eine absolute Qualität, das heißt, man kann nicht vornehmlich, zu achtundneunzig Prozent etwa, monogam oder zeitweise nichtmonogam sein. Über Treue zu diskutieren würde bedeuten, daß sie verhandelbar und nicht mehr obligatorisch ist. Betrogen zu werden erscheint uns als eine so düstere Aussicht, daß wir dieses Thema lieber gar nicht erst anschneiden. Wir fürchten, daß uns das kleinste Zugeständnis geradewegs nach Sodom und Gomorrha führen wird. (Perel 2006, S. 242f.)

Und in einem holländischen Buch über den Seitensprung schreiben die Autoren:

Ein Paar, das zusammenlebt, trifft unausgesprochen die Vereinbarung, füreinander an erster Stelle zu stehen und eine sexuelle Beziehung miteinander zu haben, die andere ausschließt. Die beiden wollen füreinander die wichtigsten Personen sein und ausschließlich miteinander sexuellen Kontakt haben. Eine außereheliche Beziehung ist ein Vertragsbruch, die die Beziehung selbst in Frage stellen kann. (Luyens/Vansteenwegen 2006, S. 15)

Es wird also „unausgesprochen" eine „Vereinbarung" getroffen, die, wenn sie nicht eingehalten wird, einen „Vertragsbruch" darstellt. Das ist eine merkwürdige Formulierung, denn ein Vertrag ist eine freie, bewußte und mündlich ausgesprochene und/oder schriftlich fixierte Vereinbarung zwischen zwei Menschen mit Bindewirkung – wie kann es also einen *unausgesprochenen* Vertrag geben? Widerspricht diese Formulierung nicht dem Wesen des Vertrags? Tatsächlich reagieren aber die meisten im eifersüchtigen Verletztsein, als ob der andere einen Vertrag gebrochen hätte. Aber wurde denn ein Vertrag geschlossen? Sicher nicht im Sinne einer freien und bewußten Vereinbarung. Wir beziehen uns auf das obige Zitat von Perel, nach dem die meisten Paare dieses Thema gar nicht erst ansprechen: „Es scheint sich für sie zu erübrigen, über etwas zu diskutieren, das als gegeben feststeht." Ein Vertrag, über den nicht diskutiert wird, weil er als „gegeben" feststeht? Diese Art von „Vertrag" nehmen die meisten Menschen völlig selbstverständlich hin, was seltsam genug ist. Und wenn der Partner sich nicht nach diesem „Vertrag" richtet, fühlen wir uns *verraten* – als ob der andere ein Versprechen gebrochen hätte. Aber hat er denn ein Versprechen abgegeben? Und kann ein solches Versprechen denn überhaupt abgegeben und gehalten werden?

Dies sind Fragen, die merkwürdig anmuten, schon deshalb, weil sie so gut wie nie gestellt werden. Auch sogenannte Experten stellen diese Fragen praktisch nie und übernehmen so das gängige, offensichtlich tief im Unbewußten verankerte Partnerschaftsmodell. Die „Treue" in bezug auf sexuelle Exklusivität ist offensichtlich etwas Unhinterfragbares, etwas, das sich aus sich selbst versteht und deshalb nicht diskutiert werden muß. Diese Unverhandelbarkeit und Unhinterfragbarkeit von Treue ist Basis und Voraussetzung des tiefen Verletztheitsgefühls in der Eifersucht: Man sieht etwas als gegeben an, was aber nie explizit formuliert wurde.

Angst und Panik sind weitere häufige Gefühle in der Eifersucht. Ängste und Panik zeigen ein tiefgehendes Gefühl von Hilflosigkeit an. Wenn also das wirkliche oder vermutete Verhalten des Partners mich in einen Zustand der Hilflosigkeit bringt, was besagt das? Es besagt, daß ich mich von meinem Partner *abhängig* gemacht habe.

Auch diese Abhängigkeit ist etwas so Allgemeines und Selbstverständliches, daß es kaum jemals hinterfragt wird. Zum Beispiel wird ständig überall und in allen Medien suggeriert, daß der Partner uns glücklich machen kann. Partnerschaften werden gewünscht und angestrebt, weil wir in dem blinden Glauben leben, der Partner würde oder könnte uns glücklich machen, indem er sich uns zuwendet, uns liebt usw. Mit diesem Glauben machen wir unbewußt einen folgenschweren Schritt: *Wir übertragen dem Partner die Macht, uns glücklich zu machen:* Wenn der Partner ein bestimmtes, erwünschtes Verhalten zeigt, sind wir glücklich. Warum ist dieser Schritt so folgenschwer? Ganz einfach: Mit diesem Schritt übertragen wir dem Partner auch die Macht, uns unglücklich zu machen. Unser Befinden, unser Glück oder Unglück, liegt dann ganz offensichtlich nicht in unserer Hand, sondern in der des Partners: Ist er treu, dann sind wir zufrieden, ist er untreu, dann bricht die Welt zusammen. Und das alles aufgrund einer „Vereinbarung", die nie ausgesprochen oder explizit geschlossen wurde.

Diese Abhängigkeit hat auch eine emotionale oder energetische Seite. Liebe bedeutet für viele einen Gefühlsstrom, in dem sie sich genährt und geborgen fühlen. Wenn dieser Gefühlsstrom plötzlich wegfällt, wird uns unsere Abhängigkeit von diesem Strom der Liebe bewußt: Ein Gefühl der Hilflosigkeit und Angst kommt auf. Vor allem Männer, die ja gemeinhin als das starke Geschlecht gelten, bekommen das zu spüren, wenn sie von ihren Frauen verlassen werden. Warum gerade Männer? Weil Frauen aufgrund ihrer mütterlich-umsorgenden Natur oft ihre Männer emotional „mitversorgen". Der Mann ist diesen emotional nährenden Zustrom gewöhnt, auch wenn er ihn oft bewußt nicht wahrnimmt – aber das Fehlen dieses Zustroms wird ihm schlagartig bewußt, wenn er wegfällt. Dies ist die *energetische Abhängigkeit*, die *Abhängigkeit von der nährenden Energiezufuhr in der Liebe.*

Auch Frauen kennen die Abhängigkeit in der Partnerschaft. Wenn der Mann der Dreh- und Angelpunkt des eigenen Daseins ist, wenn man Entscheidungen, die man eigentlich selber fällen könnte, bewußt oder unbewußt an den Mann delegiert, „mein Mann wird's richten", und dieser Mann dann plötzlich geht oder sich in „eine andere" verliebt, dann kann frau an der Panik, die sie ergreift, merken, daß sie ihr Selbst in den Mann verlagert und sich so in der Beziehung abhängig gemacht hat.

Wut und Haß sind weitere häufige Gefühle in der Eifersucht; sie sind nach Angst und Panik die andere Möglichkeit, auf Verletztsein und Hilflosigkeit zu reagieren. Wut ist eine eher starke Reaktion, die durch Handeln das Böse aus der Welt schaffen möchte, aber da Wut letztlich eine Reaktion auf Hilflosigkeit und Opfergefühle ist, ist sie auch eine schwache Reaktion, die gewöhnlich zu keinem positiven Ergebnis führt. Wenn Wut in der Eifersucht auftaucht, liegt dem gewöhnlich ein *Besitzdenken* zugrunde. Was ist Besitzdenken? Aufgeklärt, wie wir sind, werden wir zumindest in der westlichen Welt wohl selten behaupten, daß der Partner uns gehört wie ein Gegenstand, über den man frei verfügen, den man auch kaputtmachen und wegwerfen kann. Aber in der eifersüchtigen Wut reagieren wir so. Ein typischer Gedanke hierfür lautet: *„Du gehörst doch zu mir"* – mit Betonung auf *„zu mir"*. Eifersüchtiges Besitzdenken zementiert eine als Tatbestand empfundene Erwartung: Mein Partner gehört *zu mir* und hat damit keinerlei Freiheit mehr, sich jemand anderem zuzuwenden. Wenn er es doch tut, wirklich oder eingebildet, dann ist die gerechte Weltordnung verletzt und Empörung kommt auf: *Wie kann sie es wagen.* Diese Wut ist blind; sie will losstürzen, schreien, eine Szene machen, dreinschlagen. Wer in der eifersüchtigen Wut ist, will nicht zuhören und verstehen.

Mißtrauen ist eine weitere typische Reaktion. Partnerschaft gründet auf Vertrauen, so die gängige Meinung, aber auf was vertraut man da eigentlich? Nun, natürlich darauf, daß der Partner einem erhalten bleibt und nicht fremdgeht – hier gilt genau dasselbe, was bereits über Erwartungen gesagt wurde: *Wenn meine – unbewußten, unausgesprochenen – Erwartungen erfüllt werden, dann habe ich Vertrauen, wenn nicht, dann kommt das Mißtrauen.* Der Unterschied zum Verletztsein besteht in der Richtung: Verletztsein beschreibt den eigenen inneren Zustand und Mißtrauen richtet sich auf den Partner.

Daß Nachspionieren und Kontrollieren nichts bringt, darüber sind sich die Experten einig. Der Mißtrauische vermeidet etwas: Mit dem Partner zu reden, ihn schlicht und einfach zu fragen. Diese Vermeidung des Gesprächs wird uns noch weiter beschäftigen. Jedoch erinnern wir uns, was weiter oben über den unausgesprochenen Vertrag gesagt wurde: Wenn schon zu Beginn der Beziehung nicht über den „Vertrag" gesprochen und verhandelt werden konnte, so kann jetzt, wo eine Befürchtung in der Luft hängt, oft auch nicht gesprochen werden; lieber werden Taschen durchwühlt und Handys kontrolliert. Das Thema Untreue in der eigenen Partnerschaft wird ausgeklammert; es darf nicht besprochen, nicht bewußt werden. Nur von daher ist es möglich, daß im Internet „Treuetests" angeboten werden mit Hilfe von Lockvögeln und Flirtprofis („Wir schaffen Gewißheit! Werden Sie belogen & betrogen oder ist Ihr Partner wirklich treu?"), oder daß im selben Zusammenhang Bücher angepriesen werden über „Spionagetechniken von Privatdetektiven" („Sie sind dabei, die effizientesten Möglichkeiten kennenzulernen, wie Sie eindeutig und lückenlos belegen können, wenn Ihr(e) Partner/in Sie betrügt!"). All dieser Aufwand würde sich erübrigen, wenn Paare offen über dieses Thema reden könnten – jedoch sie können es nicht. *Die Grundlagen für Mißtrauen sind automatische Treue-Erwartungen, gekoppelt mit der Unfähigkeit, offen darüber zu kommunizieren.*

Wir kommen zu **Selbstzweifeln und Minderwertigkeitsgefühlen.** Selbstgefühl bezeichnet einen Zustand, in dem wir ein Gefühl für uns selbst haben und wissen, wer wir sind. Dies setzt sich fort im Selbstwertgefühl: Wir wissen um unsere Qualitäten und Fähigkeiten; wir wissen um den Wert, den wir für uns selbst und für andere haben. Daß bei Eifersucht und Untreue des Partners das Selbstwertgefühl erniedrigt ist, ist eine häufige Tatsache. Hier taucht ein erneutes Rätsel auf: Wie kann es möglich sein, daß das Verhalten unseres Partners unser Selbstwertgefühl beeinflußt? Sind wir denn ein anderer geworden, daß wir uns plötzlich minderwertig vorkommen? Oder sind wir nicht immer noch dieselben mit all unseren positiven Qualitäten?

Wir erinnern uns, was im Kapitel *Angst* und *Panik* gesagt wurde: Die meisten räumen ihrem Partner unbewußt die Macht ein, über ihr Glück (oder Unglück) zu entscheiden. Mit dieser *Delegation von Macht an den Partner* räumen wir ihm auch Zugriff auf unser Selbstwertgefühl ein: Nicht mehr wir, sondern unser Partner hat es in der Hand, ob wir uns wertvoll oder minderwertig fühlen.

Und wie haben wir das fertiggebracht, diese Macht an den Partner zu delegieren? Mit der Erwartung, daß der Partner unser Selbst bestätigt:

Ich wollte doch um jeden Preis erreichen, daß Georg eifersüchtig wird. Aber diesen Gefallen hat er mir natürlich nicht getan … Er sollte wenigstens einmal Eifersucht zeigen! Das wäre endlich der Beweis meiner Wichtigkeit für ihn gewesen. Es war so entsetzlich kränkend, nie wirklich zu genügen, sich immer so viel Mühe geben zu müssen (Gambaroff 1987 S. 25)

Diese *Bestätigung des Selbst durch den Partner* ist eine der wichtigsten Funktionen in der traditionellen Partnerschaft. Wenn mein Partner sich mir zuwendet und viel von mir hält, steigt mein Selbstwertgefühl, wendet er sich ab und kritisiert, dann sinkt es. Bewußt und unbewußt erhoffen und erwarten wir von unserem Partner, daß er unser Selbst bestätigt. Und damit geraten wir in eine gefährliche Abhängigkeit: Wir geben die Selbstbestätigung aus der Hand, übertragen sie dem Partner, räumen ihm diesbezüglich Macht ein – mit der Folge, daß unser Selbst zusammenbricht, wenn der Partner sich von uns abwendet.

Scham, verletzte Ehre. Diese Gefühle treten vor allem auf, wenn wir auf die Meinung anderer Menschen sehr viel Gewicht legen. Die meisten Menschen sind mehr oder weniger an *Normen* orientiert, beachten das, was *man* sagt oder tut, wie *man* sich verhält, was in dieser oder jener Situation schicklich ist oder sich nicht schickt. Monogamie und Treue sind und waren immer anerkannte Werte – und Außenbeziehungen waren schon immer verpönt. Nirgends sind die Anstandsregeln so rigide wie im Bereich Ehe, Liebe und Sexualität, und wenn ein Mensch sehr normorientiert ist und es nicht wagt zu sagen, ich entscheide selbst über die Regeln, nach denen ich mein Leben führe, so wird er es als Scham empfinden, wenn Dinge wie Seitensprung, Zwist, Untreue in der eigenen Ehe oder Familie passieren.

Zusammengefaßt kann bis jetzt gesagt werden:

- Eifersucht entsteht, weil wir Treue erwarten. Diese Erwartung ist bei den meisten Menschen zwingend und hundertprozentig. Sie ist nicht das Ergebnis von bewußter Auseinandersetzung und Verhandlung mit dem Partner. Sie ist ein automatischer, unbewußter Reflex, der sich bei den meisten beim Eingehen einer Beziehung einstellt.
- Treue erwarten wir nicht aus Liebe, sondern aus selbstbezogenen Motiven: Wir wünschen uns und erwarten vom Partner einen Strom von Liebe und Bestätigung. Diesen Strom, diese ständige Zufuhr, wollen wir uns gerne sichern, wir wollen *sicherstellen,* daß wir immerzu geliebt und bestätigt werden. Mit dieser Erwartung machen wir uns abhängig von den Reaktionen unseres Partners; wir übertragen so dem Partner Macht über uns, die Macht, uns glücklich oder unglücklich zu machen. Eifersucht ist die Reaktion, wenn wir merken, daß der Partner unseren Erwartungen nicht entspricht.
- Diese Erwartungen Liebe zu nennen, ist Geschmackssache. Tatsächlich geht es bei diesen Erwartungen nicht um das Wohl des Partners, sondern um *unser* Wohl, um die Erfüllung *unserer* Bedürfnisse. Wir werden wütend oder panisch, wenn

der Partner der ihm zugedachten Aufgabe, unsere Bedürfnisse zu erfüllen, nicht nachkommt. Erwartungen sind *auf den Partner gerichtet, aber auf uns bezogen.*
- Weiter oben stellten wir die Frage, warum sich die Menschen einen „treuen" Partner wünschen. Es ist desillusionierend zu erkennen, daß genau dies der Grund ist: Die Sicherstellung unseres Bedürfnisses nach Geliebtwerden, die Erfüllung unserer Wünsche und die Bestätigung unseres Selbst durch den Partner. Aber es ist doch ganz natürlich, sich dies vom Partner zu wünschen! – Ja ... wenn wir bereit sind, den Preis dafür zu bezahlen.

Die Entwicklung der Vorstellungen von Partnerschaft

Partnerschaften entstehen aus Wünschen und Erwartungen, doch woher kommen diese Wünsche und Erwartungen? Hierfür gibt es viele Quellen:

Die eigenen Eltern und die Beobachtung des Kindes, wie Vater und Mutter miteinander umgehen, stehen an erster Stelle. Die Psychoanalyse hat sich um diese Zusammenhänge gekümmert (siehe diesbezüglich Baumgart 2006 in bezug auf Eifersucht).

Schon ein Großteil der Märchen (Dornröschen, Aschenputtel usw.) schildert, wie Mann-Frau-Beziehungen entstehen. Das Kind saugt dies alles in sich auf, in einem Alter, in dem von Partnersuche noch keine Rede sein kann.

Mit zunehmendem Alter treten immer mehr Rollenvorbilder für Mann-Frau-Beziehungen hinzu.

Unzählige Filme, Geschichten, Romane, Berichte, Lieder und Popsongs, Schauspiele und Opern haben nur ein Thema: Die Mann-Frau-Beziehung, und unter diesen werden speziell Dreiecksbeziehungen mit Eifersucht ständig in allen Varianten durchgespielt.

Dies alles zusammen schafft ein *Feld,* welches sich *unbewußt vermittelt.* Der Einzelne, der in diesem Feld lebt, schöpft daraus

Überzeugungen und Normen, die praktisch nie hinterfragt, sondern unbewußt gelebt werden. Dieses Feld ist die Quelle von Erwartungen und Wünschen, mit denen eine Partnerschaft begonnen wird.

Und das sieht zum Beispiel *so* aus:

Viele Frauen, die in diesem Buch zu Wort kommen, denken: Das ist er!, wenn sie ihrem Traummann das erste Mal begegnen. Hoffen, daß sie mit ihm ein Leben lang zusammenbleiben, sehnen sich nach Geborgenheit und Glück, Schutz und Sicherheit bei ihrem Partner und hoffen auf gegenseitige Treue. Viele wollen für ihre Kinder ein Nest, in dem sie behütet und umsorgt aufwachsen. (Wendt 2002, S. 16)

Und, etwas nüchterner, schreibt Starke im Lexikon der Erotik über die Partnersuche von Jugendlichen:

Sexologische Untersuchungen zeigen, daß vor allem die Jugendlichen Liebe als ein partnerschaftliches Verhältnis betrachten … [Die Liebe] wird als einmalig empfunden und ist im gesuchten Idealfall die große Liebe, die ein Leben lang hält. [Die Jugendlichen] verlieben sich nicht auf Zeit, nicht vorläufig oder probehalber, sondern suchen die feste, vertrauensvolle, dauerhafte Liebesbeziehung und wenden sich voll und uneingeschränkt der geliebten Person zu. (Aresin/Starke 1996, S. 597; zitiert nach Mary 2002)

„Ein Leben lang zusammenbleiben, Geborgenheit und Glück, Schutz und Sicherheit, gegenseitige Treue" – woher haben die Frauen das? „Die große Liebe, die ein Leben lang hält" – woher haben die Jugendlichen das? Haben sie zu viele kitschige Liebesfilme gesehen, zu viele genauso kitschige Popsongs gehört? Von realen Rollenvorbildern haben sie es wahrscheinlich weniger: Meist sind die eigenen Eltern oder die Beziehungen, die man in der Nachbarschaft erlebt, kein so günstiges Beispiel für die große Liebe. Die Statistik, und das heißt, die durchschnittliche Wirklichkeit, spricht eine andere Sprache: Untreue, Trennung, ständiger Streit und Verödung sind häufig und eine glückliche, lebenslange Partnerschaft hat eher Seltenheitswert. Eigentlich müßte man angesichts dieser Realität mit Treue-Erwartungen vorsichtig sein, doch die Realität hat zu Beginn einer Beziehung wenig zu sagen:

Männer und Frauen, so zeigte eine kürzlich beendete Studie des amerikanischen Psychologen Charles Kirk Burnett, handeln und denken wie ihre Großeltern – chauvinistisch die Männer, traditionell weiblich die Frauen. Burnett hatte 38 000 junge Brautpaare darüber befragt, wie sie sich ihr eheliches Zusammenleben vorstellen und wie sie ihre Rolle in der Ehe sähen. Die meisten Frauen glauben, so eines der Untersuchungsergebnisse, nach ihrer Heirat zu Hause bleiben und den Haushalt versorgen zu müssen; sie fühlen sich unwohl, wenn über Sex gesprochen wird, und fürchten sich davor, daß ihr Mann sie schlägt, wenn er zornig und betrunken ist. Die Männer andererseits bezweifeln, daß ihre Frauen fähig sind, mit Geld umzugehen, und versuchen fortwährend, ihre Partnerinnen zu dominieren und ihre eigenen Interessen durchzusetzen. Geblieben sind auch die Illusionen: Die meisten der befragten Männer und Frauen meinten, sie könnten sich „auf keinen Fall" vorstellen, daß es in ihrer Ehe mal Probleme geben werde. (SPIEGEL 52 – 1981) 21. 12. 1981, Spectrum)

Nein, Probleme wird es nie geben, die große Liebe kommt von selbst, Glück und Geborgenheit wird vom Partner gegeben und garantiert, und das ein Leben lang – woher kommen solche Ideen? Es ist, als ob ein großes, unbewußtes *Feld* bestünde, welches uns vermittelt, was richtig und was falsch ist und wonach wir uns in Beziehungen zu richten haben. Fast alle Äußerungen über Beziehung in der Wirklichkeit und in den Medien sind Ausdruck dieses Feldes und tragen wiederum zum Feld bei, z. B. auch die Idee, eine Außenbeziehung sei ein „Verrat" oder ein „Vertragsbruch", obwohl nie ein Vertrag geschlossen wurde. Wir haben offensichtlich ein Feld aufgebaut, in dem solche Ideen wuchern und gedeihen, und das in oft krassem Gegensatz zur Wirklichkeit. Die Eifersucht ist die Kehrseite dieser Ideen, mit denen mit oft viel Euphorie eine Beziehung begonnen wird.

Bindung und Beziehung

In der Eifersucht befürchten wir, der Partner könnte uns entgleiten, vielleicht, weil er eine andere Person attraktiver findet als uns. Der Partner zeigt nicht mehr das Interesse an uns, welches wir erwarten, er *könnte gehen* – und wir reagieren mit absoluter Panik. Wie schon oben gesagt, geht es in dieser Panik *um uns, nicht um den Partner,* wir befürchten, daß *unsere* Bedürfnisse nach Liebe und Bestätigung nicht weiter erfüllt werden könnten.

Nun könnte es ja sein, daß wir in einer erfüllten und liebevollen Partnerschaft leben. Dann hätte die eifersüchtige Verlustangst eine gewisse Plausibilität: Niemand will gern etwas verlieren, was ihm wichtig ist. Wenn wir nun im anderen Fall in einer normalen Partnerschaft leben, ohne große Höhen und Tiefen, dafür mit viel Gewohnheit, oder gar in einer weitgehend verödeten und streiterfüllten Partnerschaft – dann müßte doch die Eifersucht geringer sein, oder? Im gänzlich negativen Fall müßten wir sogar froh sein, wenn unser Partner jemand anderen hat – es wäre dann ja nur positiv zu werten, wenn unser Partner sich davonmacht, da eh nichts Gutes mehr von ihm erwartet werden konnte. Der Grad an Eifersucht müßte also variieren, je nachdem, wie positiv für uns die Beziehung ist.

Merkwürdigerweise stimmt diese Logik nicht – das Ausmaß an Eifersucht ist ziemlich unabhängig davon, wie positiv oder negativ wir die Beziehung erleben. Dies ist wieder so ein Rätsel, welches sich jeglicher Plausibilität verschließt. In diesem Zusammenhang erinnere ich mich an eine Frau, die in einer absolut katastrophalen und demütigenden Ehe lebte. Ihr Mann hatte kein freundliches Wort für sie übrig; er schlug und erniedrigte sie, wo er konnte. Dies alles nahm sie geduldig hin; sie war es offensichtlich nicht anders gewohnt. Dann stellte sich heraus, daß ihr Mann ein Verhältnis hatte. Der Eifersuchtsanfall, in den sie geriet, brachte zuwege, was jahrelange Mißhandlung nicht bewirkte: Sie trennte sich von ihrem Mann.

Was kann daraus gefolgert werden? Es kann eine starke *Bindung* bestehen, auch wenn die *Beziehung* als negativ erlebt wird.

Die oben zitierte Frau fühlte sich *gebunden* an ihren Mann – *trotz* schlechter Beziehung. Der Mann *durfte* sie schlagen, er *durfte* sie demütigen, das war zwar nicht schön, aber stellte für sie die Beziehung nicht infrage. Was der Mann aber *nicht durfte, das war fremdgehen* – erst der sexuelle Kontakt mit einer anderen Frau beendete für sie Bindung und Beziehung.

Die Unterscheidung zwischen Bindung und Beziehung ist grundlegend. *Bindung* ist das, was *automatisch* entsteht, wenn wir mit einem Menschen eine Zeit zusammenleben und gemeinsame Gewohnheiten haben. Die Stärke von Bindung ist abhängig von der Länge der gemeinsam verbrachten Zeit (Dauer an Jahren, gemeinsame Vergangenheit) und damit der Menge an gemeinsamen Erlebnissen und gemeinsamen Gewohnheiten. Dagegen bezeichnet *Beziehung* die Qualität, die wir dem Zusammenleben geben. Eine Beziehung kann gut oder schlecht sein, sie kann harmonisch, anregend, ruhig bis langweilig, intensiv sein und tausend andere Qualitäten haben. Eine *Bindung* ist nie gut oder schlecht, sie *ist* einfach – entweder vorhanden oder nicht vorhanden; wenn vorhanden, ist sie stark oder schwach. In bezug auf Bindung kann man nur fragen, ob eine Bindung besteht und wie stark sie ist – alles andere, besonders jede qualitative nähere Bestimmung, gehört nicht zur Bindung, sondern zur Beziehung. Unglückliche Beziehungen sind dadurch gekennzeichnet, daß die Bindung stark, aber die Beziehung schlecht ist: Die Partner leiden in ihrer Beziehung, fühlen sich aber aufgrund ihrer Gebundenheit unfähig, sich zu trennen.

Nehmen wir in einem weiteren Beispiel ein Paar, welches schon lange verheiratet ist. Die Beziehung wird als harmonisch bezeichnet, keiner denkt an Trennung, als einziges Problem ergibt sich, daß die Frau die Weiterführung der sexuellen Beziehung ablehnt, während der Mann gerne noch weiter Sex mit seiner Frau hätte, was aber jetzt unmöglich wird. Der Mann verzichtet, resigniert, und beginnt schließlich eine Nebenbeziehung. Wenn die Frau dies entdeckt – wird sie eifersüchtig reagieren? Ja, mit hoher Wahrscheinlichkeit. Offensichtlich ist die Frau der Meinung, daß, wenn sie Sexualität nicht mehr leben will, auch der Mann zu verzichten hat. Hier tritt der schon oben erwähnte egozentrische Charakter der Eifersucht klar zutage.

Nehmen wir einen weiteren häufigen Fall: Eine Frau entdeckt plötzlich, daß ihr Mann schon seit zwei Jahren eine Affäre hat. In diesen zwei letzten Jahren war sie ganz zufrieden mit der Beziehung. Er mußte zwar immer wieder mal tageweise auf Montage und dort übernachten; für sie war das aber okay und sie konnte in dieser Zeit ihren eigenen Interessen nachgehen, am Wochenende verlief das Ehe- und Familienleben harmonisch – alles war okay, bis zu dem Zeitpunkt, als sie diese Entdeckung machte – und dann ist plötzlich nichts mehr okay und die Welt bricht zusammen. Was hat sich verändert durch die Offenlegung der Affäre? Die Beziehung könnte genauso weitergehen und alle wären zufrieden, aber das *Wissen* um die Affäre und die daraus entspringende Eifersucht verändern alles.

Was besagt dies alles über die Eifersucht? Es bestätigt und besagt, daß Eifersucht nichts zu tun hat mit der Qualität der gelebten Beziehung. Eifersucht setzt fundamentaler an. In der Eifersucht sehen wir die Bindung bedroht – nicht notwendigerweise die Beziehung. Wir können dies folgendermaßen zusammenfassen:

- Auch wenn die Beziehung so schlecht ist, daß es uns eigentlich egal sein könnte, ob unser Partner Nebenbeziehungen pflegt, tritt Eifersucht auf.
- Auch wenn in der Beziehung Sex keine Rolle mehr spielt, weil wir keinen Sex mehr wollen, tritt Eifersucht auf, wenn wir entdecken, daß unser Partner sich den Sex anderswo holt.
- Auch wenn sich durch die Nebenbeziehung nichts geändert hat in unserer gelebten Beziehung, tritt bei Entdeckung der Nebenbeziehung Eifersucht auf.

Verlustangst

Den Partner zu verlieren, egal ob durch Tod oder Trennung, gilt gemeinhin als eine der größten Katastrophen, die einem im Leben treffen kann. Viele, die ihren Partner verloren haben, brauchen Jahre, bis sie darüber hinwegkommen, manche schaffen es nie. Eifersucht als Alarmsignal, daß der Partner verloren gehen könnte, scheint in diesem Zusammenhang sinnvoll zu sein – und genau so wird Eifersucht in der Regel auch gedeutet, als sinnvolles Alarmsignal in bezug auf eine größere Katastrophe.

Jedoch die Tatsache, *daß* wir Trennung als Katastrophe ansehen, hat weniger mit der Wirklichkeit zu tun als mit dem oben angedeuteten *Feld,* in welchem wir aufgewachsen sind und welches wir unbewußt mittragen. Eine dieser aus dem Feld automatisch übernommenen Ideen ist, daß Partnerverlust und Trennung mit zum Schlimmsten gehören, was dem Menschen passieren kann. Jedoch diese Meinung ist zunächst mal eine übernommene Idee, die in der Regel unhinterfragt hingenommen wird.

Also stellen wir die ketzerische Frage: Ist es wirklich so schlimm, den Partner zu verlieren? Die Beantwortung dieser Frage hat Konsequenzen in bezug auf unsere Sichtweise von Eifersucht, denn Eifersucht hat natürlich eine größere Berechtigung als Alarmsignal, wenn Partnerverlust wirklich so schlimm ist.

Beginnen wir mit einer einfachen Beobachtung. Eine Trennung wird ganz verschieden verarbeitet. Wer festhält an der alten Partnerschaft, wird es schwer haben, und es gibt viele, die auch Jahre danach noch nicht darüber hinweggekommen sind. Andere orientieren sich neu und sehen die neue Situation als Chance – entweder einen passenderen Partner zu finden und/oder mit größerer Entschlossenheit das eigene Leben zu leben. Diese erleben eine Trennung im nachhinein oft als positiv, ja sogar als Glücksfall.

Wie eine Trennung erlebt wird, hängt also auch ganz entscheidend vom eigenen Verarbeitungsstil ab: Wie radikal kann ich mich auf meine eigenen Möglichkeiten und Lebenspläne konzentrieren und wie entschlossen kann ich alte Gefühls- und Verhaltensstrukturen hinter mir lassen und mich auf Neues ausrichten.

Es ist eine Binsenweisheit, daß nicht jede Partnerschaft gut ist. Eine Trennung kann aus einer verfahrenen Situation herausführen und neue Entwicklungen ermöglichen. Wir treffen hier auf ein Paradoxon – eine Trennung wird in den meisten Fällen als schlimm empfunden, stellt sich aber im Nachhinein oft als durchaus sinnvoll oder gar positiv heraus.

Für Trennung gilt dasselbe, was oben über Bindung und Beziehung gesagt wurde: Eine Trennung wird in der Regel als schlimm empfunden – relativ *unabhängig davon, wie die Beziehung war.* Trennung hat mit Bindung zu tun und wenig mit Beziehung. Damit beruht unsere Bewertung von Trennung auf derselben Grundlage wie unsere Bewertung von Eifersucht. Eifersüchtig sein und Trennung als schlimm empfinden, gehören zusammen – womit wir ein weiteres „Doppelpack" haben.

Warum aber empfinden die meisten Menschen Trennung als Katastrophe? Weil sie *sich* in der Beziehung *verloren* haben. In dem Maße, in dem ich, wie oben ausgeführt, die Bestätigung meines Selbst und die Erfüllung meiner Bedürfnisse von einem Partner abhängig mache, habe ich mich in der Beziehung verloren – und dann, und nur dann, ist eine Trennung natürlich eine Katastrophe. Fast alle Menschen vermeiden es, eine mögliche Trennung ihrer Beziehung nüchtern ins Auge zu fassen. Auch dieses Vermeidungsverhalten gehört zu der Hypnose, in der wir in bezug auf Partnerschaft leben. Es ist so ähnlich wie mit dem Tod: So, wie wir vermeiden, an das Ende unseres Lebens zu denken, so vermeiden wir es, an ein mögliches Ende unserer Beziehung zu denken.

Beziehungen sind Spielwiesen und Ausdrucksmöglichkeiten für unser Selbst. Jeder Partner fordert unser Selbst anders heraus: Mit Partner A kann ich andere Spiele spielen und habe andere Ausdrucksmöglichkeiten als mit Partner B. Wenn ich mich mit einem Partner sehr gut ergänze, das heißt, wir können vielfältige und konstruktive Spiele spielen, in denen wir uns sehr umfassend und ganzheitlich ausdrücken können, so wird sich die Frage einer Trennung kaum stellen. Anders sieht es aus, wenn die Spiel- und Ausdrucksmöglichkeiten mit einem Partner begrenzt sind. Mich in einer Beziehung verloren zu haben heißt, ich habe meine vielfältigen Möglichkeiten aus dem Bewußtsein verloren und spiele immer dieselben, sehr begrenzten und nicht unbedingt positiven Spiele. Eine Trennung kann hier eine Aufforderung beinhalten, sein Repertoire an Spielvarianten und Ausdrucksmöglichkeiten zu erweitern.

So gesehen ist eine Trennung nicht an sich schlecht – oder gut. Erst unsere Erwartungen, unsere Wertungen und unsere Sichtweise lassen sie schlecht oder gut erscheinen. Wer sich allerdings in der Beziehung verloren hat und starr an ihr festhält, anstatt nach ihrem Sinn zu fragen, wird eine Trennung immer als Katastrophe empfinden. Ein solches starres Festhalten eines unhinterfragten Status quo findet in der Eifersucht statt.

Trennung hat wie oben gesagt mehr mit Bindung als mit Beziehung zu tun. Wenn wir jetzt aber probehalber mal *Trennung mit der gelebten Beziehung statt mit Bindung koppeln,* was käme da heraus?

Wenn es um eine mögliche Trennung geht, so könnte man, anstatt in Panik zu verfallen, genauer fragen: *Was genau* verliere ich denn, wenn mein Partner geht? Und die ergänzende – gewöhnlich vermiedene – Frage wäre: *Könnte es denn auch ein Gewinn für mich sein,* wenn mein Partner geht?

Da Partnerschaften in der Regel nicht eindeutig nur gut oder nur miserabel sind, wird die Antwort differenziert ausfallen. Bestimmte Dinge werde ich vermissen, wenn der Partner geht, liebe vertraute Rituale, körperliche Zärtlichkeit oder was auch immer. Bei anderen werde ich froh sein, wenn sie wegfallen wie z. B. ständige Kritik durch den Partner. Vielleicht werde ich merken, daß nach einer Trennung mein Freiraum sehr viel größer sein könnte als jetzt und die Frage stellt sich, ob mir die Idee der Freiheit eher Angst oder eher ein Gefühl von Aufbruch einflößt. Wenn sie mir Angst einflößt, so könnte das daran liegen, daß ich meine Energie vom Partner bezogen habe anstatt aus mir, und ich mich so von ihm abhängig gemacht habe. Eine mögliche Trennung in Gedanken durchzuspielen, kann so eine Fülle wertvoller Erkenntnisse ergeben.

Und was ist, wenn der Partner Trennungsabsichten hat? Bei dem Gedanken an Trennung nehmen wir gewöhnlich eine egoistische Perspektive ein. Wir geraten in Panik, weil wir befürchten, etwas zu verlieren – wir kreisen um uns selbst, um *unsere* Bedürfnisse. Selten oder fast nie versuchen wir, die Sichtweise unseres Partners zu verstehen. Die meisten fragen sich nur, was sie vom Partner bekommen können und inwieweit der Partner *ihre* Wünsche erfüllt. Nur wenige fragen sich, was sie dem Partner geben können und was ihr Partner von ihnen hat. Wenn ich die Sichtweise meines Partners einnehmen könnte, so könnte ich ihn verstehen. Ich könnte auch verstehen, warum er weg von mir will oder warum er sich zu einer anderen Person hingezogen fühlt.

Dieser Wechsel der Sichtweise – von mir weg, zum Verstehen der Sichtweise des Partners – wird durch Eifersucht unmöglich gemacht. *Eifersucht blockiert Verstehen.* Fast alle Menschen können und wollen ihren Partner nicht verstehen, wenn sie eifersüchtig sind, ja es sieht fast so aus, als seien sie *stolz* darauf, ihn *nicht* zu verstehen.

Wenn ich ihn verstünde, dann könnte ich vielleicht einiges erkennen, was mir in der Eifersucht verborgen bleibt. Denn wenn der Partner mich verläßt, dann kann ich mit einiger Sicherheit davon ausgehen, daß es mir nicht gelungen ist, die Sehnsüchte meines Partners zu erfüllen – sonst wäre er ja bei mir geblieben.

Ist es also wirklich so schlimm, den Partner zu verlieren? Diese Frage wird viel zu automatisch mit Ja beantwortet. Menschen haben die Tendenz, starr an ihren Partnerschaften festzuhalten (Bindung), egal wie die Qualität (Beziehung) der Partnerschaft ist.

Halten wir hier fest:

- Es besteht die allgemeine Meinung, wie auch Untersuchungen sagen, daß Partnerverlust zum Schlimmsten gehört, was dem Menschen passieren kann. Ohne den Schmerz, der oft bei einer Trennung entsteht, bagatellisieren zu wollen, kann doch gesagt werden, daß dies so nicht stimmt – oder nicht zu stimmen braucht. Es ist unsere Sichtweise, die Trennung so oder so bewertet. Wenn eine Trennung als Katastrophe empfunden wird, so liegt dies oft daran, daß der Betreffende sich in der Beziehung abhängig gemacht und den Sinn der Beziehung nicht mehr hinterfragt hat.
- Bei jeder Trennung werden neue Möglichkeiten frei. Ob die Betreffenden sie wahrnehmen, liegt bei ihnen.
- Eifersucht kann die Angst vor dem Partnerverlust auslösen – diese Angst wird durch Eifersucht bewußt. Aber Eifersucht an sich und als automatische Reaktion führt nie zu differenzierten Reflexionen, wie sie oben angedeutet wurden, nie zu der Frage, was habe ich von meinem Partner und was hat mein Partner von mir und ist unsere Beziehung noch sinnvoll. Eifersucht führt nur zu einem starren, egobezogenen Festhalten: Du hast bei mir zu bleiben und nur mit mir Sex zu haben, und deine Sichtweise kümmert mich nicht.

Ich brauche dich doch

Wie schon oben gesagt, wird fast immer dem Partner Verantwortung für das eigene Wohlergehen zugeschoben: Solange du da bist, geht es mir gut, wenn du gehst, geht es mir schlecht und *du* bist dann *schuld daran.* Also *brauche* ich dich dafür, daß es mir gut geht. Dieses „Brauchen" wird sehr oft mit Liebe verknüpft, ja sogar gleichgesetzt: *Ich brauche dich so sehr, weil, ich liebe dich doch.*

Umgekehrt schöpfen viele Menschen Selbstwertgefühl aus dem Gedanken, daß sie *gebraucht werden. „Mein Partner braucht mich, also liebt er mich*", ist eine ganz gängige Gleichsetzung. Allerdings kann diese Haltung auch zu Problemen führen. Wenn mein Partner mich *ständig braucht,* mit Liebesbeweisen, als Hilfe, Trost- und Ratgeber usw. – dann kann ich überrascht feststellen, daß dieses „Brauchen" mir ganz schön auf die Nerven geht – und ich empfinde es plötzlich nicht mehr als Beweis von Liebe, sondern als Belastung, die mich einschränkt. Nichtsdestotrotz wird „Brauchen" sehr oft mit Liebe gleichgesetzt.

Ich schlage einen kleinen Test vor. Stellen Sie sich vor, Ihr Partner würde zu Ihnen sagen: *Ich liebe dich, aber ich brauche dich nicht* – wie würde ein solcher Satz bei Ihnen ankommen? Gut? Oder wären Sie vielleicht doch befremdet (was, er/sie *braucht mich nicht*)?

Stellen Sie sich vor, Ihr Partner würde zu Ihnen sagen: Du *kannst mich doch nicht* verlassen, ich *brauche* dich, ohne dich *bin ich nichts.* – Wie würde ein solcher Satz bei Ihnen ankommen? Würde es Ihnen kalt über den Rücken laufen? Oder wären Sie geschmeichelt?

Und wie wäre es mit folgendem Satz: *Wenn du fremdgehst oder mich verläßt, dann bringe ich mich um!* – na? – immer noch geschmeichelt?

Die spontane Reaktion auf diese Sätze sagt sehr viel davon aus, inwieweit Sie sich in Beziehungen abhängig machen.

Wir sagten oben über Erwartungen: Erwartungen sind auf den Partner gerichtet, aber nicht zugunsten des Partners, sondern zugunsten von uns selbst. Je mehr jemand den Partner „braucht", desto mehr Erwartungen hat er an ihn. Einen Menschen ständig brauchen heißt, hilflos sein, sich von ihm abhängig machen. Der Partner, der ständig „gebraucht" wird, steht demzufolge unter einem hohen Erwartungsdruck.

Wer unter einem hohen Erwartungsdruck steht, wie verhält er sich? Viele werden bewußt und unbewußt versuchen, sich diesem Erwartungsdruck zu fügen – weil sie nicht gelernt haben, eine eigene innere Position aufzubauen. Man tut eher das, was der andere will, als das, was man selber will.

Wer unter einem hohen Erwartungsdruck steht, wie fühlt er sich? Fühlt er sich frei, locker, ungezwungen, er selbst oder doch eher gebunden, unfrei, unter Zwang? Natürlich letzteres, man hat nicht mehr das Gefühl, spontan den eigenen Impulsen folgen zu können, denn man muß ja Erwartungen erfüllen, damit der Partner einen weiter liebt, und ist so fremdbestimmt.

Wer selbst starke Erwartungen an den Partner hat, ist bedürftig. Wer bedürftig ist, funktionalisiert den Partner – dieser soll in erster Linie *für mich* da sein und erst in zweiter Linie, wenn überhaupt, *für sich selbst.*

Eifersucht entsteht aus der Erwartung von Treue und übt von daher auf den Partner einen entsprechenden Erwartungsdruck aus. Zu Beginn einer Beziehung ist dieses Problem unsichtbar bzw. stellt sich erst überhaupt nicht – im Fortgang aber sehr wohl: Ängste, der Partner könnte „untreu" werden auf der einen Seite, heimliche Sehnsüchte, *neue* Erfahrungen zu machen, auf der anderen; anklagen, Treue und Liebe einfordern auf der einen, beschwichtigen, vertuschen auf der anderen Seite – und so wird immer wieder dasselbe Beziehungstheater aufgeführt, ein Drama, welches endlos immer weitergehen kann.

Sicherheit und Geborgenheit

Viele empfinden die Welt oder das Leben als unsicher und potentiell gefährlich. Der Beruf mag stressig sein und die Karrierechancen ungewiß, die wirtschaftliche Lage fraglich, Medienberichte über Kriminalität oder Terrorismus lassen das Gefühl von Unsicherheit und Bedrohtsein weiter ansteigen. In dieser Situation suchen die Menschen nach etwas, was ihnen Halt und Sicherheit gibt. Für diese Funktion gibt es verschiedene Kandidaten, aber die Religion verliert ihre Anhänger und den Politikern glauben immer weniger. Was bleibt, ist die Ehe oder Partnerschaft – sie soll hier ausgleichen und die Sicherheit und emotionale Geborgenheit vermitteln, die in der „kalten" Welt sonst nicht mehr gefunden wird. Der bekannte Paartherapeut Hans Jellouschek sieht folglich den Sinn von Partnerschaft unter anderem darin, Sicherheitsbedürfnisse zu erfüllen. Eifersucht ist demnach für Jellouschek ein Warnsignal, „daß grundlegende Bedürfnisse nach Sicherheit in der Beziehung nicht befriedigt werden." (Zitiert nach Landor 2006)

Wessbecher (2006) hat dieses Bedürfnis in seinem Buch über die Liebe sehr treffend beschrieben:

Viele Partnerschaften beginnen mit der Sehnsucht nach einem Menschen, der einen schützend und tröstend in den Arm nimmt und einem das Gefühl gibt, alles sei gut. Wir suchen jemanden, bei dem wir uns geborgen fühlen können, der uns zeigt, daß er uns liebt und uns versichert, daß dies auch in Zukunft so sein wird. Wir suchen ein neues Paradies und glauben, es nur mit Hilfe des „richtigen" Menschen finden zu können, eines Menschen, bei dem wir uns so voll und ganz geborgen fühlen können wie damals im Bauch unserer Mutter. Und wir glauben, diesen Menschen daran erkennen zu können, daß er uns Aufmerksamkeit schenkt, Verständnis und vielleicht sogar Fürsorge entgegenbringt, unsere Sichtweisen teilt, unsere Meinung schätzt und uns ganz allgemein zu verstehen gibt, daß er ganz auf unserer Seite ist. (S. 42f.)

Wir wollen uns also „sicher" fühlen in der Partnerschaft. Befragt man junge Leute nach ihren Partnerschaftswünschen, so hört man auffallend häufig den Wunsch nach einer „festen" Beziehung. Was bedeutet das, eine feste Beziehung? Eine feste Beziehung ist eine Beziehung, die, wenn sie einmal eingegangen ist, sich nicht mehr wesentlich ändert – und auf keinen Fall wieder auseinandergehen soll. Man ist „fest" zusammen und das soll so bleiben. Oder wenn eine Frau den Wunsch nach einem „verläßlichen" Partner äußert, so steckt auch hier das Sicherheitsdenken dahinter: „Verläßlich" heißt, er hält zu mir, bleibt bei mir und geht nicht fremd. Hinter all diesen Wünschen und Vorstellungen steckt *Angst* – Angst, die Partnerschaft könnte doch nicht das Versprechen von völliger Sicherheit einlösen, Angst, der Partner könne sich davonmachen und uns hilflos und allein zurücklassen, ohne Geborgenheit in einer kalten Welt.

Erinnern wir uns daran, was wir weiter oben über die Bestätigung des Selbst durch den Partner sagten. Der Partner, in dessen Nähe wir uns gebraucht und bestätigt fühlen, ist der Partner, bei dem wir uns sicher fühlen. Diese Sicherheit schwindet schlagartig, sobald wir nicht mehr „gebraucht“ und „bestätigt“ werden. Der Partner wird so in erster Linie als Sicherheitsspender gesehen – und viele Menschen sind so voller Lebensangst, daß die Sicherheit zum Hauptsinn der Partnerschaft wird: emotionale Absicherung, damit man nicht untergeht.

Wer so denkt und fühlt, wird natürlich mit Panik auf jedes Anzeichen einer Trennung reagieren, denn wenn mein Partner geht, nicht wahr, wo bleibt dann die Sicherheit?

In diesem Sinne stellt auch Wessbecher den Sicherheitswunsch in Partnerschaften infrage:

Ich bin sogar der Meinung, daß die unbewußte Suche nach jener paradiesischen Sicherheit und Geborgenheit, die wir im Mutterbauch erlebt haben, der wirklichen Liebe entgegensteht. Sie verhindert nämlich, daß wir einen anderen Menschen überhaupt richtig betrachten und verstehen können, weil wir uns weniger für den Menschen selbst als für sein Verhalten uns gegenüber interessieren. Das offenbart sich zum Beispiel in Liebeserklärungen wie diesen: „Ich liebe dich für das, was du für mich tust oder getan hast. Erst durch dich wird mein Leben schön/fühle ich mich wieder wohl.

Sätze wie „Ich liebe dich, weil du bist, wie du bist, egal, was du für mich tust“ oder „Ich liebe dich, aber ich brauche dich nicht“, kommen als Liebeserklärungen hingegen eher selten zur Anwendung. Auch die meisten Liebeslieder handeln davon, wie sehr die geliebte Person gebraucht wird und wie viel Sonne sie ins Leben bringt. Wollen wir denn nicht alle gebraucht werden und wichtig für jemanden sein?

Warum werden solche Liebeserklärungen so selten in Frage gestellt? Warum fragt man sich nicht, ob man hier vielleicht als Spender von Sicherheit und Geborgenheit mißbraucht werden soll, selbst wenn einem im Gegenzug alles versprochen wird, was einen angeblich selbst glücklich macht – natürlich unter der Vorausset-

zung, daß man seinen Teil der Vereinbarung erfüllt? Die Antwort ist: Wir haben uns daran gewöhnt. Die meisten Menschen leben so. Es wirkt irgendwie vertraut und üblich. (2006, S. 44f.)

Das sind harte Worte: Sicherheit und Geborgenheit vom Partner zu erwarten, ist also *Mißbrauch* des Partners – und hier klafft ein Abgrund zwischen den Auffassungen von Jellouschek, der es geradezu als Sinn von Partnerschaft sieht, Sicherheitsbedürfnisse zu befriedigen, und Wessbecher, der dies infrage stellt.

Damit sind am Beispiel der Autoren Jellouschek und Wessbecher die Sichtweisen klar bezeichnet und man kann wählen:

- Ist es positiv zu werten, wenn ich den Partner in erster Linie als Sicherheitsspender sehe, in puncto Sicherheit von ihm abhängig bin und deshalb mit Panik und Eifersucht reagiere, wenn mein Partner sich anders zu orientieren droht?
- Oder ist es positiv, wenn ich keinerlei Sicherheitserwartungen an meinen Partner habe, weil ich die Sicherheit aus mir selber beziehe und so unabhängig werde – und so den Schwerpunkt der Partnerschaft nicht auf Sicherheit, sondern auf Liebe, gegenseitige Förderung und Austausch lege?

Der Vergleich mit dem Nebenbuhler

Wir kommen zu einer weiteren großen Angst bei fast allen, die in einer Beziehung leben. Es ist die Angst vor dem Vergleich. Wenn meine Frau mit einem anderen Mann schläft, so habe ich als Mann die Phantasie, meine Frau könnte den anderen als sexuell besser erleben. Wenn mein Mann mit einer anderen Frau schläft, so habe ich als Frau die Phantasie, die Nebenbuhlerin könnte schöner sein als ich. Das sind so die gängigen Ängste.

Es ist unschwer zu sehen, daß hier Minderwertigkeitsgefühle aktiviert werden. Wenn ich im geheimen befürchte, daß ein anderer besser, schöner, erfolgreicher, sexuell besser usw. ist, dann habe ich ein Problem. Was mache ich? Ich kann natürlich versuchen, selber in diesen Qualitäten Punkte zu machen, aber viele sehen ihre Möglichkeiten sehr begrenzt. Sie finden sich damit ab, nicht zu den Erfolgreichen und Attraktiven zu gehören. Dann finden sie einen Partner. Vielleicht sind sie ja froh, überhaupt einen gefunden zu haben. Unbewußt fängt man an, den Partner innerlich festzuhalten, „du gehörst jetzt zu mir". Wie schon oben dargestellt, hat der Partner die Funktion, das eigene Selbst zu bestätigen.

Nach welchen Kriterien suchen wir einen Partner? Sinnvoll wäre z. B. die Aussage, ich suche einen Partner, der zu mir paßt. Allerdings ist diese Antwort zunächst nicht befriedigend, denn ich müßte erst rausfinden, wie ein solcher zu mir passender Partner beschaffen ist. Und das ist nicht so einfach.

Die meisten Menschen nennen bei der Frage, wie denn ihr Wunschpartner sein soll, zwei, drei meist ziemlich stereotype Eigenschaften. Sie muß schön sein. Er muß groß sein. Sie muß sexy sein. Er muß erfolgreich sein. Sie muß häuslich und treu sein. Und so weiter und so weiter.

Genauso stereotyp gehen die meisten Menschen vor, wenn sie sich fragen, welche Merkmale *sie selbst* denn aufweisen müssen, um auf dem Partnermarkt eine Chance zu haben: Ich muß gut aussehen, attraktiv sein, Witze machen können, schön und sexy sein, ein Draufgänger sein und so weiter und so weiter.

Was hat das mit Eifersucht zu tun? Sehr viel. Denn dieses Denken bildet die Grundlage der Angst vor dem Vergleich – vor dem Vergleich mit dem gefürchteten Nebenbuhler: Egal, wie schön ich als Frau bin, vielleicht gibt es eine andere, die schöner ist. Egal, wie erfolgreich ich bin, vielleicht ist ein anderer erfolgreicher. Und wenn ich mich als unattraktiv, als Versager, als sexuell unzulänglich empfinde, macht das den Vergleich nur noch schlimmer.

Was kann man da tun? Man kann das tun, was viele junge Menschen tun: sich ein entsprechendes Verhalten und Outfit zulegen, von dem man hofft, daß es den eigenen Marktwert steigert. Das geschieht meistens eher im äußerlichen Bereich: Klamotten, Sprüche, die man draufhat, Gehabe … immer in der Absicht, bestimmte Merkmale zu erwerben oder zu verbessern, um attraktiver für das andere Geschlecht zu sein. Mit einem Wort, man versucht, sich bestimmte *Merkmale* zuzulegen, von denen man hofft, daß sie den eigenen Marktwert steigern. Und genau dieses Denken in Merkmalen läßt in der Eifersucht die Angst vor dem unvorteilhaften Vergleich mit dem Nebenbuhler hochkommen: Ein anderer/eine andere könnte „besser" sein in diesem oder in jenem Merkmal und mich damit „ausstechen". Wenn eine Frau der festen Überzeugung ist, sie *müßte schön* sein, um einen Partner anzuziehen und zu halten, so wird sie in Panik geraten bei der Idee, eine andere Frau sei schöner. Wenn ein Mann der festen Überzeugung ist, er *müßte erfolgreich und sexuell toll* sein, um eine Partnerin anzuziehen und zu halten, so wird er in Panik geraten bei der Idee, ein anderer Mann sei ihm in dieser Hinsicht überlegen.

Und da kaum jemand sich als völliger Superstar in diesen Eigenschaften fühlt, grassiert im Untergrund die Angst, jemand anders könnte „besser" sein. Was tun wir also, um dem Vergleich aus dem Wege zu gehen? Wir *binden den Partner an uns* – mit Hochzeit, Ring, Treuegelöbnis und unsichtbaren Regeln, die definieren, inwieweit sich unser Partner mit dem anderen Geschlecht einlassen „darf". Für einen sehr Eifersüchtigen möglichst überhaupt nicht! Wie David Buss sagt:

Eifersucht treibt Männer dazu, ihre Frauen zu kontrollieren, einzusperren, zu nötigen, einzuschränken, zu unterdrücken, zu isolieren, zu binden, zu versklaven, einzukreisen, zu fesseln und zu hemmen. (2003, S. 191)

Eifersucht ist, wie viele meinen und auch Buss meint, gut für die Liebe. Und offensichtlich auch gut, wenn man einem Vergleich lieber aus dem Wege gehen möchte.

Dieses Denken in Eigenschaften und Merkmalen steckt tief in uns drin. Mit den Eltern fängt es an, die uns klar vermitteln, welche Merkmale sie bei uns lieber stärker oder lieber überhaupt nicht sehen möchten. In der Schule schließlich wird dieses Prinzip der Segmentierung und Aufspaltung in Merkmale konsequent eingeübt und auf die Spitze getrieben mit Notengebung und ständigem Beurteilen. Im Berufs- und allgemeinen sozialen Leben geht es in dieser Art, wie jeder weiß, so weiter – dort erscheint es unter dem Begriff *Konkurrenz.*

Überall wird uns vermittelt, daß unsere Individualität egal ist und es nur darauf ankommt, in bestimmten erwünschten Merkmalen möglichst top zu sein und andere Merkmale möglichst zum Verschwinden zu bringen.

Im Bereich der Partnerschaft ist das Denken in Merkmalen besonders aktiv bei der Partnersuche – man *konkurriert* um den besten Mann, die beste Frau. Hat man dann einen Partner und kommt es zur „festen" Partnerschaft („fest" heißt, es darf sich nichts mehr verändern), dann schläft das Denken in Merkmalen ein – man nennt das *Gewöhnung.* Ob man jetzt in diesen oder jenen Merkmalen gut oder schlecht ist, es ist einem egal, denn, man „hat" ja jetzt den Partner. Das ist sehr beruhigend fürs Gemüt, denn Konkurrenz bedeutet Anspannung und Streß – und gerade diese Ruhe ist sehr erwünscht, damit die Partnerschaft den erwünschten gemütlichen „sicheren Hafen" bildet im Gegensatz zum stressigen Berufsleben. Mit dieser Ruhe ist es aber schlagartig vorbei, wenn Eifersucht auftritt – und schon ist das eingeschlafene Denken in Merkmalen, in denen man in Konkurrenz steht, wieder voll aktiviert.

Zusammengefaßt könnten wir vielleicht sagen:

- Wir alle haben die Tendenz, uns aufzuspalten in verschiedene Merkmale, die wir mehr oder weniger ausgeprägt „haben". Fast immer, wenn wir einen anderen Menschen beurteilen, teilen wir ihn auf – wir nehmen ihn nicht mehr ganzheitlich wahr, sondern *bewerten* bestimmte Züge, meist auch *wertend:* In diesem Zug oder Merkmal ist er besser, in jenem schlechter. Genauso wie wir andere derart aufspalten, tun wir es bei uns selbst: Dieses Merkmal mögen wir an uns, jenes lehnen wir ab.
- Diese Aufspaltung des Individuums in Merkmale hat gewöhnlich einen bestimmten Zweck: Herauszufinden, wie wir den

Erwartungen unseres Umfeldes genügen können: Welches Merkmal in welcher Ausprägung ist erwünscht, welches unerwünscht? Dieser *differentielle Bewertungsprozeß* läuft ständig ab, besonders ausgeprägt jedoch bei wichtigen Lebensveränderungen: Zu Beginn einer beruflichen Tätigkeit und zu Beginn einer Partnerschaft; dann aber auch, wenn die berufliche Tätigkeit oder die Partnerschaft *bedroht* ist. Eifersucht läßt die meisten Menschen *in Konkurrenz treten* und aktiviert die Angst, *ob sie auch gut ankommen in diesem oder jenem Merkmal.*

- Um uns zu orientieren in diesem Vergleichen, haben wir *Leitbilder,* abstrakte Konzepte etwa von beruflichem Erfolg, von Schönheit oder sexueller Potenz. Diese Leitbilder sind *generalisierte gesellschaftliche Konstruktionen,* die für uns einen normativ verpflichtenden Charakter haben. In diesem Prozeß des Sich-Ausrichtens auf angenommene Erwartungen unseres Umfeldes spielt unsere Individualität keine Rolle mehr.
- In der eifersüchtigen Angst, der Nebenbuhler könnte in diesem oder in jenem Merkmal „besser" sein, verlieren wir unsere Individualität aus den Augen – *wir spüren uns selbst nicht mehr.* Wir meinen, unser Partner würde uns eher irgendwelcher *Merkmale* wegen lieben, als daß wir meinen, er würde *uns* lieben.

Sprachlosigkeit

Untreue, Eifersucht, dieser ganze Komplex kann nur entstehen, weil fast alle Menschen in bezug darauf an akuter Sprachlosigkeit leiden.

Weiter oben haben wir unter dem Punkt „Verletztsein" die implizite, unausgesprochene Vereinbarung betont, den „Vertrag" der Treue, der allerdings vorausgesetzt und kaum je explizit formuliert wird. Implizite, unausgesprochene Verträge und Erwartungen an den Partner werden dem psychosozialen Feld entnommen, in dem wir alle leben – es werden also Haltungen übernommen, mit denen wir uns automatisch identifizieren.

Wir wiederholen noch einmal teilweise das oben gebrachte Zitat von Perel:

Unser Glaube an die Monogamie ist so tief verwurzelt, daß die meisten Paare, insbesondere heterosexuelle, dieses Thema gar nicht erst ansprechen. Es scheint sich für sie zu erübrigen, über etwas zu diskutieren, das als gegeben feststeht … Über Treue zu diskutieren würde bedeuten, daß sie verhandelbar und nicht mehr obligatorisch ist. Betrogen zu werden erscheint uns als eine so düstere Aussicht, daß wir dieses Thema lieber gar nicht erst anschneiden. Wir fürchten, daß uns das kleinste Zugeständnis geradewegs nach Sodom und Gomorrha führen wird. (Perel 2006, S. 242f.)

Warum schneiden wir das Thema möglicher Untreue denn nicht an? Der Grund ist einfach: Wir haben *Angst,* das Thema anzuschneiden, Angst aufgrund unserer *Bedürftigkeit* (nach Liebe, nach Sicherheit und Geborgenheit, nach Selbstbestätigung, nach Hilfe und Stütze im Leben) und aufgrund der von uns übernommenen *unbewußten Erwartungen.*

Wir fürchten, wie Perel richtig schreibt, daß uns das kleinste Zugeständnis geradewegs in die Katastrophe führt, denn „über Treue zu diskutieren würde bedeuten, daß sie verhandelbar und nicht mehr obligatorisch ist". Also halten wir den Mund fest verschlossen und hoffen, daß der schlimmste Fall uns verschont.

Dieses magische Denken – *wenn wir darüber reden, könnte ja mein Partner auf den Geschmack kommen* – verhindert nicht, daß ca. die Hälfte aller in Beziehungen Lebenden irgendwann mal fremdgehen. Fast immer wurde nie, nie, nie vorher über diese Möglichkeit gesprochen.

Wenn in all den langen Ehejahren Gewohnheit uns sicher gemacht hat, sprechen wir erst recht nicht darüber … *warum schlafende Hunde wecken* … und wenn *es* passiert ist, dann bricht die Welt zusammen.

Wenn wir es sind, die fremdgehen, reden wir dann mit unserem Partner darüber? Nein, wir halten den Mund fest geschlossen – *warum dem Partner wehtun …*

Und wenn wir „ertappt“ werden – stehen wir dann dazu? – sagen vielleicht, okay, ich wollte das, es hat Spaß gemacht? Niemals! Wir reagieren schuldbewußt und verlegen wie kleine Kinder. Die häufigste Reaktion ist: *„Es ist halt passiert …“*

Was besagt die Redewendung „Es ist halt passiert“? Sie besagt, daß einer nicht zu dem steht, was er getan hat, daß er *nicht die Verantwortung für sein Handeln übernimmt.* Nicht ich habe es getan und gewollt, sondern *es* ist *passiert,* so, wie *es* halt regnet oder schneit …

Was besagt diese Reaktion? Sie besagt, daß *auch der, der fremdgeht, den impliziten, unbewußten Vertrag bejaht* – sonst würde er nicht schuldbewußt reagieren.

Findet zumindest jetzt ein vernünftiges Gespräch statt – ein Gespräch, welches man auch ein Gespräch nennen könnte? Meist nicht. Der eine, der „Untreue“, ist in der Regel nicht fähig, über seine Motivation zu reden, nicht fähig, zu seinem Handeln zu stehen und schiebt alles auf eine anonyme Instanz, *es,* was halt *passiert* ist, oder beteuert gar, es sei doch „nur Sex“ gewesen. Der andere, der „Treue“, ist meist vor lauter Verstricktsein in negative Affekte unfähig, sich um Verständnis zu bemühen, denn wie schon oben gesagt, *Eifersucht blockiert Verstehen.*

Wir reden über vieles und meist über äußerliche oder unwichtige Dinge. Das, was für uns wichtig und wesentlich ist, darüber zu reden fällt uns schwer oder ist gar völlig unmöglich – es fehlen uns die Worte, wir *wollen nicht* drüber reden, es ist uns peinlich. Handelt es sich um einen sensiblen und „heiklen“ Bereich wie Beziehung und sexuelles Begehren, so rückt „Drüber reden“ für die meisten Menschen in den Bereich der Unmöglichkeit.

Denn was ist Reden, Formulieren, Äußern gegenüber einem anderen, wenn es um *wesentliche* Themen geht? Reden bedeutet dann, laut und klar kundzutun, wer ich bin, was ich glaube und hinter was ich stehe. Es ist ein Akt der momentanen Selbstdefinition und insofern ein schöpferischer Akt. Wenn über wesentliche Themen wie Treue, Liebe und Sexualität *nicht geredet wird,* so heißt dies, daß dieser schöpferische Akt nicht stattfindet – und stattdessen unbewußt – *implizit* – Meinungen und Haltungen dem psychosozialen Umfeld entnommen werden.

Jeder möchte geliebt *werden,* also passiv Objekt von Liebe sein, denn das tut gut. Sehr viel weniger möchten *lieben,* also aktiv einen Menschen liebevoll in ihr Herz schließen. Und nicht Allzuviele machen sich Gedanken, was sie denn nun wirklich unter Liebe verstehen wollen.

Jeder „weiß", was Liebe ist – es wird ihm oder ihr tausendfach vermittelt – einesteils über Medien wie Magazine, Popsongs, Filme usw. – dann aber auch über andere Menschen, angefangen mit der Beobachtung der eigenen Eltern, und über das, was wir so in unserem sozialen Umkreis sehen und miterleben. Was besagt diese Information? Versuchen wir, uns einmal klarzuwerden, mit was wir da „gefüttert" werden:

Junge Menschen denken in erster Linie an *Verliebt-sein.* Dieser Zustand, unzählige Male schon beschrieben, hat etwas Passives an sich: Man trifft den „richtigen" Menschen und die Liebe schlägt ein! Und dann kann man nur noch hoffen, daß dieser „richtige" Mensch auch weiß, daß er auserkoren ist und sich entsprechend verhält! Wenn das der Fall ist, sind wir selig, wenn nicht, sind wir unglücklich verliebt – Pech gehabt. Diesem plötzlichen Aufflammen des Gefühls Liebe geht gewöhnlich eine Zeit des Sehnens, der Phantasie, der Beschäftigung mit dem Thema voraus. Wenn *es* dann kommt – *fällt man* in die Liebe, wie es im Englischen heißt, *falling in love* – dann ist man glücklich; *endlich hat man* einen Menschen *gefunden,* den man liebt, der einen liebt, mit dem man Liebe machen und überhaupt alles gemeinsam genießen kann. Vielleicht sollte ich hinzufügen, daß dieses leidenschaftlich-rauschhafte Verlieben nicht jeder erlebt. Wer es nicht erlebt, neigt eher dazu, diesen Zustand als eine milde Form von Geisteskrankheit zu bewerten; wer es erlebt, für den kann es im Moment die beseligendste und schönste Sache der Welt sein: Es ist eine Ahnung des Paradieses, des absoluten Himmels, die einem da kommen kann.

Warum ist Verliebtsein so schön, so beglückend, so beseligend? Es hat etwas vom Schlüpfen des Schmetterlings aus dem

Kokon an sich: Die Grenzen der Persönlichkeit, dem Kokon vergleichbar, brechen zusammen unter dem Ansturm eines übermächtigen Gefühls; in der auch sexuellen Verbindung mit einem anderen Menschen wird eine Weite erfahren, die vorher völlig unbekannt war. Sich-Verlieben stellt eine Möglichkeit dar zu erfahren, daß eine starre Persönlichkeitsstruktur Glück verhindern und die Auflösung der Persönlichkeit im bisher gekannten Sinn erlösend, befreiend, beseligend wirken kann – dies teilt Verliebtsein mit Kulturtechniken wie Drogenrausch, initiatische Praktiken, Grenzerfahrungen, intensive Sexualität und andere. Kein Wunder, daß man nur einen Wunsch hat: Es möge ewig dauern!

Ist man älter und hat schon Erfahrungen mit Partnerschaft, eventuell auch desillusionierende, so kommt man zu anderen Bewertungen. In der Regel hat man dann die Erfahrung gemacht, daß das Verliebtsein und das leidenschaftliche Sehnen nur von kurzer Dauer sind und nicht zu halten scheinen, was sie versprechen, daß bald in der Beziehung die Probleme anfangen, daß die große Liebe, von der man meinte, sie dauere ewig, schon wieder zu Ende ist wegen absoluter Unverträglichkeit.

Dies ist der Übergang zu *Liebe Nummer zwei:* Vernünftig, realistisch, verantwortungsvoll. Nicht mehr leidenschaftlich, sondern ruhig, gewohnt, vertraut. Das Modell, welches man im günstigen Fall von seinen Eltern her kennt, die man sicher nicht leidenschaftlich verliebt erlebt hat. Es ist das Modell, welches Eheberater als wünschenswert propagieren – mit oft deutlicher Abwertung des „unreifen“ Verliebtseins. Dieses Liebesmodell hat mit realistischer Anpassung zu tun, mit Gewöhnung in einem jahrelangen Prozeß, mit Aushandeln eines gemeinsamen Modus vivendi. Im günstigen Fall bleiben Zuneigung, liebevolle Zuwendung, auch erfüllte Sexualität erhalten oder wachsen sogar noch. Man hat sich aufeinander eingespielt und meint sich zu kennen, man möchte einander nicht mehr missen. Es ist immer auch viel Gewöhnung dabei: Die Beziehung „läuft“ irgendwie; hier noch etwas wesentlich zu ändern, wäre viel zu aufwendig. Man begnügt sich mit dem, was man hat und lernt, dies zu schätzen.

Wie stellt sich Eifersucht in diesen zwei Liebesformen dar?

In der *leidenschaftlichen Verliebtheit* ist Eifersucht fast immer präsent. Wer verliebt ist, kennt nur einen Wunsch: Der/die Geliebte möge einen wiederlieben! Für Toleranz ist in diesem Modell kein Platz. Man stelle sich vor, ein Junge hat sich in ein Mädchen verliebt; sie macht ihm Hoffnungen, geht aber auch mit einem anderen aus: Die verzehrenden Qualen, die da durchlitten werden, suchen ihresgleichen (auch wenn sie einem oft später fast lächerlich vorkommen). Wobei der Fall des *unglücklich Verliebtseins* durchaus eine einzigartige Chance bietet, freier zu werden von der Eifersucht: Indem der unglücklich Verliebte zwar seinen Wunsch, das Mädchen seiner Wahl zu besitzen, anerkennt, aber ihr innerlich das Recht zuspricht, denjenigen zu wählen und zu erhören, mit dem *sie* glücklich zu werden vermeint. Man könnte das so formulieren: *Zwar wünsche ich mir von ganzem Herzen, daß du zu mir kommst und wir beide miteinander glücklich werden können. Aber ich wünsche auch Dir, daß Du denjenigen wählst, der zu Dir paßt, und wenn das der andere ist und nicht ich, so bedaure ich dies für mich, aber freue mich für Dich.*

Daß im Zustand des intensiven Verliebtseins jemand zu einer derart menschlich großzügigen Haltung fähig ist, ist sehr selten. Und doch wäre dies ein Weg, Verliebtsein dazu zu nutzen, um Eifersucht zu überwinden und menschlich zu wachsen.

Bei jungen Menschen ist Eifersucht in der Regel betont, nicht nur in der Ungewißheit des Verliebtseins, sondern auch wenn man sich gefunden hat: Fast immer werden hohe Anforderungen an Treue und Dauer gestellt, gewöhnlich aus einer gewissen Naivität heraus. Das sieht zum Beispiel so aus:

Leonie, 20 Jahre alte Medizinstudentin aus Berlin, hat ihre große Liebe gefunden. „Ich mußte dafür wohl erst 20 werden." Ihr Freund ist einige Jahre älter und studiert ebenfalls Medizin. Kennengelernt haben sich die beiden bei einer Einführungsveranstaltung ihres Studienganges. „Für mich ist es wichtig, daß diese Beziehung für immer hält", sagt Leonie. „Warum soll ich jemanden lieben, bei dem ich weiß, ich werde ihn nicht behalten?" (entnommen aus www.gmx.de)

In solchen naiven Haltungen – „was sich jetzt im Moment gut anfühlt, muß immer so bleiben“ – ist die Eifersucht schon fest einprogrammiert, ohne daß das den Betreffenden wirklich bewußt ist: Man „hat“ den Partner und das hat auch so zu bleiben. Liebe wird so mit einer *Bedingung* versehen: Ich liebe dich unter der Bedingung, daß Du meine Erwartungen an Dauer usw. erfüllst.

Und wenn bei jungen Menschen die Beziehung nicht gut geht, dann trennt man sich eher, als daß man den Streß des Fremdgehens auf sich nimmt – und die nächste Beziehung mit denselben hohen Erwartungen an Treue und Dauer wird begonnen. Dieses Schema von mehreren eher kurzen aufeinanderfolgenden Beziehungen erlaubt es, die moralischen Standards hochzuhalten und in Probierbeziehungen Erfahrungen zu sammeln, z. B. die, daß Beziehung nicht automatisch glücklich macht – ebenso gut kann sie unglücklich machen – und daß die ganze Sache anspruchsvoller ist, als man anfangs dachte. Und indem die Treueerwartungen hochgehalten werden, wird gleichzeitig auch die Eifersucht hochgehalten – das bekannte Doppelpack.

Wie steht es in der „realistischen“ Variante Nummer zwei, der *Dauerbeziehung,* mit der Eifersucht? Wandelt sich im Laufe der Jahre der Begriff von Liebe und Partnerschaft, so daß er nicht mehr zwingend Eifersucht miteinbezieht?

Ganz sicher ändert sich einiges; jedoch die Erwartung an Treue, die feste Überzeugung, daß, sobald es sich um eine „feste“ Partnerschaft handelt, der Partner nicht mehr die Freiheit hat, über sich selbst zu bestimmen, diese Überzeugung bleibt bestehen. Die Gründe verschieben sich etwas; es ist nicht mehr das große Gefühl, welches der Partner nur mit einem selbst und sonst mit niemandem teilen soll; es sind eher Sicherheitsängste sowie das Bedürfnis, gewonnene Vertrautheit beizubehalten, die die Eifersucht motivieren. Lange Partnerschaften wie lebenslange Ehen bestehen überwiegend – und manche ausschließlich – aus Gewohnheiten: Man geht gewohnt miteinander um, wendet dem Partner immer dieselbe Seite zu, die Reaktionen stereotypisieren sich ebenso wie die Gefühlsabläufe, z. B. in der Sexualität. Je länger Gewohnheiten dauern, desto tiefer graben sie sich ein und desto schwieriger bis nahezu unmöglich wird es, daran noch etwas zu ändern. Eifersucht beinhaltet hier oft die Panik, sich eventuell umorientieren zu müssen, wozu man sich nicht mehr in der Lage fühlt: Der Partner *muß* bleiben, denn ohne ihn bricht mein ganzes Erwartungs- und Gewohnheitssystem zusammen – und der durchschnittliche Mensch hat kaum ein Selbst *außerhalb* dieser Systeme. Nur so ist es erklärbar, daß Menschen sich selbst umbringen, wenn sie von ihrem Partner verlassen werden.

Was lernen wir aus all dem? Wir lernen folgendes: Die Eifersucht ist dem traditionellen Partnerschaftsmodell inhärent, sie ist nicht peripheres Beiwerk, sondern gehört zentral dazu. Viele, die über Eifersucht schreiben, vor allem die Rechtfertiger der Eifersucht, spüren diesen Tatbestand instinktiv – und deshalb wird auch kaum die Eifersucht an sich infrage gestellt, sondern nur die „übertriebene" Eifersucht. Denn wer die Eifersucht grundsätzlich infrage stellt, der stellt das gängige Partnerschaftsmodell infrage. Eifersucht und Treue bzw. Treueerwartung gibt es nur im „Doppelpack", sagten wir; wer die Eifersucht demnach infrage stellt, stellt auch die „Treue" infrage. Wer also die Eifersucht grundsätzlich infrage stellen will, braucht ein neues Modell von Partnerschaft.

Doch ehe wir dahin kommen, wenden wir uns zunächst an typischen Beispielen den Versuchen zu, Eifersucht als normal und wünschenswert für eine Partnerschaft zu rechtfertigen.

Teil 2:
Die Rechtfertigung der Eifersucht

Zwei Arten von Eifersucht?

Auch wenn man einige immer wiederkehrende Merkmale der Eifersucht aufzählen kann, so kann sie sich doch in fast unendlich verschiedenen Formen zeigen. In der Haltung gegenüber Eifersucht ist aber oft ein Zwiespalt festzustellen. Einerseits weiß jeder, daß Eifersucht unendlich zerstörerisch sein kann: Psychischer Terror, tätliche Gewalt bis zum Mord gehen immer wieder auf das Konto dessen, der eifersüchtig nicht ertragen kann, daß sein Partner sich eventuell auch anderen Menschen als ihm zuwenden könnte oder zuwendet. Andererseits empfinden die meisten Menschen Eifersucht als unentrinnbares Schicksal, welches über sie kommt, wenn sie die Partnerschaft bedroht wähnen durch das Hinzukommen eines Dritten. Und ist Eifersucht dann nicht der Beweis dafür, daß mir am Partner etwas liegt? Dieses Einerseits – Andererseits führt zu der Unterscheidung von „guter" Eifersucht und „böser" Eifersucht oder, wie Experten gerne formulieren, von „normaler" Eifersucht, der eine positive Bedeutung für die Partnerschaft zugesprochen wird, und „pathologischer" Eifersucht. Zur pathologischen Eifersucht wird einerseits der Eifersuchtswahn, die unbegründete Eifersucht mit ständigem Kontrollieren gezählt, andererseits die exzessive Entartung in Gewalt. Bei tatsächlich bestehender Untreue wird jedoch Eifersucht als normal angesehen, und zwar nicht nur als normal im statistischen Sinne, sondern auch als notwendige und positiv zu wertende Reaktion.

Diese Unterscheidung von zweierlei Arten Eifersucht wird nicht von jedem getroffen. Wenn man genau hinschaut, so zeigen sich hier zwei „Lager", die Eifersucht jeweils verschieden deuten:

Das seriöse Lager mit anerkannten Experten und Paartherapeuten stützt sich auf das traditionelle Modell von Partnerschaft. Dieses Modell geht von Liebe und Treue im Rahmen einer monogamen Dauerbeziehung aus. Die Unterscheidung von zweierlei Arten Eifersucht ist hier beheimatet. Hier finden sich Vertreter von Wissenschaft und Psychotherapie meist tiefenpsychologischer Herkunft.

Das alternative Lager, zu dem eine Reihe von alternativen und Underground-Bewegungen zu zählen sind. Hier werden abweichende Partnerschaftsmodelle vertreten, in denen neue Spielarten von Treue, Liebe und Sexualität ausprobiert werden. Es besteht weniger die Tendenz, die Eifersucht in einen positiv zu bewertenden und in einen krankhaften Teil zu trennen und sie wird generell eher kritisch gesehen.

Unterschiedliche Definition des Problems

Seriöses und alternatives Lager unterscheiden sich auch in dem, was sie bei der Eifersucht als Problem ansehen. Das seriöse Lager neigt dazu, die Untreue als Problem zu sehen, während das alternative Lager eher die Eifersucht an sich als Problem sieht.

Wenn ich eifersüchtig bin, habe ich ein Problem, aber was genau ist das Problem? Betrachte ich meine *Eifersucht* als Problem oder die vermutete *Untreue* meines Partners? Es ist mit der Eifersucht wie mit jedem negativen Gefühl, z. B. Ärger: Die meisten sehen das Problem *im Außen* – eine bestimmte Person oder ein Umstand ist „schuld“ daran, daß ich Ärger empfinde. Oder Angst: Die meisten sehen das Problem in der Person oder Situation, die ihnen Angst einflößt – und nicht in der Angst an sich. Ebenso Eifersucht: Wenn mein Partner nicht untreu wäre oder sich so merkwürdig verhalten würde, wäre ich nie eifersüchtig. Also liegt das Problem beim Partner, nicht bei mir.

Wenn ich das Problem *im Außen* sehe, so sehe ich mich als Opfer der Umstände. Die Umstände dirigieren mir negative Gefühle auf, ich *kann gar nicht anders* als in dieser Situation ärgerlich, ängstlich – oder eben eifersüchtig – zu sein. Dies ist dasselbe Gesetz wie schon oben formuliert, als wir sagten, wir übertragen dem Partner *die Macht, uns glücklich – oder unglücklich – zu machen.* Allgemein gesprochen übertragen wir den Personen oder den Umständen um uns *die Macht, unsere Gefühle zu definieren, z. B. bei uns negative Gefühle zu bewirken.*

Aber was kann man tun? Wie bei allen Problemen im Leben kann ich auf verschiedene Weise vorgehen. Ich kann einmal die Situation im Außen beeinflussen und so kontrollieren, daß das Problem nicht mehr auftaucht. Eine spezielle Variante ist, daß ich weggehe aus der problematischen Situation. Ich kann aber auch meine innere Reaktion verändern bei gleichbleibender Situation, indem ich beispielsweise meine Gedanken und Sichtweise in bezug auf das Problem ändere.

Ein Beispiel: Nehmen wir an, ich habe Streit mit meinen Nachbarn, die im selben Haus gegenüber wohnen, weil diese nachts immer lautstarke Feste feiern. Das Problem im Außen zu kontrollieren würde hier heißen, ich gehe hin und bitte sie, leise zu sein. Wenn das nicht hilft, kann ich die Polizei rufen. Ich kann auch weggehen aus der Situation, was hier heißen würde, ich ziehe um in eine ruhigere Wohnumgebung. Oder ich kann meine innere Reaktion verändern, indem ich meine Nachbarn mit anderen Augen betrachte, sie ganz nett finde und ab und zu mitfeiere.

Wie kann man das auf Eifersucht übertragen? Wenn ich Eifersucht im Außen, in der Situation kontrolliere, kann ich folgendes machen:

- Ich suche/wähle mir einen Partner, bei dem ich mir zumindest subjektiv völlig sicher bin, daß er mich nie betrügt. Natürlich entsteht hier die Frage: Wie sicher kann ich sein?
- Ich kontrolliere meinen Partner, frage ihn jedes Mal, wo er gewesen ist und was er gemacht hat, kontrolliere die Telefongespräche usw. Dies ist ein Verhalten, welches schon aus Eifersucht heraus geschieht – die Alarmreaktion, die das befürchtete Schlimme verhindern will.

Hier wird klar, daß die Definition des Problems ganz verschieden sein kann. Was sehe ich als Problem an: Die Eifersucht oder die befürchtete Untreue? In den obigen Beispielen wird als Problem ein möglicherweise untreuer Partner gesehen.

Etwas anders sieht es aus, wenn ich versuche, die innere Reaktion zu verändern bei gleichbleibender Situation. Beispiele:

- Ich erkenne, daß ich übertrieben eifersüchtig bin, und verändere meine innere Reaktion in Richtung Vertrauen, indem ich mir sage, daß ich meinem Partner vertrauen kann und er mich nicht betrügen wird. Hier wird als Problem übertriebene Eifersucht bei treuem Partner gesehen.
- Ich bin eifersüchtig und befürchte, daß mein Partner sich anders orientieren könnte. Als Ergebnis strenge ich mich an, um attraktiver für meinen Partner zu werden. Als Problem wird hier die eigene Attraktivität bzw. Konkurrenzfähigkeit gesehen.
- Ich will die Eifersucht an und für sich in meinem Leben nicht dulden. In diesem Kontext kann eine Außenbeziehung des Partners nicht nur geduldet, sondern sogar eingeladen werden, weil ich nicht mehr eifersüchtig bin. Hier wird als Problem Eifersucht an sich gesehen, egal, ob berechtigt oder unberechtigt.

Man sieht, es sind ganz verschiedene Reaktionen bei gleicher Situation denkbar – der entscheidende Unterschied ist immer, was ich genau als Problem definiere.

Und es ist klar: Die meisten Menschen sehen nicht die Eifersucht als Problem an, sondern die Untreue. Ohne Untreue keine Eifersucht, so denken die meisten, also muß an der Untreue angesetzt werden und nicht an der Eifersucht.

Und genau hierin liegt das Problem.

Eifersucht – ein Zeichen von Liebe?

Wir beschäftigen uns zunächst mit den Deutungen, die die Eifersucht durch das seriöse Lager erfährt.

Die holländischen Paartherapeuten Luyens und Vansteenwegen schreiben in einem Buch über den Seitensprung unter der Kapitelüberschrift „Eifersucht ist positiv“:

„Ein gewisses Mißtrauen bei einer Liebesbeziehung des Partners oder bei plötzlichen Veränderungen in der Partnerschaft ist eine normale Reaktion. Wenn der Partner eine Affäre abstreitet, heißt das noch lange nicht, daß er auch keine Affäre hat … Häufig wird zu Unrecht verallgemeinernd behauptet, daß Eifersucht und die Angst, den Partner zu verlieren, auf ein schwaches Selbstwertgefühl oder einen Mangel an Selbstvertrauen hindeuten … Doch wenn die Eifersucht in einer Situation aufkommt, in der wirklich eine Gefahr droht, den Partner an eine dritte Person zu verlieren, ist es fehl am Platz, einen Zusammenhang mit Erfahrungen als Kind oder mit einem schwachen Selbstbild zu konstruieren. Eifersucht bedeutet, daß der Partner einem noch etwas bedeutet. Gleichgültigkeit hingegen verweist eher darauf, daß der Partner nicht mehr einen so wichtigen Platz einnimmt und daß man auch ohne ihn leben könnte. In dieser Hinsicht ist es etwas ***sehr Positives*** *(hervorgehoben im Original, Th. D.), wenn man eifersüchtig wird.“ (Luyens/Vansteenwegen 2006, S. 77f.)*

Eine Grundaussage dieses Textes ist, daß Mißtrauen in einer Partnerschaft „normal“ ist. Eifersucht ist lediglich die normale und verständliche Reaktion auf den Verdacht auf Untreue. Es ist gefährlich, den Partner an einen Dritten zu verlieren und „Mißtrauen“ ist dann angesagt. Was ist dazu zu sagen?

Mißtrauen in einer Partnerschaft kann nur aufkommen, wenn eine offene Kommunikation nicht möglich ist. Wenn ich beispielsweise als Frau die Idee habe, mein Mann habe Interesse an einer anderen, dann kann ich ihn doch einfach fragen! Dieser Satz wirkt naiv; dennoch ist es interessant, wie selbstverständlich die Autoren davon ausgehen, daß er „eine Affäre abstreitet“. Wenn eine offene Kommunikation über ein Thema, welches heimlich befürchtet wird, nicht möglich ist, dann entsteht Mißtrauen. *Die Vorbedingung für Mißtrauen ist aber nicht Untreue; die Vorbedingung für Mißtrauen ist der oben skizzierte unbewußte „Vertrag", gekoppelt mit der Unfähigkeit fast aller Menschen, offen darüber zu reden.* Nur dann entsteht der Verdacht, der andere könnte etwas verbergen oder verheimlichen, wenn ich unfähig bin, offen etwas anzusprechen und *zu wissen, daß mein Partner ehrlich antwortet.* Eine Partnerschaft, in der Mißtrauen als normal gilt, kann jedenfalls schwerlich als freie, offene und liebevolle Beziehung gelten.

Eine zweite Aussage des Textes besagt, daß das Auftreten von Eifersucht ein Beweis ist, daß der Partner mir etwas bedeutet. Wenn ich nicht eifersüchtig bin, kann das nur heißen, daß der Partner für mich nicht mehr wichtig ist und ich auch ohne ihn leben könnte – und deshalb ist Eifersucht positiv. Was ist zu diesem Schluß zu sagen?

Zunächst ist seltsam an dieser These, mit welcher Selbstverständlichkeit angenommen wird, Eifersuchtsfreiheit bedeute Interesselosigkeit für den Partner. Woher wissen die Autoren das? Logisch ist dieser Schluß jedenfalls nicht. Im Umkehrschluß heißt dies, daß der Partner mir nichts bedeutet, wenn ich nicht eifersüchtig bin. Ich könnte dann „auch ohne ihn leben". Wenn der Partner mir also etwas „bedeutet" und ich ihn liebe, dann kann ich nicht „ohne ihn leben". Eifersüchtig sein heißt also, ich kann nicht ohne meinen Partner leben – damit ist, vielleicht ungewollt, sehr klar bezeichnet, daß eifersüchtige Liebe eine abhängige Liebe ist: Du hast für mich da zu sein, denn ich kann nicht ohne dich leben. Wollen wir *so* Liebe definieren?

Eifersucht ist ein Zeichen von Liebe – daran glaubt die Mehrheit, wie in einer Umfrage ermittelt wurde:

Demnach finden 82 Prozent der Befragten, daß Eifersucht völlig legitim sei, wenn man liebe. Für eine Mehrheit ist Eifersucht sogar ein Liebesbeweis. „Sie zeigt mir, daß meinem Partner unsere Beziehung besonders wichtig ist", sagten 62 Prozent der Männer und 54 Prozent der Frauen. 21 Prozent finden ihren Partner gerade sehr attraktiv, wenn er eifersüchtig ist – und schüren dessen „Leiden“ noch, indem sie ihren Liebsten absichtlich eifersüchtig machen und mit Fremden flirten. (Spiegel Panorama 14. 03. 2006)

„Eifersucht besagt, daß der Partner mir etwas bedeutet“ – auf diesen Satz trifft man immer wieder. Und er stimmt – der Partner *ist* einem wichtig, wenn man eifersüchtig ist. Er ist auch wichtig, wenn man ihn bevormundet, ihn einschränkt, ihn braucht, um die eigene schlechte Laune an ihm abzureagieren, ihn ab und zu verprügelt – Partner können viele Zwecke erfüllen und in vielerlei Hinsicht wichtig sein. Die Aussage „Eifersucht besagt, daß der Partner für mich wichtig ist, mir etwas bedeutet“ stimmt tatsächlich. Er ist *wichtig* als Ventil für meine Launen. Er ist *wichtig* für die Erfüllung meiner Bedürfnisse und Erwartungen. Er ist *wichtig* für die Bestätigung meines Selbst – nur durch meinen Partner kann ich mein Selbstwertgefühl aufrechterhalten. *Ja, er ist wichtig und deshalb* bin ich eifersüchtig, falls „Gefahr“ droht, daß er sich mir entzieht.

Nur: Was hat das mit Liebe zu tun?

Einer der bekanntesten Autoren und Paartherapeuten in Deutschland ist Hans Jellouschek. In seinem Buch „Wie Partnerschaft gelingt – Spielregeln der Liebe“ hat er auch ein Kapitel der Eifersucht gewidmet. Er bringt zunächst einmal ein suggestives Beispiel:

Was sagen Sie zu folgender Situation? Er kommt spät in der Nacht von einem Liebesabenteuer nach Hause, seine Frau erwacht. Sie weiß, wo er war, aber es folgt keine Szene, kein Drama, kein Wut- oder Schmerzensausbruch. Sie fragt lediglich: „Na, hast du es schön gehabt, mein Schatz? Das freut mich!“ – dreht sich um und schläft weiter … Manche würden sich vielleicht eine solche Reaktion von ihrem Partner wünschen. Aber was würden wir dann von einer solchen Beziehung halten? Meinen Sie, daß diese Frau so reagieren kann, wenn ihr an ihrem Mann – als Mann – noch etwas liegt. Vielleicht liebt sie ihn sogar, aber was für einen Charakter hätte diese Liebe?

Wohl den einer Mutter zu ihrem Sohn, aber in der Beziehung als Paar muß hier wohl etwas fundamental schief liegen. (S. 134)

Jellouschek appelliert mit diesem Beispiel unverhohlen an das, was man das gesunde Volksempfinden nennen könnte – denn natürlich würden die meisten seiner Leser hier mit ihm übereinstimmen. Statt einer psychologischen Analyse bringt er einen suggestiven Appell an das allgemeine Empfinden. Dazu paßt, daß er eine Seite weiter „Weinen und wütendes Schreien" für eine „normale Reaktion der Liebe" hält, „die zeigt, daß es mir ernst ist mit unserer Partnerschaft." (S. 136 f.) Wenn ich also aus enttäuschter Bedürftigkeit in eine totale Opferhaltung falle, indem ich negativ ausraste, ist das für Jellouschek ein Zeichen, „daß es mir ernst ist mit unserer Partnerschaft". Im übrigen *gibt es* Menschen, die so gelassen reagieren wie in dem obigen Beispiel – und die sehr verwundert wären, von Jellouschek zu erfahren, daß bei ihrer Beziehung „etwas fundamental schief" liegt.

Worin sieht also Jellouschek den positiven Wert von Eifersucht? Er spricht zunächst von Menschen, die sich für „fortschrittlich" halten und sich deswegen die Eifersucht abgewöhnen wollen, und fährt fort:

Ich kann dieser Argumentation nicht folgen. Denn was ist eigentlich Eifersucht? Eifersüchtig reagiere ich, wenn ein anderer mir so wichtig ist, daß ich mir Nähe und Intimität zwischen uns wünsche, aber erlebe, daß dieser andere diese Nähe und Intimität einem Dritten gibt. Liebe zwischen Mann und Frau meint: Ich nehme dich ganz und ich gebe mich dir ganz. Dadurch entsteht ein besonderer Raum von Intimität, der „nur uns" gehört. Wenn ich erlebe, daß mein Partner dieses Nehmen und Geben mit jemandem Dritten teilt, erlebe ich diesen „unseren" Raum zerstört. Darauf reagiere ich mit Schmerz, Trauer und Wut, eben – mit Eifersucht.

Das hat also nichts mit Besitzanspruch zu tun, sondern es ist die natürliche Reaktion auf die Verletzung personaler Liebe, die ich zwischen dir und mir erlebt habe oder mir jedenfalls wünsche. Es hat somit keinen Sinn, sich beispielsweise im Fall einer Außen-

beziehung meines Partners die Eifersuchtsreaktion gewaltsam abtrainieren zu wollen, wie das manche Menschen versuchen, weil sie modern, tolerant, aufgeschlossen sein wollen. Damit werten sie sich nur selber ab und quälen sich unsäglich, anstatt sich mit dem Partner, der sie verletzt, auseinanderzusetzen.

Eifersucht ist so gesehen ein **Barometer der Liebe.** *Sie zeigt beiden Partnern an, wann der Liebe Unwetter drohen, so daß man sich vorsehen muß – oft schon im vorhinein, bevor etwas Handfestes passiert ist; wie eben auch der Zeiger des Barometers ins Schlechtwetterfeld zeigt, schon bevor die Sonne am Himmel verschwunden ist. So gesehen schützt die Eifersuchtsreaktion den Raum der Liebe." (S. 135f.)*

Wenn man gefühlsmäßig mit dem Autor übereinstimmt, so mutet der Text stimmig an und ganz sicher wird hier ein Ideal hochgehalten, in dessen Dienst die Eifersucht stehen soll. Doch bei genauerem Hinschauen kommen Zweifel.

Der Kernsatz bei Jellouschek ist: „Liebe zwischen Mann und Frau meint: Ich nehme dich ganz und ich gebe mich dir ganz. Dadurch entsteht ein *besonderer Raum von Intimität, der ‚nur uns' gehört.*" Und an anderer Stelle schreibt er: „Das offen gelebte Dreieck bedeutet einen fortdauernden Verzicht darauf, ‚eine/n ganz für sich zu haben'. Wie immer diese Tendenz zu beurteilen ist, zweifellos entspricht sie einer tiefen Sehnsucht in uns." (1997, S. 136) Mit dieser Aussage ist sicher der Kern der traditionellen Eheideologie bezeichnet: „Ein besonderer Raum von Intimität, der nur uns gehört" – „den Partner ganz für mich haben". Da Jellouschek den Raum von Intimität, in dem man den Partner „ganz für sich" hat, in der Sexualität sieht, ist hier auch seine Bewertung von Eifersucht schlüssig.

Dieser „besondere Raum von Intimität" wird am leichtesten in der ersten Verliebtheit erlebt – und dazu paßt, daß Jugendliche meist besonders eifersüchtig sind. Mit wachsenden Jahren und Beziehungserfahrung wird dann immer deutlicher, daß man den Partner eben nicht „ganz für sich" hat – er gehört auch vielen anderen Menschen; er gehört auch der Welt; jeder Partner hat darüber hinaus Züge, die mir eher fremd sind, über die er sich aber mit anderen Menschen verbindet. Vor allem aber gehört der Partner in erster Linie nicht mir, sondern sich selbst. Wenn ich meinen Partner ganz für mich haben will, dann muß ich ihn in einen Harem sperren. Die romantische Ideologie „Wir beide sind eins" wird im Lauf der Jahre aufgegeben zugunsten einer realistischeren Blickweise, die das Anders-Sein des Partners anerkennt und in der ich weiß, daß ich den Partner nie ganz für mich haben kann, eben weil er eine eigenständige Person ist, die über sich selbst bestimmen kann und auch soll.

Nun sieht Jellouschek diesen besonderen Raum der Intimität in der Sexualität. Was hat es damit auf sich?

Sexualität und die auf sie bezogenen Organe sind für fast alle Menschen etwas Heikles, gleichzeitig erregend und verunsichernd und tendenziell immer etwas Normwidriges. Im gesellschaftlichen Raum sollte Sexualität und alles, was auf sie verweist, möglichst unsichtbar sein, versteckt und eingebunden in eine möglichst monogame Ehe, worin sie unauffällig nach außen hin ihren Zweck erfüllt, z. B. für Nachkommenschaft zu sorgen. Wir haben keine normal-gelassene Haltung zur Sexualität. Dies zeigt sich auch bei den der Sexualität dienenden Geschlechtsorganen: Sie im öffentlichen Raum zu zeigen, ist sittenwidrig und kann polizeilich geahndet werden. Außer in abgegrenzten Enklaven der Freikörperkultur unterliegen alle dem *Bekleidungszwang* – man zeigt niemandem seine Geschlechtsorgane.

Nur in der *Beziehung* ist das plötzlich anders: Die Geschlechtsorgane können *innerhalb der Partnerschaft* angesehen, angefaßt und benutzt werden. Dies ist ein Grund dafür, daß Sexualität in der Partnerschaft *zum Symbol wird für „das Besondere"* der jeweiligen Beziehung – ein gesellschaftlich geschaffener Grund, der auf der rigiden Spaltung von öffentlichem und privatem Bereich beruht.

Aber ist Sexualität wirklich kennzeichnend für *das Besondere* einer bestimmten Beziehung? Gerade Sexualität, die bei vielen Menschen wenig individuelle Gestaltung aufweist? Oder geht es gar nicht um die Spezifität der Beziehung, sondern eher im Sinne Jellouschecks um Liebe, Nähe und Intimität, die im sexuellen Kontakt zum Ausdruck gebracht wird?

Wenn dies so gelebt und stimmig so *erlebt* wird von einem Paar, dann *ist* das so: stimmig in sich und in Ordnung. Dann haben Eifersucht und Untreue keinen Platz, und dieses Ideal meint Jellouschek. Problematisch wird es, wenn er dieses Modell zur Norm erhebt. Sexualität kann stark bewertet werden von einem Paar oder gering bewertet; sie kann mit und ohne Intimität gelebt werden (sie wird sogar erschreckend oft ohne Intimität gelebt); Intimität muß sich nicht oder nicht nur in der Sexualität äußern, sie kann ebenso im gefühlsmäßigen oder geistigen Verbundensein bestehen; ebenso ist es nicht zwingend, daß das „Besondere" einer Partnerschaft nun gerade im sexuellen Austausch besteht.

Jellouschek nimmt darüber hinaus an, daß die *Liebe „verletzt"* wird, wenn Sexualität als „besonderer Raum der Intimität" nicht nur mit dem eigenen Partner gelebt wird. Zweifellos trifft Jellouschek mit dieser Aussage das Empfinden der Mehrheit der Bevölkerung, aber wiederum muß gefragt werden, ob das zwingend ist. Verletzt bin ich nur, wenn meine Bedürfnisse und Erwartungen nicht erfüllt werden – nur wenn ich Liebe als Erfüllung meiner Bedürfnisse und Erwartungen definiere, kann ich verletzt werden.

Gerade wenn man sich, wie in der obigen Analyse ausgearbeitet, der egoistisch-bedürftigen und abhängig-machenden Züge von (normaler!) Eifersucht bewußt ist, mutet Jellouscheks Argument wie eine *idealistische Konstruktion* an. Eifersucht als Wächter der Liebe – das klingt wunderschön, hält aber einer genauen Analyse nicht stand. Eifersucht hat viele Gründe, wie wir oben ausführten, und sie alle deuten eher auf Abhängigkeit und innere Defizite als auf Schutz der Liebe. Wenn zwei sich gut ergänzen und glücklich miteinander sind, ist Eifersucht überflüssig. Wenn wirklich der „Ernstfall" auftritt und er oder sie geht fremd, dann hat das Gründe. Muß ich dann als „Treugebliebener" meine Liebe abziehen, wer zwingt mich dazu? Man frage sich selber, welche Reaktion man bevorzugen würde: „Weinen und wütendes Schreien", wie Jellouschek es empfiehlt, oder Anteilnahme und Verständnis? Im letzten Teil des Buches werden wir zeigen, welcher Voraussetzungen es hierfür bedarf.

Als Drittes zitieren wir Wolf Jordans Buch „Die Eifersuchtsfalle", neu herausgekommen unter dem Titel „Aus Eifersucht kann Liebe werden". Jordan ist Psychotherapeut und kommt wie Jellouschek von der Transaktionsanalyse, einem der Tiefenpsychologie nahestehenden Verfahren. Auch die Argumentation ist sehr identisch. Wie Jellouschek betont Jordan den positiven Wert der Eifersucht:

Ich verstehe Eifersucht zunächst als ein Gemisch aus Ideen, Phantasien und Denkprozessen, verbunden mit den Gefühlen Verletztheit, Scham, Angst und Ärger. Diese Gefühle können durchaus heftige, stark erschütternde Ausmaße annehmen, gehören aber zu den natürlichen, gesunden, ja sogar notwendigen Reaktionen von Menschen, und zwar immer dann, wenn eine bestehende, als bedeutsam geschätzte Liebesbeziehung durch die Beziehung des Partners zu einer dritten Person aus Sicht des/der Eifersüchtigen unangenehmen Veränderungen unterliegt oder in ihrem Bestand gefährdet scheint.

Der Versuch, diese natürlichen Gefühle unterdrücken oder gar bekämpfen zu wollen, ist selbst schon Teil des pathologischen, ungesunden Umgangs mit Eifersucht, da sie die Selbstbeschimpfung und -abwertung vieler Betroffener fördert und ihre Idee verstärkt, sie seien mit einem Makel behaftet, der sie unattraktiv für andere macht.

In Situationen eines drohenden Beziehungsverlustes braucht meines Erachtens Eifersucht ihren legitimen Platz im persönlichen Erleben. Es ist gut, sie wahrzunehmen, auszudrücken und sie als wichtiges Hinweissignal zu akzeptieren. Sie kann dadurch einen veränderten Umgang mit vorhandenen Problemen in der Beziehung oder eine veränderte Einstellung zur eigenen Person auslösen. (Jordan 1996, S. 33)

Noch stärker wird hier die Bedeutung von *Eifersucht als Hinweis- oder Alarmsignal* gedeutet. Hinweis auf was? Darauf, daß die Liebesbeziehung „unangenehmen Veränderungen unterliegt oder in ihrem Bestand gefährdet scheint". Dies ist eine sehr gängige Deutung: Eifersucht als wichtiges Hinweissignal, daß mit der Beziehung etwas nicht in Ordnung ist.

Das klingt im Rahmen des traditionellen Partnerschaftsmodells plausibel – doch bei näherem Hinschauen entstehen wieder Fragen. Die wichtigste Frage lautet:

Wieso brauche ich Eifersucht, um zu merken, daß mit der Beziehung etwas nicht in Ordnung ist?

Wenn ich in einer Beziehung lebe und mich mit einem Partner verbunden habe, so gibt es tausend Arten, inwieweit ich meinen Partner wahrnehme (oder auch nicht), spüre und weiß, was in ihm vorgeht (oder auch nicht), mich persönlich sehr differenziert mit ihm austausche (oder austauschlos in Gewohnheiten mit ihm lebe) und so weiter. Mit Sensibilität, Achtsamkeit und Liebe – Eigenschaften, die in vielen Partnerschaften nur rudimentär anzutreffen sind – bin ich *informiert* über den Stand unserer Beziehung. Wenn ich über alles mit meinem Partner reden kann – und über alles meint: *wirklich über alles,* z. B. auch über Fremdgehbedürfnisse (was in nur wenigen Partnerschaften möglich ist), dann *weiß ich,* was in der Partnerschaft läuft. Eifersucht brauche ich dazu nicht.

Wenn ich meine, daß meine Beziehung „unangenehmen Veränderungen unterliegt oder in ihrem Bestand gefährdet scheint“, so ist das erstmal meine persönliche Sichtweise. Unangenehme Veränderung heißt erstmal nur für mich subjektiv unangenehm – vielleicht sieht mein Partner das ja ganz anders. Und wenn mein Partner wirklich weg von mir will – wieso sollte ich ihn aufhalten wollen? Von einem Partner, der weg will, habe auch ich nichts mehr. Und wenn er mir sagt, daß er mich liebt und bei mir bleiben will, aber auch diese Nebenbeziehung haben will, dann muß ich mich damit auseinandersetzen und überlegen, ob das für mich unakzeptabel ist oder eine interessante neue Perspektive sein könnte.

Egal, wie ich es drehe und wende – die hochgelobte Rolle von Eifersucht als wichtigem Hinweissignal ist entbehrlich. Wenn ein Beziehungsverlust „droht“, so gibt es hundert konstruktivere Verhaltensmöglichkeiten als Eifersucht.

Genauso wie Jellouschek betont auch Jordan, daß es schlecht und nicht ratsam sei, *Eifersucht bei sich abzuschaffen* (falls das möglich ist). Jellouschek meint, man quäle sich nur unsäglich und werte sich ab, wenn man die Eifersucht abschaffen wolle. Jordan schlägt in dieselbe Kerbe: „Der Versuch, diese natürlichen Gefühle unterdrücken oder gar bekämpfen zu wollen, ist selbst schon Teil des pathologischen, ungesunden Umgangs mit Eifersucht, da sie die Selbstbeschimpfung und -abwertung vieler Betroffener fördert und ihre Idee verstärkt, sie seien mit einem Makel behaftet, der sie unattraktiv für andere macht."

Man kann dies aber auch ganz anders sehen. Wenn ich mich entscheide, Eifersucht bei mir nicht mehr zu dulden, da sie aus Angst und Bedürftigkeit stammt und mich nur in Hilflosigkeit und in eine Opferposition bringt, so ist das in meinen Augen keine Selbstabwertung und schon gar nicht eine Selbstbeschimpfung – es ist im Gegenteil eine Selbst*auf*wertung, bei der ich an Souveränität und Handlungsmöglichkeiten gewinne. Und das ist das Gegenteil von „pathologisch" oder „ungesund", wie Jordan meint.

Immer wieder ist es frappierend zu sehen, daß Experten einen Zustand, der sich absolut negativ anfühlt und der voller Abwertungen ist – Abwertungen der eigenen Person und Abwertungen des Partners, daß Experten diesen Zustand gut finden und sogar meinen, das habe was mit Liebe zu tun.

Der evolutionsbiologische Ansatz: Eine wissenschaftliche Rechtfertigung der Eifersucht?

Während in früheren Jahrzehnten oft die Tiefenpsychologie bzw. Psychoanalyse die Erklärungsbasis abgab, wenn es um Fragen von Liebe und Sexualität ging, so ist es heute die Evolutionsbiologie, die möglichst alles psychische Erleben und Verhalten aus der stammesgeschichtlichen Entwicklung des Lebens bis heute erklären will. Da der „Motor" der Evolution die Fortpflanzung ist, sind es gerade Liebe und Sexualität, die heutzutage besonders gern evolutionsbiologisch erklärt werden. Eifersucht kann auch bei Säugetieren und Vögeln beobachtet werden, und so liegt es nahe, eine stammesgeschichtliche Entwicklung der Eifersucht anzunehmen.

Wie sieht eine evolutionsbiologische Erklärung aus? Das folgende Beispiel kreist um die Begriffe Rivalität und Selektivität. *Rivalität* bezeichnet hier die Konkurrenz der Männchen um ein rares Gut, nämlich um fortpflanzungsbereite Weibchen; während *Selektivität* das wählerische Auswählen des glücklichen Männchens durch das Weibchen bezeichnet. Nehmen wir als dritten Begriff die *parentale Investition* dazu; damit bezeichnen wir das Ausmaß an Fürsorge oder Brutpflege, welches das einzelne Junge benötigt und bekommt, bis es erwachsen ist. Das Ausmaß an parentaler Investition ist bei den Arten sehr unterschiedlich, von sehr hoch beim Menschen bis praktisch nicht vorhanden bei vielen Fischen. Der folgende Gedankengang ist dem Buch eines evolutionsbiologisch orientierten Psychologen Norbert Bischof (1985, S. 227) entnommen:

Weibchen „investieren" viel mehr in ihre Kinder als Männchen – durch die Schwangerschaft, die Geburt und die nachgeburtliche Fürsorge. Damit ist die parentale Investition bei den Weibchen viel größer.

Die parentale Investition steht im gegenläufigen Verhältnis zum Fortpflanzungserfolg. Was heißt das? Ganz einfach: Das Männchen kann schon nach der Begattung weiterziehen und mit anderen Weibchen weitere Kinder zeugen, während das Weibchen zumindest während der Schwangerschaft keine weiteren Kinder empfangen kann.

Und deshalb haben die Männchen ein viel größeres Fortpflanzungspotential als die Weibchen. Und jetzt wird es spannend:

„Wenn es gleich viele Männchen wie Weibchen gibt, jene aber ein viel höheres Fortpflanzungspotential haben als diese, dann wirken die Weibchen als *limitierender Faktor* und zwingen die Männchen in eine Situation scharfer *Konkurrenz*" – denn es stehen weniger begattungsbereite Weibchen zur Verfügung als begattungsbereite Männchen. „Das Ergebnis sind unweigerlich Rivalenkämpfe im männlichen Geschlecht, die einen Selektionsdruck auf Körperstärke und wechselseitige Unverträglichkeit ausüben." Selektionsdruck heißt: Es „gewinnt" dasjenige Männchen, welches sich durchsetzt und seine Rivalen aus dem Feld schlägt. Und dieses Männchen gibt in der Paarung seine Gene weiter. Es wird also bei den Männchen durch die Konkurrenz um die Weibchen größere Aggressivität – vor allem gegenüber anderen Männchen – „herausgezüchtet".

Und hier liegt – aus evolutionsbiologischer Sicht – eine Wurzel für die männliche Eifersucht.

„Die Weibchen wiederum werden durch diese Situation in eine ganz andere Richtung gedrängt. Je weniger Nachkommen sie haben können, um so mehr steht auf dem Spiel, wenn sie sich von einem Schwächling begatten lassen. Es verwundert daher nicht, daß sie im allgemeinen zögernder und vor allem sehr viel *selektiver* im Fortpflanzungsverhalten sind. Sie können und müssen es sich leisten, wählerisch zu sein." Da die parentale Investition bei Männchen und Weibchen unterschiedlich ist, sehen sich die Weibchen mehr paarungsbereiten Männchen gegenüber als umgekehrt; sie können also mehr auswählen. Das geringere Interesse von Weibchen an zufälligen sexuellen Begegnungen und damit die größere Selektivität ist also evolutionsbiologisch verankert – genauso wie die größere sexuelle Wahllosigkeit und das stärkere Konkurrenzverhalten bzw. Eifersucht bei den Männchen." Dies ist ein Beispiel für eine evolutionsbiologische Erklärung, in der verschiedene Leitbegriffe innerhalb eines theoretischen Rahmens sinnvoll miteinander verknüpft werden und auch Aspekte der Eifersucht eine Herleitung erfahren. Lassen sich derlei Gedankengänge auch auf den Menschen übertragen? Darum bemüht sich ein anderer evolutionspsychologisch orientierter Psychologe, David Buss.

In den letzten Jahren hat das Buch von David Buss „Wo warst du? – Der Sinn der Eifersucht" große Resonanz gefunden. Buss, Professor für Psychologie in den USA, referiert in seinem lesenswerten Buch eine Vielzahl von Untersuchungen zum Vorkommen und zu charakteristischen Merkmalen der Eifersucht.

Darüber hinaus versucht er, der Eifersucht eine theoretische Grundlage zu geben und greift damit, wie im obigen Beispiel Bischof, auf die Evolutionsbiologie zurück. Buss stellt dies folgendermaßen dar:

„Dieser Theorie zufolge ist Eifersucht eine Adaption, eine Anpassungsfunktion, eine Lösung für ein immer wieder auftretendes Problem des Überlebens oder der Reproduktion, die sich nach und nach herauskristallisiert hat. Der Mensch etwa hat eine Vorliebe für Nahrungsmittel wie Zucker, Fette und Protein entwickelt, die eine adaptive Lösung für die lebenswichtige Frage der adäquaten Nahrungswahl darstellt ... Und so haben wir auch Vorlieben für bestimmte Eigenschaften potentieller Partner entwickelt, die zur Lösung des Fortpflanzungsproblems beitrugen." (S. 18)

Es gibt also ein „Fortpflanzungsproblem", zumindest auf stammesgeschichtlicher Ebene. Dieses Problem besteht zum Beispiel darin, daß das „Weibchen" interessiert ist, das Männchen an sich zu binden – und *deshalb* ist es eifersüchtig – das Männchen *soll nicht* seine „Gene" anderswohin verstreuen; und das „Männchen" ist interessiert, daß die Kinder, die das Weibchen zur Welt bringt, seine eigenen sind – *deswegen* ist es eifersüchtig – das Weibchen *soll nicht* sich von anderen Männchen befruchten lassen – es ist dieser Gen-Egoismus, der hier nach Ansicht von Buss auf einer unbewußten Basis motivierend wirkt. Der Mensch weiß dies nicht – „vielmehr ist Eifersucht eine blinde Leidenschaft, so wie auch unser Hunger nach Süßigkeiten und unser starkes Verlangen nach Partnerschaften. Eifersucht ist emotionales Wissen, daß unbewußt zum Ausdruck gebracht wird, das über Millionen von Jahren von unseren Vorfahren auf uns gekommen ist." (S. 19)

Und Buss fährt fort:

„So gesehen ist Eifersucht nicht ein Zeichen für mangelnde Reife, sondern vielmehr eine höchst wichtige Leidenschaft, die unseren Vorfahren hilfreich war und dies höchstwahrscheinlich noch heute ist, wenn wir unsere Fortpflanzung gefährdet sehen. Eifersucht

motiviert uns zum Beispiel, Rivalen mit Hilfe verbaler Drohungen und eines gemeingefährlichen Primatenblicks von unserem Partner fernzuhalten. Sie treibt uns dazu an, unsere Partner mit Taktiken wie erhöhter Wachsamkeit vom Herumstreunen abzuhalten – oder sie in der gleichen Absicht mit Zuneigung zu überschütten. Dem Partner, der abtrünnig zu werden droht, über Eifersucht emotionale Verbindlichkeit zu kommunizieren, trägt zur Erhaltung der Liebe bei." (S. 18)

Mögliche „Rivalen" müssen demnach „bedroht" werden und der Partner muß „vom Herumstreunen abgehalten" werden – durch Eifersucht. Damit wird dem Partner „emotionale Verbindlichkeit" beigebracht. Das klingt nach strikter Kontrolle des Partners – und das meint Buss auch so und findet es gut. Offensichtlich ist der Partner ein schwaches Wesen, ständig in Gefahr, verführt zu werden, und wir müssen aufpassen, daß kein Unheil droht. Hier wird ein extrem konservatives Partnerschaftsmodell evolutionsbiologisch „untermauert".

Wie oben gesagt, sehen die meisten Menschen nicht die Eifersucht als Problem an, sondern die Untreue. Ohne Untreue keine Eifersucht, so denken die meisten, also muß an der Untreue angesetzt werden und nicht an der Eifersucht. Buss stellt hier keine Ausnahme dar – er macht sich regelrecht lustig über Ansätze, die an der Eifersucht und nicht an der Untreue ansetzen:

„In der Fach- und Ratgeberliteratur zum Thema Eifersucht und Treulosigkeit zeigt sich eine Tendenz, die Nützlichkeit der Eifersucht zu ignorieren. Meist geht es dort darum zu lernen, ‚wie man Eifersucht überwinden kann', als ob das Problem lediglich oder vor allem bei der eifersüchtigen Person läge. (...) Nicht nur Therapeuten vertreten die Meinung, Eifersuchtsgefühle müßten aus unserem psychischen Repertoire getilgt werden. Manche Forscher behaupten, Eifersucht sei schlicht eine Krankheit, die als solche behandelt werden muß. Viele empfehlen eine ‚grundlegende Änderung der Einstellung', wobei das Aufrechterhalten einer Beziehung trotz Affären als positiv betrachtet wird, als Stärke. Hier wird eine Einstellung beworben, die

einer Lösung nach dem Motto ‚glückliche Idioten' entspricht ... Bei all diesen Ansätzen wird vernachlässigt, daß – in den meisten Fällen – nicht die Existenz von Eifersucht an sich das Problem darstellt, sondern vielmehr die reale Gefahr, von einem Partner zugunsten eines Rivalen hintergangen oder verlassen zu werden." (S. 218f.)

Man sieht, Buss wird hier sehr deutlich: Das Problem ist nicht die Eifersucht, sondern die Untreue; man steht ständig in Konkurrenz zu „Rivalen", gegenüber denen man sich und den Besitz des Weibchens behaupten muß, und wenn ich nicht eifersüchtig bin oder eine Beziehung trotz Fremdgehen des Partners aufrechterhalten möchte, dann bin ich ein „glücklicher Idiot" (sollte ich lieber ein unglücklicher Realist sein?).

Buss bringt in seinem Buch viele Fallbeispiele von Eifersucht. Bei seiner positiven Bewertung von Eifersucht sollte man erwarten, daß die Hälfte seiner Fallbeispiele durch Eifersucht bedingte positive Entwicklungen darlegen. Doch weit gefehlt – fast alle Fallbeispiele von Buss schildern schlimme bis katastrophale Auswirkungen von Eifersucht. Buss schafft es nicht, die von ihm behauptete segensreiche Wirkung von Eifersucht an konkreten Beispielen zu belegen.

Buss erklärt Eifersucht als Produkt einer Jahrmillionen währenden stammesgeschichtlichen Entwicklung. Von daher ist ihm auch sehr daran gelegen, die *Universalität von Eifersucht* nachzuweisen: *Alle* Kulturen weisen nach seinen Untersuchungen Eifersucht auf – die Untersuchungen von Margaret Mead über die angeblich eifersuchtsfreien Samoaner gelten als widerlegt. Bis zu diesem Punkt möchte man ihm beistimmen. Eifersucht ist derart tiefverwurzelt im psychischen Gefüge der meisten Menschen, daß auch von daher eine evolutionsbiologische Herleitung sinnvoll erscheint.

Jedoch im Fortgang des Buches ist oft nicht klar, ob Buss die Eifersucht nur erklären oder auch legitimieren will. Will er nur die stammesgeschichtliche Herkunft der Eifersucht darlegen oder will er sagen, daß auch hier und heute Eifersucht noch eine positive Funktion hat und so ihren Nutzen auch für die heutige Zeit proklamieren? Offensichtlich will er beides, und damit wird es problematisch.

Buss, in seinem Eifer, möglichst alle Phänomene der Eifersucht evolutionsbiologisch zu erklären, versucht selbst beim Mord aus Eifersucht eine adaptive Funktion im Sinne der Evolution herauszuarbeiten. Die Evolution hat uns nach der Meinung von Buss mit einem „Tötungs-Modul" ausgestattet:

„Zusammengefaßt und historisch betrachtet, könnte das unwiderrufliche Ende einer Partnerschaft für den Mann ein dreifaches Risiko hinsichtlich seiner Fortpflanzungsmöglichkeiten dargestellt haben. Durch die Trennung hätte sein Ansehen möglicherweise ernsthaften und irreparablen Schaden erlitten. War die Frau begehrenswert und ihre Neuvermählung wahrscheinlich, hätte der Verlust des Mannes den Gewinn eines anderen bedeutet. Sein Rivale würde im umgekehrten Verhältnis zu seinem Verlust profitieren."

„Unserer Theorie zufolge war es für Männer im Verlauf der Evolutionsgeschichte in manchen Situationen in Bezug auf die Reproduktion ‚vorteilhaft', die abtrünnige Person zu töten, vor allem, wenn sie sich der Endgültigkeit des Verlustes sicher sein mußten." (S. 151)

Natürlich beeilt sich Buss, seinen Abscheu vor solchen Taten kundzutun. Die Ermordung der Partnerin mag *adaptiv* sein, aber sie ist auch für Buss nicht *legitimiert.* Dieser Unterschied zwischen *„möglicherweise in der Evolution adaptiv"* und *„heute noch sinnvoll und legitimiert"* wird aber von Buss ansonsten verwischt.

Die Frage ist also: Wenn wir annehmen, daß Eifersucht tatsächlich eine lange stammesgeschichtliche Entwicklung hinter sich hat – ist damit auch der positive Nutzen von Eifersucht *heute* bewiesen?

Zu Beginn des Kapitels brachten wir ein Beispiel einer evolutionsbiologischen Herleitung. Über die Problematik, evolutionsbiologische Erklärungen als Legitimationsbasis für die heutige Zeit zu benutzen, hat sich der Autor dieser Herleitung, Norbert

Bischof, in demselben Werk über die soziale Motivation sehr klar geäußert. Das folgende Zitat bezieht sich auf Promiskuität bei Homosexuellen:

„Von einem führenden Vertreter der Homosexuellenbewegung stammt das folgende Zitat: ‚Männer allgemein sind dazu erzogen worden, Sex als aggressiven Akt zu sehen. Schwule Männer haben das übernommen und sich ein promiskes Verhalten angewöhnt.'

Es ist lehrreich, mit diesem Zitat eine soziobiologische Herleitung zu vergleichen, die vom Begriff der ‚parentalen Investition' ausgeht und daraus … eine vergleichsweise größere Rivalität im männlichen Geschlecht ableitet. Diese Erklärung hat den Vorzug, nicht nur für den Menschen zu gelten, sondern auch für das Gros der Säugetiere, bei denen bekanntlich die gleichen geschlechtsspezifischen Effekte auftreten, ohne daß dort eine Gesellschaft existieren würde, die die Individuen zu einem solchen Verhalten erzieht.

Rein sachlich ist diese Erklärung also stringenter und weitreichender. Auf der affektiven Ebene aber erzeugt sie eine gefährliche Turbulenz: Sie verankert ein moralisch fragwürdiges Verhalten in der eigenen Natur und läßt so nur die beiden gleich fatalen Möglichkeiten offen, entweder eine persönliche Wertminderung zu akzeptieren oder aber in trotziger Selbstrechtfertigung die Fragwürdigkeit des betreffenden Verhaltens zu leugnen und es, als eben ‚natürlich', auch zu entschuldigen." (Bischof 1985, S. 592).

Bischof bezieht sich in dem Zitat auf die eingangs gebrachte Herleitung. Der „Erziehungsthese" (Männer sind so erzogen worden) stellt er eine evolutionsbiologisch begründete These gegenüber: Nicht durch die Gesellschaft oder die Erziehung sind Männer so geworden, sondern es liegt in ihrer Natur. Und damit ist nach Bischof ein Dilemma bezeichnet: Können wir uns auf die (evolutionsbiologisch begründete) „Natur" berufen, um ein psychisches Merkmal *in der heutigen Zeit* zu rechtfertigen?

Hier wird der Schwachpunkt von Buss' Argumentation klar bezeichnet: Auch wenn ein Verhaltensmerkmal evolutionsbiologisch herleitbar ist, wie etwa Eifersucht oder Promiskuität, so kann daraus nicht geschlossen werden, daß es auch *für uns heute noch* eine positive oder auch nur adaptive Funktion hat (und „adaptiv“ muß nicht „positiv“ heißen, wie oben am Beispiel des Mords aus Eifersucht ersichtlich ist). So bleibt der Eindruck, daß Buss seine wissenschaftlichen Forschungen dazu benutzt, um ein konservatives Partnerschaftsmodell zu „untermauern“. Es gelingt Buss, die Universalität von Eifersucht nachzuweisen und eine evolutionsbiologische Herleitung plausibel zu machen. Doch mit seinem Anliegen, Eifersucht als auch heute positives und wünschenswertes Merkmal darzustellen, scheitert Buss. Mit seiner These, Eifersucht würde die Liebe schützen und stärken, stützt sich Buss nicht auf wissenschaftliche Beweisführung, sondern auf die populäre Meinung. Den Unterschied zwischen erklären und legitimieren arbeitet er zu wenig heraus, und so entstand bei vielen Lesern und der Kritik der Eindruck, der positive Wert von Eifersucht sei mit dem Buch von Buss bewiesen. Auch die vielen Fallbeispiele, die Buss bringt, taugen wenig dazu, den Leser vom positiven Wert der Eifersucht zu überzeugen. Ist Eifersucht *auch heute noch* adaptiv? – oder legitim? – oder gar positiv-wünschenswert? Buss kann noch nicht mal nachweisen, daß Eifersucht *auch heute noch adaptiv* ist, von wünschenswert ganz zu schweigen.

Das Medienecho auf das Buch von Buss war stark und positiv und in den meisten Rezensionen wurde es als Beweis dafür gefeiert, daß Eifersucht eine gute, eine prima Sache sei – und das sei endlich dank Buss bewiesen. Die Behauptungen von Buss (wie auch von Jellouschek oder Jordan) vom positiven Wert der Eifersucht spiegelten wider, was die meisten sowieso glaubten – und so schaute keiner genau hin, ob diese Behauptungen durch die wissenschaftliche Forschung wirklich gedeckt sind.

Teil 3: Menschen ohne Eifersucht

Freiheit von der Eifersucht – gibt es das?

Wer Veröffentlichungen über Eifersucht im „seriösen Lager" liest, gewinnt den Eindruck, daß es niemanden gibt, der ohne Eifersucht ist. „Der Eifersucht entkommt niemand" ist denn auch die Überschrift eines Artikels in der Zeitschrift „Psychologie Heute" (Roming 1997). Der Eifersuchts-Experte Ragnar Beer wurde gefragt: „Gibt es Menschen, die nie eifersüchtig sind? Vielleicht könnte man ja von denen etwas lernen", worauf er antwortete: „Ich habe noch niemanden kennengelernt, der ganz frei davon war. Eifersucht ist ja auch etwas völlig Normales in einer Partnerschaft ..." (Landor 2006). Und ein anderer Experte schreibt in einer Rezension des Buches von Buss: „Rund 80 Prozent aller Deutschen, Männer wie Frauen, räumen ein, daß sie bisweilen mit Eifersucht zu kämpfen haben. Die anderen lügen, verdrängen oder bauen den Streß in Form von körperlichen Symptomen ab." (Degen 2007).

Also: Jeder ist eifersüchtig ohne Ausnahme und wer es nicht zugibt, der ist es erst recht.

Man fragt sich aber manchmal, woher die Experten ihre Weisheit haben. Woher wissen sie denn so genau, daß es keine eifersuchtsfreien Menschen gibt? Und dabei braucht man gar nicht weit zu schauen, um auf sie zu stoßen; es genügt, gewisse Rubriken im Annoncenteil eines Anzeigenblättchens zu studieren. Da trifft man sie, die „toleranten Paare", die „gleichgesinnte Paare" suchen; und wenn man sich hier im alternativen Lager weiter vertieft, kann man ganz neue Welten entdecken. Doch seriöse Experten halten gewöhnlich den Blick derartig starr auf die Eifersucht gerichtet, daß ihnen die Möglichkeit von Eifersuchtsfreiheit völlig entgeht – es würde ja auch ihre These der Allgegenwart von Eifersucht infrage stellen. Abgesehen davon wäre es natürlich „unseriös", sich mit Sexclubs und derlei näher zu beschäftigen. Jedoch hier finden sich unter anderem Menschen, die nicht unter Eifersucht leiden. 80 Prozent sagen von sich, sie seien eifersüchtig, aber was ist mit den übrigen 20 Prozent? Denn daß diese „lügen und verdrängen", ist eine unbewiesene Behauptung von Degen. 20 Prozent – das ist keine Mehrheit – aber so klein ist diese Minderheit wiederum auch nicht.

Eifersucht wird zumindest in als seriös geltenden Publikationen viel häufiger untersucht als Eifersuchtsfreiheit; deshalb haben wir nicht viel Daten. Und da Eifersucht von den meisten als universelles Phänomen angesehen wird, wird die Möglichkeit von Eifersuchtsfreiheit fast immer übersehen. Man muß schon in alternative Welten tauchen, um auf Menschen ohne Eifersucht zu stoßen.

Der sexuelle Untergrund

Zum Programm erhobene und gelebte Eifersuchtsfreiheit finden wir bei verschiedenen alternativen Lebensstilen. In jeder Zeitung finden sich Anzeigen von „toleranten Paaren", die Sex zu dritt oder viert oder Partnertausch suchen. Menschen gehen in Swingerclubs und zu Pärchenpartys und haben nichts dagegen, wenn ihr Partner mit jemand anderem schläft. Hobby-Huren gehen ihrer Tätigkeit nach und oft hält sich ihr Mann im Nebenzimmer auf, um eventuell einzugreifen – er hat auch nichts dagegen, wenn sie mit ihrem jeweiligen Freier schläft. Paare vereinbaren eine freie Ehe, in der die üblichen Treue-Standards zumindest zeitweise außer Kraft gesetzt werden.

Die schon zitierte Paar- und Sexualtherapeutin Esther Perel schreibt über solche Paare:

Nach meiner Erfahrung sind Paare, die, wie die oben erwähnten, freizügigere Grenzen aushandeln, nicht weniger eng verbunden als andere, die sich nach außen abschotten. Es geht ihnen tatsächlich vor allem darum, ihre Beziehung zu festigen und neue Modelle dauerhafter Liebe auszuprobieren. Anstatt den Dritten aus der Ehe zu verbannen, gewähren sie ihm ein Besuchervisum.

Diese Paare begreifen Treue nicht als sexuelle Exklusivität, sondern als emotionale Verbundenheit. Sie steht an erster Stelle und ist notwendige Bedingung für alle nachgeordneten sexuellen Absprachen. Weit davon entfernt, einer hedonistischen Freizügigkeit das Wort zu reden, treffen diese Paare konkrete Vereinbarungen, die von Fall zu Fall immer wieder neu überprüft werden. (2006, S. 267)

Verblüffend, wie Perel hier bei nicht-treuen Paaren betont, daß diese ihre Beziehung „festigen" und ein neues Modell „dauerhafter Liebe" leben wollen – offenbar dasselbe wie in jeder traditionellen christlich-geprägten Ehe. Die Erklärung liefert sie im folgenden Satz: *Diese Paare begreifen Treue nicht als sexuelle Exklusivität, sondern als emotionale Verbundenheit.* Ja, aber – so sagen hier viele – die gemeinsame Sexualität ist doch ein Symbol, nein, *das* Symbol für emotionale Verbundenheit. Ja, mag sein – wenn man es so sieht, dann ist es in diesem Fall so. Aber manche sehen das anders – und können „sexuelle Exklusivität" und „emotionale Verbundenheit" trennen, ohne daß dadurch die emotionale Bindung leidet. Wir werden auf diesen Punkt zurückkommen.

Hier tun sich in der Tat zwei Welten auf. Wer beim leisesten Gedanken, der Partner könnte sich jemand anderem zuwenden, in Wut und Panik verfällt, kann unmöglich verstehen, daß es Menschen gibt, die derlei tolerieren. Er wird dazu neigen, solche eifersuchtslosen Menschen entweder auszublenden – wie das viele seriöse Autoren tun – oder sie diffamierend abzuwerten, wie im obigen Zitat angedeutet. Andersherum kann jemand, der einem Fremdgehen des Partners völlig gewährend gegenübersteht, nicht verstehen, wie der Großteil aller Paare ausrastet, sobald der Partner jemand anders sexuell attraktiv findet.

Was ein eifersüchtiger Mensch vor allem absolut nicht begreifen kann, ist, wie eine Beziehung derlei aushält. Was ist mit der Treue? Muß die Beziehung dann nicht notwendigerweise zu Bruch gehen? Viele sind fest davon überzeugt, daß, wenn Treulosigkeit programmatisch gelebt wird, dies nur negative Folgen haben kann. Viele sehen das so. Aber stimmt es auch?

Wir haben nur eine etwas ältere Untersuchung gefunden (in: Havas/Pauwels: Die letzten Tage der Monogamie. Die Geschlechtsmoral von morgen), die sich dieser Frage widmet, doch diese ist ganz aufschlußreich:

Wir haben nun 445 Paare, die durch mindestens fünf Jahre der parallelen Gesellschaft angehört haben (Partnertausch, Teilnahme an Orgien oder beides) gefragt, in welcher Richtung der Gruppensex ihre Verbindung beeinflußt hat (Männer und Frauen wurden gesondert interviewt). Hier das Ergebnis:

Von den 890 Befragten haben

- *261 (29 %) erklärt, daß der Gruppensex ihre Ehe gerettet habe, ohne ihn wären sie bereits geschieden;*
- *338 (38 %) gestanden, daß sich ihre Beziehungen entscheidend gebessert haben, auch das häusliche Einvernehmen sei seither schöner geworden;*
- *52 (6 %) gemeint, die Dinge kamen doch wieder ein wenig ins Lot;*
- *72 (8 %) keinerlei Veränderung feststellen können;*
- *52 (6 %) erklärt, daß sich die Situation sogar noch verschlimmert habe;*
- *77 (9 %) einen unheilvollen Einfluß bemerkt, und*
- *38 (4 %) wußten keine Antwort zu geben.*

(Havas/Pauwels 1970, S. 157; Prozentwerte von mir zugefügt)

Gruppensex als Eheretter! Nimmt man die Antwortverweigerer aus der Stichprobe heraus und vereinfacht die sechs Kategorien in drei, so ergibt sich folgendes verblüffendes Ergebnis: 70 Prozent (!) sind der Überzeugung, die Teilnahme an Partnertausch und Gruppensex habe ihre Ehe verbessert, 15 Prozent sehen keine oder keine große Veränderung und weitere 15 Prozent bemerken einen negativen Einfluß auf die Ehe. Auch wenn man diese Zahlen kritisch hinterfragen kann (und auch sollte), so läßt sich doch mit ihnen die gängige Meinung von der zerstörerischen Wirkung außerehelicher Kontakte nicht belegen.

Natürlich betrifft diese Untersuchung eine hochselegierte Stichprobe, nämlich Menschen, die sich für einen sexuell freien Lebensstil entschlossen und diesen auch eine Weile gelebt haben. Zumindest bei solchen Menschen haben außereheliche Sexualkontakte nicht unbedingt eine negative Wirkung auf die Beziehung.

Gibt es eine Erklärung dafür, daß manche Menschen anscheinend oder auch wirklich keinerlei Eifersucht kennen? Meines Wissens: Keine. Für Eifersucht gibt es eine Fülle von Herleitungs- und Erklärungsversuchen vor allem in tiefenpsychologischen Ansätzen; für Eifersuchtsfreiheit hingegen: Nichts. Freiheit von Eifersucht wird nicht der Beachtung und näheren Erforschung wertgehalten.

Reaktionen seriöser Autoren

Autoren über unser Thema, die im Mainstream schreiben, stehen der Möglichkeit von Eifersuchtsfreiheit und daraus entspringend alternativer Möglichkeiten wie freier Liebe erwartungsgemäß skeptisch bis abwehrend gegenüber. So schreibt beispielsweise Baumgart (2006) in ihrem Buch über Eifersucht:

Diese Paare versuchen einen neuen Umgang mit Eifersucht und wünschen sich, daß sie mit Ratschlägen wie diesen weiterkämen: „Es gibt für einen erwachsenen Menschen eigentlich keinen Grund zur Eifersucht, es sei denn, er hat so viele ‚Macken', daß er kaum noch liebenswert ist. Oder er ist so liebesunfähig, daß er kaum noch genießen kann. Aber diese Macken und Unfähigkeiten lassen sich beheben." (Schmidt 1979, S. 69) Trotz solcher schöner Hoffnungen tauchen immer häufiger Männer und Frauen in Beratungsstellen und psychotherapeutischen Praxen auf, die genau über das enttäuscht sind, was andere für ihr gutes Recht halten: Daß sie eifersüchtig sind oder ein schlechtes Gewissen wegen einer Außenbeziehung haben, daß sie die eigene Untreue und die des Partners nicht vertragen. Sie haben an die schöne, helle, schwierige Freiheit geglaubt, haben oft verbissen gekämpft, um diesen Glauben gegen die eigene Sehnsucht nach Geborgenheit und Dauer zu verteidigen – und sie scheitern. Auch sie haben Angst. (Baumgart 2006, S. 79)

Oder der bekannte Schweizer Paartherapeut Jürg Willi:

Es ist deshalb nicht verwunderlich, daß jüngere Paare heute gehäuft eine ***neue Form von Abwehrsyndrom*** *zeigen mit andersartigen Tabus und Verdrängungsarrangements. Die Idealnorm, der viele nachstreben, ist das Bild einer freien Beziehung emanzipierter Partner, die nur so weit und so lange Bestand hat, wie sie den Beteiligten die uneingeschränkte Selbstverwirklichung ermöglicht und durch unverpflichtete Liebe lebendig bleibt. Von dieser Idealnorm sind nun aber viele – vielleicht alle – überfordert … In Therapien von jüngeren Paaren gestehen sich die Partner oft erst nach länger dauernder Behandlung ihre Sehnsucht nach stabiler und ruhiger Geborgenheit, ihren Wunsch nach Schutz und Sicherheit beim Partner, ihr Bedürfnis nach tiefem Vertrauen in gegenseitiger Treue und ihre Befürchtung, vom Partner deswegen reaktionärer Besitzansprüche oder infantiler Abhängigkeit bezichtigt zu werden. (Willi 1990, S. 8f.)*

In beiden Zitaten wird die Sehnsucht nach „Geborgenheit und Dauer" (Baumgart) bzw. nach „stabiler und ruhiger Geborgenheit" mitsamt dem „Wunsch nach Schutz und Sicherheit beim Partner" (Willi) thematisiert. Diese Sehnsüchte und Wünsche sind ohne Zweifel bei den meisten Menschen vorhanden. Baumgart und Willi stellen es aber dar, als ob Geborgenheit nur innerhalb einer treuen Beziehung möglich sei. Die Grundvoraussetzung beider Autoren, nämlich, daß der Partner dazu „da ist", um die ansonsten fehlende Sicherheit und Geborgenheit zu vermitteln, ist, wie wir schon sagten, gelinde gesagt problematisch. Kann ich nicht Sicherheit und Geborgenheit in mir selbst finden, auch als Single? Oder im Freundeskreis oder Beruf? Allzu offensichtlich ist auch das Zweckdenken der Autoren: Wer an die „schöne, helle Freiheit“ in der Liebe glaubt, scheitert und hat Angst (Baumgart). Wer an Freiheit und „uneingeschränkte Selbstverwirklichung“ in der Partnerschaft glaubt, verdrängt nur seine Sehnsucht nach Geborgenheit, Schutz und Sicherheit beim Partner (Willi). Das stellt sich nach Willi erst „nach länger dauernder Behandlung“ heraus, wobei der Therapeut wohl beim Finden der „richtigen“ Lösung mitgeholfen hat. Die Botschaft ist klar: Freie Liebe zu praktizieren und zu glauben, damit die Eifersucht zu überwinden, ist nicht möglich. Wobei der Eindruck nicht ganz wegzuwischen ist, daß die Autoren aus einer gewissen Voreingenommenheit reden und nur die Fälle beachten, die in ihr Schema von Liebe und Partnerschaft passen.

Was daran richtig ist, ist folgendes: Es genügt in der Tat nicht, aus einer momentanen Begeisterung heraus freie Liebe für toll zu halten, um eifersuchtsfrei zu werden – insoweit haben Baumgart und Willi recht mit ihrer Skepsis. Nicht recht haben sie mit der Suggestion, es wäre nicht möglich. Faszination über die Möglichkeit sexueller Freiheit reicht allerdings nicht aus, um frei von Eifersucht zu werden. Hierfür ist eine ganzheitlichere und tiefere Veränderung nötig.

Sexuelle Erregung in der Eifersucht

Wir haben anfangs die Gefühle definiert, aus denen Eifersucht bestehen kann: Verletztsein, Angst, Wut, Mißtrauen, Selbstzweifel. Dies deckt die geläufige Definition von Eifersucht ab. Jedoch kann Eifersucht noch mehr Facetten aufweisen. In der Eifersucht ist oft ein Element von Sexualität versteckt.

Wir erinnern uns, daß Eifersucht bei Paaren gewöhnlich am Sex festgemacht wird. Die eifersüchtige Erregung flammt in der Regel dann auf, wenn man meint, der Partner hätte sexuelles

Interesse an jemand anderem. Erregung? Ja genau: Es ist oft ein Element von Erregung in der Eifersucht. Die *eifersüchtige Erregung* malt den Liebesakt des Partners mit dem Rivalen in den glühendsten Farben aus – natürlich viel toller als der Liebesakt mit einem selbst. Es ist, als ob in der Eifersucht die Möglichkeit einer intensiven strahlenden Sexualität sichtbar wird, die in der eigenen sexuellen Beziehung schon lange nicht mehr gelebt wird. Am Rivalen, am Nebenbuhler wird plötzlich ein Ideal sexuellen Erlebens sichtbar, welches in der eigenen Beziehung manchmal schon längst untergegangen ist.

Die erotische Komponente ist eines der bestgehütetsten Geheimnisse der Eifersucht. Nicht, weil es an sich geheim ist, sondern weil die meisten Menschen davon nichts wissen wollen. Eine ganz normale Eifersucht kann in erotische Faszination umschlagen.

Das folgende Zitat stammt aus dem amerikanischen Raum:

Part of jealousy is the sexual arousal that naturally arises when we imagine our beloved making love – no matter if it's with someone else. It is the intensity of this sexual current which gives jealousy its dangerous passion.

When jealousy surges, turn this passion to good use. Give yourself permission to feel sexually excited. Let this be an opportunity to build the energy and circulate it within you rather than immediately seeking to discharge it by making love with your beloved.

When you have mastered the art of circulating your sexual energy and can handle really high voltage arousal, ask your beloved to tell you about hir erotic encounters with others. Better yet, ask if you can watch. When the time is right, use conscious touch to transmit your fire to your beloved and feel hir melt in your arms. Thus, the circle is closed. (Anapol)[1]

Und auf einer anderen Internetseite über „Polyamorie" können wir folgendes darüber lesen:

- *Feel, if you can, how erotic a jealous experience can be. When you are feeling jealous, swim into the core of the experience. Encourage your partner to do the same. Help them if you can. Right inside the jealous episode is a fiery core of erotic passion. It may surprise you how good it feels … (Francis)*[1]

Keine Frage, *kein* seriöser Autor würde Eifersucht so beschreiben. Dennoch ist dies ein Erfahrungsaspekt der Eifersucht.

Havas kennt in seiner Studie („Die letzten Tage der Monogamie") ebenfalls dieses Phänomen, daß Fremdgehen des Partners erotisierend wirkt. Er bezeichnet es mit dem Begriff *Antieifersucht* und bringt folgendes Fallbeispiel:

Ein Arzt aus Brüssel – 52 Jahre alt, seit 20 Jahren verheiratet – erzählt uns: „Nachdem wir eine fünfzehnjährige Hölle ehelichen Streites hinter uns gebracht hatten, stieß ich eines Abends, ohne zu überlegen, hervor: ‚Jawohl, ich habe dich betrogen!' – Meine Frau geriet durch diese Worte in einen derartigen Zustand, daß sie selbst ganz verwirrt und hingerissen wurde … Von dieser Stunde an habe ich ihr haarklein erzählt, was ich in anderen Betten erlebt hatte, und alles lief prächtig. Leider reichte die Herrlichkeit nur für den Augenblick, weil ich jetzt keine Lust mehr verspürte, mit anderen Frauen zu schlafen – worauf meine Frau bald jedes Interesse an mir zu verlieren begann, sie wurde beinahe frigid. Also griff ich zur List und log, was das Zeug hielt, aber eben verkehrt herum; sooft ich von irgendeiner Konferenz nach Hause kam, ‚gestand' ich, daß ich von meiner Geliebten käme. Meine Frau verlangte sofort Details, ich erfand welche. Ja, und das mache ich jetzt halt so weiter, denn die Geschichte funktioniert prima." (S. 159)

---

1 Übersetzung im Anhang.

Ein merkwürdiges Beispiel mit durchaus erheiternden Anteilen, wenn man bedenkt, daß hier „umgekehrt" gelogen wird. Viele würden vielleicht gern eine solche Geschichte als unrepräsentative Absurdität beiseite schieben. Aber so selten ist dieser Fall gar nicht. Es ist nicht so häufig, daß eine *Frau* durch den Gedanken an Untreue des Partners erregt wird, häufiger sind es – wenn überhaupt – die Männer. Und wenn diese Phantasie ausgelebt wird, so sieht das entweder so aus, daß die Frau – mit ihrem Einverständnis natürlich – „ausgeliehen" wird an einen Liebhaber, während der Mann daheim es als hoch erregend empfindet, daß seine Frau jetzt mit einem anderen schläft und dies sich hinterher in allen Einzelheiten berichten läßt und körperlich nachkontrolliert. Oder er setzt zur Bedingung, daß er selbst bei dem Liebesakt seiner Frau dabei ist und sich so direkt anregen läßt.

Im Internet hat sich für derartige Männer die Bezeichnung „cuckold" durchgesetzt. In einem Online-Buch „Der Cuckold" schreibt der Verfasser im Vorwort:

Die eigene Frau in den Armen eines anderen Mannes. Viele geraten bei dieser Vorstellung geradezu in Wut und ballen ihre Fäuste. Andere spüren zwar auch Eifersucht, doch sie bemerken, daß die Vorstellung, die eigene Frau intim mit einem anderen zu sehen oder zu wissen, sie sexuell erregt. Männer dieser Art gibt es wie Sand am Meer und es ist Grund genug, sich mal mit ihnen zu befassen. Schaut man in die Verzeichnisse der Literatur, findet man gähnende Leere zu einem Thema, das Millionen berührt. Manch einer hat sich schon Sorgen gemacht, daß er mit seinen Empfindungen und Fantasien ganz alleine auf der Welt ist und vielleicht so ganz und gar nicht normal sei. Wenn er dieses Buch gelesen hat, wird er wissen, wie normal er ist. (Willibert S. 2f.)

Und über die konkrete Situation, nämlich dabei zu sein, wenn die eigene Frau mit dem Liebhaber schläft, schreibt Willibert:

Es gibt reichlich Diskussionen darüber, was erotischer ist. Der eigenen Ehefrau beim Geschlechtsverkehr mit einem anderen Mann zuzusehen oder zu Hause auf sie zu warten, während sie mit dem anderen Mann ausgeht ... Zu sehen, wie vor den eigenen Augen ein sexueller Akt abläuft, bei dem die eigene Frau leidenschaftlich liebt und geliebt wird, raubt dir fast den Atem. Du bist in diesem Fall der Augenzeuge. Einen Penis in einer Vagina ein- und ausgleiten zu sehen, ist schon stimulierend genug, aber, wenn es sich um die Vagina deiner eigenen Frau handelt, ist es überwältigend. Und ihre Orgasmen zu beobachten und akustisch wahrzunehmen ist nicht minder aufwühlend, ebenso die Akustik des Liebhabers, wenn er sein Sperma nicht mehr in sich halten kann. (Willibert, S. 12)

Im folgenden gibt Willibert genaue Anleitungen, wie man ein solches Verhältnis zu dritt gestaltet, so daß alle hinterher befriedigt sind.

Viele werden diese Sichtweise nicht nachvollziehen können – jedoch wenn man sich mit Eifersucht umfassend beschäftigen will, ist es wichtig zu wissen, daß es diese Reaktionsmöglichkeit gibt. Und sie ist nicht so selten, wie seriöse Veröffentlichungen zur Eifersucht glauben machen, die diese Möglichkeit gewöhnlich ausklammern.

Der Leser/Die Leserin mag sich selber fragen, ob, wenn das Gefühl Eifersucht auftritt, nicht auch sexuelle Erregung mitschwingt, so subtil wie auch immer. Und ob man bei dem Gedanken an Untreue nicht eine viel „bessere", erfülltere Sexualität in die untreue Beziehung reinphantasiert, als man sie selbst mit dem Partner zu glauben hat.

Alternative Bewegungen in „freier Liebe"

Ende der sechziger/Anfang der siebziger Jahre des vorigen Jahrhunderts gründete der Ingenieur John Williamson ein Zentrum für freie Liebe, *Sandstone.* In dem Anwesen, in malerischer Natur gelegen, wurden nur Paare aufgenommen, die gegen einen Jahresbeitrag die Räumlichkeiten von Sandstone nutzen konnten.

Sandstone war ein Begegnungszentrum, in dem man sich treffen konnte, reden, Vorträgen lauschen, essen und trinken und eben auch Sex machen konnte, und dies ungezwungen und ohne sich vor eventuell anderen Besuchern zurückziehen zu müssen.

Es gibt einen interessanten Bericht über Sandstone, der ein aufschlußreiches Licht auf unser Thema, die Eifersucht, wirft, indem er zeigt, wie in Sandstone traditionelles und alternatives Denken aufeinanderprallten. Die Quelle ist „Der Talese-Report", im Untertitel „Sexualität und Erotik in der Männergesellschaft" (Talese 1982/2007). In diesem Buch wird unter anderem die Geschichte des John Bullaro beschrieben, wie er in den siebziger Jahren in Kontakt kam mit der Sex-Kommune Sandstone und wie sich sein Leben dadurch veränderte. Uns soll hier besonders der Umgang mit Eifersucht interessieren. Die Geschichte soll sich wirklich so zugetragen haben:

John Bullaro ist ein leitender Versicherungsangestellter, verheiratet in traditioneller Ehe mit zwei kleinen Kindern. Von außen gesehen lebt er ein Idyll, in dem alles in Ordnung ist, aber er ist unzufrieden. Obwohl gar nicht so alt, beneidet er Jüngere um die angebliche Freiheit, die sie haben. Seine innere Leere sucht er mit Affären aufzufüllen, die er vor seiner Frau Judith natürlich verborgen hält. Eine dieser Affären, Barbara, beeindruckt ihn wegen ihrer unkomplizierten und sexuell offenen Art. Barbara ihrerseits verliebt sich in einen anderen Mann, den oben erwähnten John Williamson, den sie dann auch heiratet; sie führt aber nichtsdestotrotz die Affäre mit John Bullaro fort. Eines Tages wird Bullaro von Williamson angerufen. Dieser stellt sich als Barbaras Ehemann vor und schlägt ein Treffen vor. Bullaro geht mit sehr unguten Gefühlen hin und befürchtet eine Erpressung, aber hört dann zu seinem größten Erstaunen von Williamson, daß dieser die Affäre billigt und nichts dagegen habe, wenn Bullaro mit Barbara weiterhin schläft. Diese Erlaubnis nutzt er gern, auch wenn er sie eigentlich nicht versteht.

Im folgenden wird er auf das Anwesen Sandstone von Williamson eingeladen und erfährt schließlich, daß Williamson, ein früherer Ingenieur, Guru einer Gruppe ist, die sich freier

Liebe und freier Sexualität verschrieben hat. Bullaro ist irritiert, aber auch insgeheim fasziniert von dieser für ihn völlig neuen Welt, vor allem, als er bei einem weiteren Besuch feststellt, daß manchmal alle nackt sind und freien sexuellen Umgang miteinander haben, für einen eher prüde eingestellten Amerikaner eine schwer zu verdauende Revolution. Schrittweise bewegt sich Bullaro in dieses Milieu, was er aber weiterhin seiner Frau verschweigt. Umso größer sein Entsetzen, als er eines Abends heimkommt und seine Frau Judith ihm erzählt, Williamson habe sie angerufen; man habe nett miteinander geplaudert und er habe *sie beide* auf seine Ranch eingeladen. Bullaro versucht noch, sie davon abzuhalten, aber Judith läßt sich nicht abhalten und besteht darauf, daß sie die Einladung annehmen. Bullaro bleibt nichts übrig als zuzustimmen und so tappt er in die Falle.

Er erscheint mit Judith zum genannten Termin und stellt zunächst mal erleichtert fest, daß alle angezogen sind. Das Gespräch bewegt sich zunächst in einem konventionellen Rahmen, bis er gefragt wird, ob er mit Judith eine ehrliche Beziehung habe, was er bejaht. Es folgt die Frage, ob Judith von seiner Affäre mit Barbara wüßte. Zug um Zug wird er gezwungen, seine Affären vor seiner Frau bloßzulegen:

Aber Barbara ließ nicht locker. „John, findest du, daß ihr, Judy und du, offen zueinander seid?“

Bullaro richtete seinen Blick langsam auf Barbara. Er machte ein gequältes Gesicht wie ein Mann, der Zahnschmerzen hat. Im Zimmer war es mäuschenstill geworden, alles wartete auf seine Antwort. Schließlich nickte er und sagte leise: „Ja, das sind wir, glaube ich.“

„Wir sind sogar sehr ehrlich miteinander“, bekräftigte ihn Judith.

„Wollen Sie damit sagen, daß John Ihnen alles erzählt?“, fragte Barbara.

„Ja, das tut er.“

„Hat er Ihnen auch gestanden, wie oft er mit mir zusammen ist?“

Judith schaute ihren Mann verwirrt an, der seinen gesenkten Kopf schüttelte.

„Ich fürchte, ich verstehe nicht, was Sie meinen", erwiderte Judith.

„Ich auch nicht", sagte Bullaro und sah wütend auf. „Worauf wollen Sie hinaus?"

„Ich wollte nur wissen, ob du Judith über uns informiert hast."

„Worüber denn?", erwiderte er.

„Nun, hast du ihr von heute Nachmittag erzählt?", fuhr sie gleichmütig fort.

Alles beugte sich vor; Bullaro sah, wie seine Frau ängstlich von einem zum anderen blickte und schließlich fragte: „Was ist heute Nachmittag passiert?"

„Nichts!", brüllte Bullaro. „Ich war hier und habe mit Barbara zu Mittag gegessen." (…)

Barbara, die Bullaro mit spöttischen Blicken fixierte, forderte ihn weiter heraus.

„Was **sonst** *haben wir getan, John, außer zusammen Mittag zu essen?"*

Der Schweiß trat ihm auf die Stirn. Es war sinnlos, weiter zu leugnen, Barbara würde ihn bis auf die Knochen bloßstellen.

„Gut, wenn ihr es schon so haben wollt", schrie er, „ich bin heute Mittag mit Barbara ins Bett gegangen! Ist es das, was ihr hören wolltet?"

„Nur heute?", fragte Barbara ruhig.

„Nein", brüllte er. Jetzt war ihm alles egal. „Ich habe schon davor mit ihr geschlafen!" Niemand sagte ein Wort, keiner bewegte sich, und in der Stille saß Bullaro da und ließ den Kopf hängen. Judith schluchzte erbärmlich. (Talese 1982, S. 145f.)

Es folgt ein Gespräch zwischen Bullaro und Judith vor der Gruppe, in der alle verschwiegenen Affären auf den Tisch kommen:

Judith gab keine Antwort, denn plötzlich spürte sie das wache Interesse, mit dem die anderen die intimen Enthüllungen ihrer Ehe aufnahmen, und schämte sich. Das peinliche Schweigen hielt an, bis John Williamson langsam aufstand, auf Bullaro zuschritt, der zusammengesunken, mit dem Kopf in den Händen vergraben, auf seinem Sessel saß, und ihm seinen Arm um die Schulter legte. Daraufhin wandte er sich an Judith und prophezeite ihr optimistisch, daß sich die unangenehme Situation am heutigen Abend für sie und ihren Mann irgendwann heilsam auswirken würde. Ihre Beziehung hätte dank ihrer Ehrlichkeit eine neue Ebene erreicht, verkündete Williamson. Das Eingeständnis sexueller Untreue sei zwar schmerzlich für sie gewesen, aber die Bullaros seien im Grunde immer noch dasselbe Paar; die Probleme lägen jetzt nur offen vor ihnen.

Während Bullaro verdrossen Johns pathetischen Worten lauschte und sich vorstellte, wie oft er diesen Quatsch wohl schon verbreitet hat, schien Judith von seinen Ausführungen beeindruckt und unterbrach ihn, indem sie sagte, sie fühle sich durch die Entwicklung der Dinge doch als ein anderer Mensch, sie begreife jetzt, daß sie sich selbst erniedrigt habe, weil sie so besitzergreifend gewesen sei. Allzuoft hätte sie sich wie ein zänkisches Weib aufgeführt, was gar nicht ihrer wirklichen Natur entspräche.

Williamson nickte anerkennend und sagte, sie sei ein Opfer ihres possessiven Charakters geworden; ein weitverbreitetes Übel in der Ehe. Judith gab zu, sie hätte sich ihr Leben lang zu eng an die Menschen um sie herum geklammert, wahrscheinlich, weil ihre Mutter sehr früh starb und sie sich vor den Frauen fürchtete, mit denen ihr Vater später ausging. Aber in ihrer Ehe wolle sie das Problem endlich bewältigen. Williamson meinte, er und seine Gruppe würden ihr gerne dabei helfen. Er schlug ihr vor, sie solle ruhig einmal miterleben, wie ihr Mann zu Hause mit einer anderen Frau im Schlafzimmer verschwindet, um mit ihr zu bumsen. So würde sie am ehesten die Erfahrung machen, daß der sichtbare Akt körperlicher Untreue weniger bedrohlich sei als einer, den sie sich einbilde und mit Emotionen verbräme.

Während sich Judith Williamsons Vorschlag noch überlegte, blickte ihr Mann ihn angewidert an und verkündete: „So weit sind wir noch nicht!"

„Sie soll selbst entscheiden", wies ihn Barbara zurecht.

Nachdem sie sich schüchtern nach ihrem Mann umgesehen hatte, sagte Judith schließlich zögernd: „Ich würde es gern probieren."

Bullaro glaubte seinen Ohren nicht zu trauen. Er konnte es einfach nicht fassen, daß die Frau, mit der er nahezu zehn Jahre verheiratet war und die er zu kennen glaubte, plötzlich so frivol mit ihrem Privatleben umzugehen vermochte. (S. 147f.)

Dies ist eine spannende Wende, da sie so völlig unerwartet kommt: Konfrontiert mit den Affären ihres Mannes bricht Judith nicht zusammen, sondern ergreift die Möglichkeit, etwas bei sich zu ändern, während Bullaro von der Situation völlig überfordert ist. Beim nächsten Treffen in Sandstone findet das Experiment verabredeter Untreue statt: Bullaro verschwindet mit einer attraktiven Frau in einen Raum, während Judith mit einem anderen – wie sich später herausstellt, mit Williamson – schläft. In der folgenden Zeit verliebt sich Judith in Williamson und entfremdet sich von ihrem Mann. Beide verbringen immer mehr Zeit in Sandstone, jedoch aus verschiedenen Motiven: Während Judith die neue Entwicklung begrüßt, integriert sich Bullaro eher widerwillig in Sandstone mit der Hoffnung, Judith wiederzugewinnen. Dabei wird er einmal unvermutet Zeuge, wie seine Frau mit Williamson schläft:

Kurz darauf weckten ihn seltsame Geräusche aus dem Nebenzimmer, und als er aufstand und die Tür öffnete, bemerkte er vor dem brennenden Kamin zwei nackte Körper, die aufeinander lagen.

Die Frau lag auf dem Rücken, die Augen geschlossen, ihr blondes Haar über den Fußboden gegossen, die Beine gespreizt und hoch erhoben, die Zehen zur Decke gestreckt. Sie stöhnte leise und bewegte ihre Hüften, als der breitschultrige Mann, der über ihr kniete, mit einem Penis, der wie ein rotglühender Niethammer aussah, in sie eindrang.

Bullaro hatte noch nie zwei Menschen beim Geschlechtsakt beobachtet; er war wie vom Donner gerührt und verfolgte eine Weile fasziniert, wie die ineinander verschlungenen Körper sich im flackernden Licht bewegten. Doch dann erkannte er die vertrauten Schenkel seiner Frau, sah den fremden, stinkenden Penis raus- und reinflutschen und hörte ihr genußvolles Stöhnen.

Bullaro wich zurück, drehte sich um und wankte in sein Zimmer. Barbara griff nach ihm und versuchte ihn zu trösten; doch er schlug ihre Hände weg. Er wollte nicht von ihr angefaßt werden, wollte von niemandem mehr berührt werden. Er warf die Tür hinter sich ins Schloß und brach weinend auf dem Bett zusammen. Ein Schmerz durchfuhr seinen Körper, wie er ihn nie zuvor verspürt hatte. Überzeugt, daß Gleichgewicht und Ordnung in seinem Leben für immer zerstört waren, plante ein rachsüchtiger John Bullaro, seinen Rivalen John Williamson zu ermorden und sich anschließend selbst umzubringen. Während Williamson seinen Kopf zwischen Judiths Schenkeln vergrub, wollte er ihn mit mehreren Pistolenschüssen in den Rücken niederstrecken. Wenn Bullaro beabsichtigte, seine Frau zu verschonen, dann nur, weil sich jemand um die Kinder kümmern mußte. Sich selbst sah er am Ende in der Brandung von Malibu versinken – Bilder, die er immer wieder, wenn er ins Büro oder nach Hause fuhr, vor seinem geistigen Auge abrollen ließ. (S. 153f.)

Ein heftiger Eifersuchtsanfall mit mörderischen Phantasien und endlosem Selbstmitleid – wobei man sich als Leser etwas wundert – wußte Bullaro nicht, wo er war? Er wußte es schon, kam aber nicht gegen seine Instinkte an: Eine offene, eifersuchtsfrei gelebte Sexualität war ihm zutiefst fremd.

Die weitere Entwicklung kurz erzählt: Judith verbringt eine intensive Zeit auf Sandstone als Williamsons Geliebte, was aber dazu führt, daß sie sich immer mehr von Bullaro löst – am Ende steht die Scheidung. Sie löst sich ebenfalls von Williamson und hat einen neuen Partner; für sie war Sandstone ein Angelpunkt in ihrem Leben, der eine neue Entwicklung zu mehr Emanzipation und Freiheit einleitete. Bullaro hält fest, klammert sich an die Ehe – und steht deshalb am Ende des Berichts als Verlierer da; es bleibt vor allem Verbitterung:

Als er jetzt in seinem Tagebuch blätterte, drehte sich ihm der Magen um vor Ekel. Die erste sexuelle Vereinigung mit Barbara bei der Tagung in Palm Springs, das Erscheinen von John Williamson, die

Abende in seinem Haus in Mulholland Drive, die Monate darauf, die damals so heiter und befreiend auf ihn gewirkt hatten; diese Vergangenheit ragte jetzt drohend vor ihm auf, als sei sie der Anfang von Zerstörung und Chaos. Liebe und Ordnung, die damals sein Leben zusammenhielten, hatte er geopfert für ein idiotisches Experiment.

Er versuchte sich vorzustellen, was aus seiner Ehe geworden wäre, wenn Judith nicht an den Abenden in Williamsons Wohnung teilgenommen hätte. Er fürchtete jedoch, das Ergebnis wäre das gleiche gewesen, auch wenn er Williamsons Vorschlag, sich von der erstickenden Moral einer traditionellen Ehe frei zu machen, nicht befolgt hätte. Es war zwar äußerst schmerzhaft gewesen zuzusehen, wie Judith auf andere Männer reagierte; Bullaro sah jedoch ein, daß er sich reichlich entschädigt hatte.

Sein privates Glück war sinnlos zerstört worden. Er war allein, hatte keine Stellung und lebte ohne Hoffnung. Monate vergingen. Er sah seine Kinder zwar weiter, wurde aber immer zielloser. (S. 232)

Dieses nicht gerade fröhliche Ende scheint einem konservativen Vertreter recht zu geben. Da sieht man es wieder, könnte er sagen, wohin es führt, wenn eine gute, intakte Ehe durch das Verlangen nach zügellosem, in keine Ordnung gebundenen Sex zerstört wird. Doch ob die Ehe von Bullaro und Judith „intakt" war, ist eine Sache der Definition, und ob die durch ‚Sandstone' bewirkte Änderung gut oder schlecht war, ist nicht zu bewerten. Alternative Bewegungen wie die um G. I. Gurdjieff, Bhagwan/Osho oder im Beziehungsbereich die Bewegungen um Williamson in den siebziger Jahren oder um Duhm/Lichtenfels sind Menschenlaboratorien – in ihnen werden Möglichkeiten und Grenzen des Mensch-Seins radikaler erkundet als in wissenschaftlichen Untersuchungen. Dort können Tragödien passieren, aber auch Erleuchtungen und Durchbrüche, die ein neues Licht darauf werfen, was es heißen kann, Mensch zu sein.

Zurück zur Eifersucht. Woraus schöpfte denn Williamson seine Überzeugung, die offen und konfrontativ gelebte Untreue würde die Eifersucht reduzieren? Aus seiner eigenen Erfahrung; denn als er Barbara kennenlernte und sie zur Frau nahm, hatte er sie ebenso konfrontiert: Bei einem gemeinsamen Wochenendausflug auf eine Hütte nahm er eine weitere junge Frau mit und verschwand mit dieser am Abend in der Hütte in einem der Schlafzimmer, während Barbara als junge Ehefrau alleine im anderen Raum übernachten durfte, eifersüchtig und verwirrt. Doch Barbara nahm die Herausforderung an und wurde später selbst engagierte Vertreterin einer freien Sexualität. Das ganze Verhalten von Williamson deutet darauf hin, daß er dachte, es könnte bei Judith und Bullaro ebenso verlaufen.

Als weiteres Beispiel für freie Liebe soll hier nur noch kurz die Bewegung um *Dieter Duhm und Sabine Lichtenfels* zitiert werden, eine Bewegung, die Ökologie und Einsatz für den Weltfrieden mit dem Engagement für sexuelle Freiheit verknüpft.

So schreibt Lichtenfels in ihrem Buch „Der Hunger hinter dem Schweigen. Annäherung an spirituelle und sexuelle Wirklichkeiten“:

Kannst du dir einen weltweiten Frieden vorstellen, solange du dein eigenes Glück in einen privaten Käfig sperren mußt? Solange du deinen Geliebten verteidigen mußt gegen jede weitere mögliche Liebe? Damit stellst du dich zwischen ihn und alles, was für ihn schön sein könnte und was für ihn weitere Liebe verheißt. Du mußt ihn absichern, wie ein besonders wertvolles Stück Privateigentum und gegen jede Art von Diebstahl schützen ... Sobald Gefahr da ist, sobald eine andere Frau sein volles Interesse weckt, ziehst du alle Register. Sie wird auf der Stelle zur Feindin. Du verteidigst dein Revier mit allen Mitteln. Du greifst zum Drama, zur Bedrohung, zur Erpressung, zur Rache. Leidenschaftlich tobst du dich aus, denn du bist davon überzeugt: Eifersucht gehört zur Liebe. Sie ist erst der richtige Beweis dafür, daß du richtig liebst. In der Phantasie gehst du bis zum Messer. Und viele tun es nicht nur in der Phantasie.

Wie kannst du dir dauerhaftes Vertrauen vorstellen, wenn du selbst es deinem Geliebten verheimlichen mußt, daß du auch noch einen anderen liebst? Du weißt, wenn du es ihm sagst, dann wird er dich vor die Wahl stellen: entweder der oder ich. Da bist du lieber still. Er hält diese Wahl für vollkommen berechtigt. Denn Eifersucht gehört schließlich zur Liebe. Er fühlt sich verletzt in seiner Ehre, wenn er dich mit einem anderen teilen muß, als ob ein Mensch teilbar wäre wie Kuchen. Er hält es mit der wahren Liebe für nicht vereinbar. (Lichtenfels 1992, S. 48f.)

Dies ist eine sehr emotionale Sprache, die eher hymnisch verkündet als logisch argumentiert. Es würde für unsere Zwecke zu weit führen, die Bewegung um Sabine Lichtenfels und Dieter Duhm zu schildern; Interessierte seien auf ihre Bücher verwiesen (siehe auch www.sabine-lichtenfels.com und www.dieter-duhm.com). Mit ihrem Beispiel haben jedoch Duhm, Lichtenfels und ihre Anhänger diese „freie" Liebe in ihrem Leben zu verwirklichen gesucht und gelebt, wobei in den letzten Jahren immer mehr spirituelle, ökologische und Friedensaspekte hinzutraten.

Polyamorie: Ein anderer Umgang mit Eifersucht

Mit dem Begriff Polyamorie wird die Möglichkeit von Mehrfachpartnerschaften bezeichnet. Das Online-Lexikon Wikipedia definiert dies folgendermaßen:

Polyamorie ist ein Oberbegriff für die Praxis, Liebesbeziehungen zu mehr als einem Menschen zur gleichen Zeit zu haben, mit vollem Wissen und Einverständnis aller beteiligten Partner.

Die angestrebten Beziehungen sind langfristig und vertrauensvoll angelegt und schließen normalerweise (...) Verliebtheit, Zärtlichkeit und Sexualität mit ein. Die Polyamorie faßt den Begriff der Liebe also weiter als bei der romantischen Zweierbeziehung. (...) Die seit den 1960er Jahren entstandene polyamore Subkultur stellt ein Erfahrungs- und Kommunikationsnetz von Menschen dar, die die Idee von nicht-ausschließlichen Beziehungen fördern wollen und bereit sind, in solchen Beziehungen zu leben und sich hierin gegenseitig unterstützen.

Gesellschaftspolitisch stellt die polyamore Subkultur die Vorstellung inFrage, daß Zweierbeziehungen die einzig erstrebenswerte oder mögliche Form des Zusammenlebens darstellen, und bejaht, daß ein Mensch mit mehreren Personen zur gleichen Zeit Liebesbeziehungen haben kann.

In einer Diplomarbeit (Anonymus 2004) wird das Konzept von Polyamorie genauer umschrieben. Ich zitiere im folgenden einen längeren Passus daraus:

Danach definiert sich „Polyamorie" über vier wesentliche Merkmale:

- Ehrlichkeit/Transparenz (Poly ist nicht „Betrügen")
- Gleichberechtigung/Konsens (Poly ist nicht patriarchale Polygynie)
- Erotische Liebe mit mehr als einer Person über einen bestimmten Zeitraum hinweg (Poly ist mehr als Freundschaft/Poly ist nicht Monogamie)
- Langfristige Orientierung (Poly ist prinzipiell nicht Swinging)
- **Ehrlichkeit/Transparenz:** Die jeweiligen Partner/Liebhaber wissen um die anderen Partner/ Liebhaber. Das jeweilige Beziehungsnetzwerk ist offengelegt, vielleicht kennen sich die Beteiligten auch untereinander. Es werden keine Anstrengungen unternommen, etwas geheimzuhalten oder es wird nichts gesagt, was nicht der eigenen Wahrnehmung der Realität entspricht.
  Es wird dem jeweiligen Partner/Liebhaber zugetraut, mit den auftretenden Gedanken und Emotionen umzugehen und diese Lebendigkeit hat Vorrang vor der Sicherheit der Lüge.
  Dieses Merkmal unterscheidet „Polyamorie" von heimlichen Liebschaften, Seitensprüngen und weiteren „betrügerischen" Begleiterscheinungen monogamer Partnerschaftsformen: *Polyamorie ist nicht „Betrügen"*.
- **Gleichberechtigung/Konsens:** Alle Beteiligten sind mit den vorhandenen Beziehungen einverstanden oder zumindest bereit, nach Wegen zu suchen, um diesen Konsens herzustellen.

Die Bedürfnisse aller Beteiligten haben gleiches Gewicht und es geht darum, auf einer gleichberechtigten Ebene Lösungen zu finden.
Dieses Merkmal unterscheidet „Polyamorie" von patriarchalen Formen der Polygamie, bei der ein Mann mehrere Frauen hat, wie sie u. a. bei den Mormonen und im Islam zu finden war/ist: *Polyamorie ist nicht patriarchale Polygynie.*

- **Erotische Liebe mit mehr als einer Person gleichzeitig:** Hier meint „gleichzeitig" nicht unbedingt zur selben Zeit, aber über einen bestimmten Zeitraum verteilt. Mit erotischer Liebe ist aber auch Verliebtsein, Liebe, Attraktion, Freundschaft, Zuneigung, gegenseitige Unterstützung gemeint, wobei letztendlich der erotische Ausdruck Polyamorie von „normalen" Freundschaften unterscheidet. Dabei geht es nicht nur um Penetration, sondern um mehr, also jede Form von Zärtlichkeit mit und ohne Orgasmus. Anapol nennt es „sexualloving", also Sexualität, eingebettet in Liebe: *Polyamorie ist mehr als Freundschaft; Polyamorie ist nicht Monogamie.*
- **Langfristige Orientierung:** Hier geht es einmal um eine prinzipielle Intention, langfristige Beziehungen einzugehen und die Bereitschaft, zuerst einander kennenzulernen, bevor es zu sexuellen Kontakten kommt. Dieses Merkmal ist nicht unumstritten, weil es in der Praxis immer wieder auch zu schnellen und kurzen Sexualkontakten zwischen Poly-Anhängern kommt und der erholsame Sex („recreational sex") auch wertgeschätzt wird.
  Swingen ist eher kurzfristig orientiert, es geht um Abwechslung und schnelle Befriedigung, wobei sich durchaus auch längerfristige Bindungen ergeben können, die aber prinzipiell so nicht intendiert sind.
  Polyamorie ist prinzipiell nicht Swingen.

(Anonymus 2004, S. 76ff.)

Wie sieht das praktisch aus? Es sind hier die verschiedenartigsten Konstellationen denkbar. Es reicht von der Geliebten oder dem Liebhaber, mit dem man sich mit Einverständnis des festen Partners trifft, bis zu einer Gruppe oder einem Netzwerk von Personen beiderlei Geschlechts, die mehr oder minder alle intim miteinander verbunden sind. Ein Unterscheidungsmerkmal ist die Wertigkeit verschiedener Partner: „Primäre" Partner, die eher dem festen Partnerschaftsideal entsprechen, und „sekundäre", beigeordnete Partner, die spezielle Bedürfnisse ansprechen – und natürlich besteht auch die Möglichkeit, mit zwei oder mehr primären Partnern zusammenzuleben (multiple-primary-Partner, erweiterte Familien/Netzwerke).

Ja, aber kann das überhaupt funktionieren und wie sieht es in solchen Beziehungen mit der Eifersucht aus; muß das Ganze nicht daran scheitern? Schauen wir da einmal genauer hin.

Kathy Labriola, selbst Vertreterin eines offenen Beziehungsstils, schreibt in einem Online-Aufsatz über den Umgang mit Eifersucht in offenen Beziehungen. Ihr Ansatz ist folgendermaßen:

For every jealous feeling there is an emotion behind the jealousy that is much more significant than the jealousy itself. Behind jealousy there is an unmet need or a deep fear that our needs will not be met. Recognizing those fears and unmet needs is the key to unmasking jealousy und taking away its power. Jealousy is just the finger pointing at the fears and needs we are afraid to face. When jealousy kicks in, it is the ancient reptilian part of our brain going into a „fight or flight" response because we feel that our very survival is threatened. When you feel jealous, ask yourself, „What is it that I am really afraid of? What do I need to make this situation safe for me?" „What is the worst thing that could happen and how likely is that to happen?"[2]

Dies ist kein ganz neuer Gedankengang; daß „hinter" der Eifersucht Gefühle der Unzulänglichkeit, mangelndes Selbstwertge-

2 Übersetzung im Anhang.

fühl und ähnliches vorhanden sind, haben auch andere Autoren bemerkt. Neu ist die Konsequenz, mit der Labriola diesen Gedanken verfolgt. An Beispielen verdeutlicht sie, daß es darum geht, das zugrundeliegende Gefühl – zum Beispiel nicht genug Liebe zu bekommen – anzugehen, was nicht heißt, daß eine etwaige Nebenbeziehung oder Affäre aufgegeben werden muß. Wenn also nach Labriola eine „berechtigt" eifersüchtige Frau die Liebe von ihrem Mann bekommt, die sie vermißt, dann kann die Eifersucht zurückgehen, auch wenn der Mann die Nebenbeziehung weiterführt. In diesem Punkt unterscheidet sich der Ansatz von Labriola grundlegend von den mainstream-Ansätzen, die alle fordern, daß eine Affäre erst beendet werden muß, bevor das „Vertrauen" wieder aufgebaut werden kann.

Im Fortgang unterscheidet Labriola drei „core beliefs" oder Grundüberzeugungen, die der Eifersucht zugrundeliegen:

Our society is addicted to three core beliefs about relationships that are most guaranteed to create jealousy even in the most well-adjusted people. Most of us have absorbed these beliefs without even realizing ist. Identifying and dismantling these beliefs in our „heart of hearts" is the most effective way to short-circuit jealousy.[3]

Die erste der drei Grundüberzeugungen ist folgende:

Wenn mein Partner mich wirklich lieben würde, dann hätte er kein Verlangen nach einer anderen sexuellen Beziehung.

Labriola bemerkt dazu, daß dieser Satz eine quantitative Sicht der Liebe widerspiegele. Der Satz sei genauso absurd wie die Behauptung, Eltern könnten ein zweites Kind nicht mehr lieben, weil sie ja schon das erste lieben. Interessanterweise ist für den Durchschnittsbürger die Idee, man könne alle seine Kinder und nicht nur eines lieben, selbstverständlich, was aber in bezug auf Paarbeziehungen bestritten wird.

Die zweite Eifersucht erzeugende Grundüberzeugung ist wie folgt:

3 Übersetzung im Anhang.

Wenn mein Partner mit mir glücklich wäre und wenn ich wirklich ein guter Partner für ihn wäre, dann wäre mein Partner so zufrieden, daß er nicht den Wunsch hätte, sich mit jemand anderen einzulassen.

Diese Grundüberzeugung ist noch heimtückischer, weil man in Gefahr steht, sich selbst anzuklagen, wenn der Partner noch eine andere Beziehung hat. „If you truly believe that your lover could only be interested in another partner because you are inadequate, you can see how that will generate jealousy big time!“[4]

Die dritte Grundüberzeugung aller Eifersüchtigen lautet:

Es ist nicht möglich, mehr als eine Person zur selben Zeit zu lieben.

Dieser Satz beruht nach Labriola auf einem Mangelmodell der Liebe: Liebe ist begrenzt und reicht nur für einen; falls mein Partner jemand anderen liebt, bedeutet das weniger Liebe für mich. Da die meisten Menschen das Gefühl haben, sie würden zu wenig bekommen (Zeit, Liebe, Zuwendung, Sex, Unterstützung), haben sie natürlich Angst, sie würden noch weniger bekommen, wenn der Partner eine weitere Beziehung hat.

Diesen drei der Eifersucht zugrundeliegenden Grundüberzeugungen setzt Labriola drei positive Glaubenssätze entgegen, die nicht auf einem Mangelmodell der Liebe beruhen. Da ihr Aufsatz Polyamorie, also Mehrfachbeziehungen, voraussetzt, spiegelt sich dies auch in den drei alternativen Grundaussagen wider. Neue Grundaussage eins:

Mein Partner liebt mich so, daß er es unserer Beziehung zutraut, sich zu erweitern und durch die Erfahrung neuer Liebe von anderen bereichert zu werden.

Neue Grundaussage zwei:

Meine Beziehung ist so fest gegründet und vertrauensvoll, daß wir weitere Beziehungen frei erfahren können. Mein Partner ist so zufrieden mit mir und unserer Beziehung, daß das Hinzutreten

---

4 Übersetzung im Anhang.

weiterer Partner die Bindung, an der wir uns erfreuen, nicht bedrohen kann.

Und die dritte neue Grundaussage:

Es gibt eine Fülle an Liebe in der Welt und genug für jeden. Mehr als eine Person zu lieben ist eine Entscheidung, die meine Fähigkeit, Liebe zu geben und zu empfangen, unendlich erweitern kann.

Labriola bemerkt dazu:

The fact that these new beliefs sound so strange and almost laughable to us at first shows just how deeply the old paradigm beliefs about love and relationships are ingrained in our consciousness. It also underscores the importance of dissolving these old beliefs if we ever hope to enjoy multiple relationships free of jealousy.[5]

Nun kann der skeptische Leser natürlich sagen, das ist ja gut und schön, aber das ist erstmal nur Theorie oder bestenfalls Proklamation und Wunschdenken. Wie sieht es denn in der gelebten Wirklichkeit aus?

Um die oben zitierte Frage an den Eifersuchtsexperten Ragnar Beer noch einmal aufzugreifen: „Gibt es Menschen, die nie eifersüchtig sind? Vielleicht könnte man ja von denen etwas lernen." Beer wußte es nicht; wir sind jedoch in der glücklichen Lage, daß in den letzten Jahren zwei Bücher erschienen sind, in denen Menschen, die Mehrfachbeziehungen leben, sehr offen über ihre Gefühle und Beziehungsstrategien Auskunft geben. Wie sehen also Menschen, die eine sexuell offene Beziehung führen, die Eifersucht?

Da hat eine Frau, Leona, entdeckt, daß die Eifersucht plötzlich weg war:

Ich bin überhaupt nicht mehr eifersüchtig; das war ich früher; aber irgendwann war es plötzlich weg. Das war mir am Anfang ein bißchen unheimlich, weil man ja Eifersucht in der Gesellschaft auch immer als Qualitätsmerkmal für Liebe betrachtet. Aber es war ein schö-

5 Übersetzung im Anhang.

nes Gefühl, nicht mehr eifersüchtig zu sein. Ich bin versöhnt damit, seit ich begriffen habe, daß ich trotz allem Verlustangst habe. Das ist immer der Fall, wenn Sebastian lange Dienstreisen macht und ich merke, daß ich Angst habe, daß er einen Unfall haben könnte. Da kann ich nervös werden wie ein Tiger im Käfig und ich bin dann total erleichtert, wenn er wieder da ist. Inzwischen kann ich mich richtig freuen, wenn er mit anderen Frauen Spaß hat; ich kann ihn auch mit Katharina verreisen lassen, was ja schon einmal passiert ist. Keine Eifersucht zu haben ist einfach geil. (Ihlefeldt 2008, S. 35)

Das ist jetzt für die meisten überhaupt nicht nachvollziehbar: Wie kommt die Frau dazu, nicht eifersüchtig zu sein? Sie schildert sich selbst als eine Frau, die viele Männer hatte – auch in der Beziehung mit ihrem Partner –, sich aber mit ihrem Partner immer sehr offensiv darüber auseinandergesetzt hat. Die direkte, klare Kommunikation, auch wenn es mal wehtut, hat sicher zu ihrer Eifersuchtsfreiheit beigetragen.

Eifersucht wird von Anhängern von Polyamorie in der Regel als Mangel an Selbstwertgefühl gesehen. So schreibt eine andere Frau, Tina:

Wenn ich z. B. eifersüchtig bin, gehen bei mir mittlerweile sofort die Alarmglocken an und ich weiß, daß ich jetzt wieder Gelegenheit zum Üben habe. Dann muß ich ganz gründlich bei mir schauen, was mir eigentlich fehlt. Meist spüre ich die Eifersucht überhaupt erst in Zeiten, in denen mein Selbstwertgefühl gering ist oder ich unzufrieden mit meinem Leben bin. Da kann mein Partner gar nichts dafür. Selbst wenn meine Unzufriedenheit in unserer Beziehung ihren Ursprung hat, liegt es an mir, das Problem anzusprechen und damit zu verändern. Das hat aber nichts damit zu tun, ob mein Partner eine andere Frau küßt. (Schlender/Söhner 2006, S. 38f.)

Ein Mann, Heinz-Ulrich, schreibt über Eifersucht:

Entscheidend war in diesen Auseinandersetzungen die Entdeckung, daß mein innerer emotionaler Raum von mir gestaltbar ist, daß ich nicht einfach meinen Emotionen unterworfen bin. In diesen Situationen habe ich immer wieder erlebt, wie meine ersten spontanen Reaktionen die Gefühle von Verletztheit und Distanzierung, ja gar Abneigung waren. Gleichzeitig war es jedoch möglich, innerlich ein anderes Bild zu entwerfen, das ein Zulassen und eine Freude an der Zuneigung und ein Akzeptieren des Schmerzes beinhaltete. Daraus entstand für mich ein Zustand der Stille und der Trauer, der sich im Gegensatz zum Kappen meiner Zuneigung warm und heilsam anfühlte. (...)

Selbstverständlich entsteht immer dann, wenn meine Partnerin eine Liebesbeziehung mit einem anderen anfängt, auch in mir irgendwo die Frage: Wird dieser andere vielleicht wichtiger als ich? Findet sie dort etwas, was so bereichernd und beglückend ist, daß unsere Beziehung sekundär wird? Vielleicht ganz zu Ende geht?

Mit dieser Unsicherheit möchte ich leben, weil ich mich der Realität stellen möchte, wie sie ist: Beziehungen können zu Ende gehen. Wege können sich trennen, ob mit oder ohne Trauschein. Ich möchte dann nicht völlig enttäuscht aus einer schönen Illusion aufwachen und mich selbst neu erfinden müssen. Ich glaube auch nicht, daß die Wahrscheinlichkeit einer solchen Entwicklung sich in einer offenen Beziehung erhöht – eher im Gegenteil. Wenn wir uns schon vorher gegenseitig die Möglichkeit zur freien Entfaltung einräumen und uns darin unterstützen, verbindet uns das auf eine Weise, die mehr ertragen kann, als eine exklusive Beziehung.

Indem ich mir selbst sicher bin, daß ich meiner Liebsten aus ganzem Herzen alles Gute wünschen kann, selbst wenn unsere Wege auseinander führen sollten, indem ich mir sicher bin, daß mein eigener Weg weiterführt und für mich keine Welt zusammenbricht, und indem ich mir sicher bin, daß ich die Trauer tragen kann, schwindet meine Angst, sie zu verlieren. Dann kann ich ihr auch schon während unserer Beziehung alles gönnen, was ihr Leben reicher und glücklicher macht, auch einen anderen Geliebten. Und gerade weil ich ihr die Sicherheit geben kann, frei zu sein, sinkt die Wahrscheinlichkeit, daß sie irgendwann gehen muß, um bei sich zu bleiben.

Das Faszinierende ist, daß es nach meiner Erfahrung nichts gibt, was in mir mehr Liebe zu meiner Liebsten erzeugt, als wenn sie mir ein schönes Wochenende wünscht, wenn sie weiß, daß ich zu einer anderen Frau fahre. Es ist unglaublich schön, das geschenkt zu bekommen. Und umgekehrt macht es mich frei, das geben zu können. Und die Liebe, die ich damit erzeuge, kommt nach meiner Erfahrung ganz sicher zurück. (Schlender/Söhner 2006, S. 42–46)

Eine Frau, Uta, schreibt über Eifersucht:

Was hilft mir im Umgang mit meinen unerwünschten Gefühlen?

Zuerst einmal die Erinnerung daran, daß es **meine** *Gefühle sind, für die ich alleine die Verantwortung trage, daß es höchstens Auslöser, aber niemals Schuldige gibt für meine Gefühle, wenn mein Partner eine andere Person liebt oder sexuell begehrt, ist meine Reaktion darauf meine ganz persönliche, sie ist ein Ergebnis meiner Erfahrungen, meiner Geschichte, meines bestehenden oder fehlenden Vertrauens in mich selbst. Für diese Reaktion kann ich niemanden verantwortlich machen, dafür stehe ich in meiner Selbstverantwortung.*

Dann die Erinnerung daran, daß mein Partner das, was er tut, nicht tut, um mich zu verletzen, sondern um für sich selbst zu sorgen, um seiner Selbstverantwortung Rechnung zu tragen. (Schlender/Söhner 2006, S. 81)

Da schreibt eine Frau, Karin:

Wenn ich eifersüchtig bin, weil Rainer glücklich und erfüllt von seiner Freundin zurückkommt, dann heißt das, daß ich einen Mangel spüre, einen Mangel an Selbstwertgefühl, Selbstliebe oder an Nähe zu anderen. Ich reagiere immer wieder mal beleidigt und verletzt, „weil der andere …" Aber dies hilft mir, auf der Spur zu bleiben und die Beziehungen nicht in Schuldzuweisungen und Verhaltensvorschriften zu ersticken. Meine unangenehmen Gefühle zu anderen sind manchmal auch Neid, weil der/die andere gerade bekommt, wonach ich mich sehne. Aber das Wunderbare ist, daß ich immer mehr spüre, daß für alle mehr als genug da ist, wenn wir alle uns den Mangel nicht künstlich schaffen, um dann darunter zu leiden. (Schlender/Söhner 2006, S. 165f.)

Halten wir hier einmal inne. Diese Zitate – und sie ließen sich beliebig erweitern – sind für einen Vertreter der traditionellen Partnerschaft kaum glaublich und er wird sie bezweifeln – aber es besteht kein Grund, an ihrer Aufrichtigkeit zu zweifeln. Nehmen wir sie also als aufrichtige Selbstaussagen von Menschen, die mit mehreren Partnern leben (der Einfachheit halber im weiteren Text als Poly-Personen bezeichnet) und demgemäß einen anderen Umgang mit Eifersucht haben müssen. Also: Kann man von diesen Menschen etwas lernen, was Eifersucht betrifft? Gibt es so was wie verbindende Denkansätze und Strategien? Vielleicht folgende:

- Eifersucht, wenn sie auftritt, wird anders bewertet: Nicht als Zeichen, daß mit dem Partner oder der Beziehung etwas nicht stimmt, sondern als Zeichen, daß mit einem selber etwas nicht stimmt und daß man daran arbeiten muß. Poly-Leute betonen die Selbstverantwortung für alle Gefühle, insbesondere die Eifersucht, die damit nicht mehr mit dem Verhalten des Partners in Verbindung gebracht wird: Schuldzuweisungen an den Partner werden abgelehnt; ebenso die Bewertung von Eifersucht als Zeichen für Liebe.
- Es wird die Gestaltbarkeit von Gefühlen betont; Eifersucht, wenn sie auftritt, kann verändert werden, indem man losläßt, sie annimmt und in der Liebe zum Partner bleibt.
- Ein Mangelmodell der Liebe, wie es in der Monogamie weitverbreitet ist, wird abgelehnt: Liebe ist kein „Kuchen“ – wenn der Nebenbuhler mehr bekommt, bleibt für mich wenig oder nichts übrig – es ist genug für alle da.
- Voraussetzung und Ergebnis ist eine Definition von Liebe, die nicht an den eigenen Wünschen und Erwartungen ansetzt, sondern am Wohlergehen des Partners: Dem Partner das Beste für sich gönnen, nicht für mich.
- Eine Haltung, die dem anderen das Beste gönnt, auch wenn dieses Beste eine weitere intime Beziehung ist, führt nach zahlreichen Aussagen von Poly-Personen nicht zu Entfremdung und Zerstörung der Beziehung, sondern im Gegenteil zu einer verstärkten Nähe und Intimität.

Polyamorie: Compersion

Wir sind immer noch beim Thema Mehrfachbeziehungen und kommen jetzt zu einem Punkt, an dem sich die Geister wohl am meisten scheiden werden. „Compersion" ist ein in Poly-Kreisen bekannter Begriff und bedeutet „Mitfreude", allerdings in einem speziellen Sinn:

Compersion begins the first time we are turned on by someone else's pleasure, or the idea of someone else's love for anyone besides us. You may think this is totally out-to-lunch. But for some people it's totally natural. There are those who are not the „jealous type", and then there are those who just love love, no matter who's it is. We all know it's possible. We may have an idea of how good it would feel to dissolve into the safety, freedom and unconditional acceptance of our lovers and all that they are, including the other people that they may love, and how great it would feel to let them experience all that we are, including the other people we may love. (Francis)[6]

Compersion ist also nach Francis: Angetan, berührt, erregt sein durch die Lust und Liebe, die unser Partner in bezug auf jemand anderen erlebt. Wir hatten das schon einmal im Kapitel „Sexuelle Erregung in der Eifersucht" thematisiert, eingegrenzt auf Sex. Compersion bedeutet dies und mehr: Echte Mitfreude über das sogenannte „Fremdgehen" des Partners. Wir bringen im folgenden ein Zeugnis von jemandem, der an sich selbst erlebte, wie eine ganz normale Eifersucht in erotische Faszination, Nähe und Liebe – also Compersion – umschlagen kann.

Im folgenden Beispiel hat ein Mann, René, mit seiner Frau Maria eine freie Beziehung vereinbart. Das ist bis jetzt Theorie geblieben, aber nun ruft sie aus einer Kur heraus an und meint, da sei ein Mann, der an ihr interessiert wäre – ob er einverstanden wäre:

6 Übersetzung im Anhang.

Ja, da saß ich nun auf meinem Sofa, hatte einen Schweißausbruch, und es war klar, wenn ich jetzt zustimme, was dann passiert. „Gut", meinte ich, „mach nur, ich will es jetzt wissen."

Ich habe aufgelegt, und dann ging es aber los bei mir. Ich hatte Schweißausbrüche, Herzrasen, Magenkrämpfe, da habe ich gedacht, ich muß Party machen. Ich kann nicht hier herumsitzen und abwarten, bis der nächste Anruf kommt. Zum Glück bin ich aber auf meinem Hintern sitzen geblieben und habe abgewartet, was weiter passiert. Dieser Abend war wie eine Meditation. Denn nachdem sich diese Aufregung gelegt hatte, habe ich gemerkt, daß das auch ein Stück Mitfreude war, denn sie hat mir ja genau erzählt, was da los ist. Das ist das Schöne gewesen, daß wir uns sehr ausgetauscht haben. Ich war mit aufgeregt, sie hat mir von ihrer Aufregung erzählt – ja und ich habe gemerkt, daß Eifersucht auch ein Stück Aufregung ist. Die wird normalerweise als negativ eingeordnet. So hat es sich beim genaueren Spüren sogar ein Stückchen weit erotisch angefühlt, durch die Fantasien, die da in mir entstanden sind. Das Geschenk für mich war, daß ich irgendwann auf diesem Sofa saß und mich entspannen konnte und auch wieder in mein Herz kam und denken konnte: „Es ist toll, daß sie so etwas erleben kann." Das war der absolute Knackpunkt, es hat im Gehirn geknackt und ist in jede Zelle geschossen, es war ein Hochgefühl.

Maria hat dann angerufen, mir von ihrem Erlebnis erzählt und wir hatten ein sehr erotisches Telefonat. Wir waren sehr nahe und intim miteinander auf diese Distanz, und das war ein sehr schönes Gefühl. (Ihlefeldt 2008, S. 188f.)

Diese sehr ehrliche Schilderung ist aufschlußreich. Man achte auf den Wechsel der Gefühlszustände: Heftige psychovegetative Reaktion beim Wissen, daß die Partnerin mit einem anderen schläft – hierin würden die meisten mit ihm übereinstimmen – aber dann, als er es zuläßt und in sich spürt, verwandelt sich das Gefühl, auch aufgrund des intensiven Austauschs mit seiner Frau; plötzlich wird es zu Mitfreude – Aufregung – erotisches Gefühl – Jubel („Es ist toll, daß sie so etwas erleben kann"); und später im Gespräch mit seiner gerade „fremdgegangenen"

Frau: Erotik – Nähe und Intimität. Man beachte, daß der Seitensprung der Frau zu *mehr* Nähe führte, ganz im Gegensatz zu dem, was seriöse Autoren behaupten.

Da wohl viele an dieser Stelle sehr ungläubig reagieren, hier noch weitere Belege. Marina erzählt über ihren Freund:

Das war ja die erste Situation, in der ich mit einer anderen Liebe von ihm konfrontiert war. Ich fand das sehr schön und habe mich gefreut und fand es schade, daß nicht mehr zwischen den beiden passiert war. Ungeduldig wollte ich wissen, was sie angestellt haben, und dann war kaum etwas gelaufen. (Ihlefeldt 2008, S. 102)

Und ein Mann, Gerhard:

Wenn meine Frau von ihrem Freund zurückkommt – ich nenne ihn „meinen Ehekollegen" –, den sie liebt und mit dem es im Bett für sie schön ist, spüre ich jedes Mal eine seelische Nähe und geistig-leibliche Verbundenheit, die frisch bleibt und für mich Heimat bedeutet. Umgekehrt kann ich von meinen Ausflügen und Erfahrungen berichten und dazu oft gute weibliche Tips erhalten. Ahnen meine Freundinnen, welche Solidarität sie von meiner Frau erfahren? Ich weiß es nicht. Jedenfalls fühle ich mich als Glückspilz. (Schlender/Söhner 2006, S. 18f.)

Mancher Mann wird Gerhard hier wohl auch mit leichtem Neid als Glückspilz betrachten: Keine Verheimlichungen, kein schlechtes Gewissen, keine Angst vor Entdecktwerden. Aber wird er auch denselben Weg der rückhaltlosen Offenheit und des Stehens zu sich selbst gehen wollen?

Leona habe ich schon oben zitiert; ich wiederhole die zwei letzten Sätze:

Inzwischen kann ich mich richtig freuen, wenn er mit anderen Frauen Spaß hat; ich kann ihn auch mit Katharina verreisen lassen, was ja schon einmal passiert ist. Keine Eifersucht zu haben ist einfach geil. (Ihlefeldt 2008, S. 35)

Und Hans erzählt:

Ein oder zwei Mal berichtete Marion von Situationen, in denen es beinahe erotische Kontakte mit anderen Männern gegeben hatte, und ich stellte fest, daß ich es sogar schade fand, daß es dann doch nicht zu mehr gekommen war. Ich habe viel darüber nachgedacht, warum ich so empfinde. „Seitensprünge" der Geliebten (...) großzügig zu tolerieren ist eine Sache, sie darüber hinaus sogar reizvoll und schön zu finden, schon sehr viel ungewöhnlicher und schwer zu vermitteln. Trotzdem fühle und denke ich so. Es geht mir nicht um Großzügigkeit, nicht darum, etwas zu dulden. Damit würde ich mir immer noch das Recht anmaßen, es auch verbieten zu können, wenn ich wollte. Mein Wunsch ist, daß die Geliebte Glück erlebt. Liebe, Freude, Lust. Das ist nicht selbstlos. Wenn ich einen Menschen liebe, so ist dessen Glück mir doch ebenso wichtig, wie mein eigenes. (Schlender/Söhner 2006, S. 105)

Schließen wir uns mal Hans in seiner Frage an: Wie kann man es schön und erregend finden, wenn der Partner mit jemand anderem schläft? Wie kann man es ausschalten, den Sex des Partners mit jemand anderem als absolute Bedrohung zu empfinden? Wie kann das möglich sein?

Die Antwort auf diese Frage ist einfach – und schwer zugleich.

Wenn ich einen Menschen liebe, so bin ich mit ihm verbunden. Wir hören nicht auf, zwei unterschiedliche Personen zu sein, aber wir stehen innerlich in Austausch, Informationen und Gefühle fließen, oft unbewußt, hin und her. So kommt es, daß ich miterleben kann, was meinen Partner berührt, und berührt sein kann durch das, was mein Partner erlebt – eben weil wir nicht getrennt, sondern verbunden sind. Es ist das Natürlichste von der Welt, daß ich, wenn mein Partner sich mit jemand anderem erotisch verbindet, dann mitverbunden bin – und daß sich Liebe, Freude und Lust meines Partners aufgrund unserer Verbundenheit mir mitteilen. Weil er mein Partner ist, empfinde ich seine Liebe als Mitliebe, seine Freude als Mitfreude und seinen Sex als Miterregung. Das und nichts anderes meint Compersion.

Falls ich es zulassen kann. Falls ich mich öffnen kann. Falls ich es nicht als Bedrohung empfinde.

Eifersuchtsfreiheit auf dieser Stufe schließt andere Menschen nicht aus, sondern ein. Mit Verlassen des Exklusivitätsanspruchs gewinnt Liebe damit eine allgemeinere, universellere Dimension. Dies hat manche Vertreter von Polyamorie dazu veranlaßt, ihren Weg der „Compersion" als *spirituellen Weg* zu betrachten. Deborah Anapol, eine der amerikanischen Wortführerinnen der Bewegung, hat in einem Aufsatz geschrieben über „Compersion: Using Jealousy as a Path to Unconditional Love" (Compersion: Eifersucht benutzen als Weg zur Bedingungslosen Liebe). Und der schon zitierte Eric Frances schreibt:

The movement from jealousy to compersion is one of the most direct spiritual paths there is, because we are learning so much of what spiritual programs attempt to teach: Unconditional love, surrender, forgiveness, freedom, safety, and, most important, loving the way Spirit loves us: Equally with everyone else. Loving this way may be the only spiritual lesson there is. (Francis)[7]

Mit mehreren Partnern ein Liebesverhältnis zu haben, und zwar durchaus auch sexuell, ist für Anapol, Francis und andere nicht einfach nur eine Männerphantasie von Personen, die unfähig zu Bindung und Treue sind, sondern ein spiritueller Weg, der zu größerem emotionalen und geistigen Bewußtsein führt. Größer kann die Kluft zwischen traditioneller Auffassung und Polyamorie nicht sein. Wir zitieren an dieser Stelle noch einmal die schon bekannten Autoren Jordan und Jellouschek als Vertreter des traditionellen Partnerschaftsmodells:

Durch das Eingehen einer oder mehrerer Liebesbeziehungen neben einer bestehenden Partnerschaft ist ein Ungleichgewicht zwischen den Partnern entstanden. Einer hat nun ein Recht auf Haß, und

7 Übersetzung im Anhang.

der andere sinkt in seiner/ihrer Achtung. Dieses Ungleichgewicht auszugleichen, erfordert eine Menge an Bemühungen und Einsatz desjenigen oder derjenigen, welche/r für die entstandene Verletzung verantwortlich ist. (Jordan 1996, S. 158)

Recht auf Haß. So, so.

Und Kollege Hans Jellouschek:

Manchmal wollen Paare ja eine langweilig gewordene Beziehung dadurch auffrischen, daß sie sich gegenseitig Außenbeziehungen erlauben und diese auch eingehen. Obwohl sie auf der bewußten Ebene dazu ja gesagt haben, erleben sie dennoch, daß das Fremdgehen des Anderen in einer tieferen Schicht ihres Herzens doch als eine schlimme Verletzung der Intimität erlebt wird, die sich im Laufe der Jahre trotz aller „Langeweile" entwickelt hat. An die Stelle der angestrebten „Verlebendigung" tritt dann Entfremdung, und oft ist das der Anfang vom Ende, weil die Partner im weiteren Verlauf nicht mehr zusammenfinden. (Jellouschek 2009, S. 88)

Hat Jellouschek recht? Von seinen Voraussetzungen aus: Ja. Aber stimmen diese?

Die Voraussetzungen des traditionellen Partnerschaftmodells kreisen um zwei Begriffe, die wieder ein Doppelpack bilden: Vertrauen und Verletzung. Und Eifersucht als Konsequenz.

Ich möchte nicht wissen, wieviele Menschen „Vertrauen" als *das Wichtigste* in einer Partnerschaft bezeichnen würden – meist ohne groß darüber nachzudenken, was dieses „Vertrauen" eigentlich bedeutet. Vertrauen im meist gebrauchten Sinn bedeutet: Ich kann nur loslassen und mich vertrauensvoll in die Beziehung mit dir fallen lassen, wenn ich *ganz, ganz sicher sein kann, daß du nie, nie was mit einem/einer anderen anfängst!*

So gesehen ist „Vertrauen" ein Angstbegriff. *Ich habe zwar Vertrauen, daß du das nicht tust, aber wie sicher kann ich sein?* Der Begriff des Vertrauens in einer Partnerschaft basiert auf der Möglichkeit des Mißtrauens, des Verletzens und des Verletztwerdens. Wenn also im traditionellen Partnerschaftsmodell

Vertrauen und die Möglichkeit des Vertrauensbruchs und des Verletztseins zentral sind – und das sind sie – dann basiert das traditionelle Partnerschaftsmodell auf Angst.

Das Problem bei Jordan, Jellouschek und vielen anderen Vertretern der traditionellen Partnerschaft ist, daß sie am Verletzen und Verletztsein festhalten und damit das Vertrauen in den Rang einer heiligen Kuh erheben, die nicht geschlachtet werden darf.

Das Interessante an der Polyamorie ist nicht, daß man halt noch mehr Sex mit mehr Personen haben kann, sondern daß die Grundannahmen des traditionellen Partnerschaftsmodells infrage gestellt werden: *Das Polyamorie-Modell basiert nicht mehr auf Vertrauen* – und damit ist der größte Schrecken in der monogamen Beziehung, das Verletzen und Verletztsein, außer Kraft gesetzt. Was nicht bedeutet, daß die Vertreter polyamouröser Einstellungen nicht immer wieder damit zu kämpfen haben.

Basiert es denn auf Liebe? Und was hat Liebe mit Vertrauen zu tun? Im monogamen Modell fällt beides zusammen, aber das ist nicht notwendigerweise so. Vertrauen (wie oben definiert) basiert auf Angst, aber Liebe muß nicht unbedingt auf Angst basieren. Liebe ohne Angst ist Liebe ohne Erwartungen; wir haben oben bei Wessbecher (Kapitel Sicherheit und Geborgenheit) einen Liebesbegriff kennengelernt, der nicht auf Erwartungen beruht; ich wiederhole:

Sätze wie „Ich liebe dich, weil du bist, wie du bist, egal, was du für mich tust“ oder „Ich liebe dich, aber ich brauche dich nicht“, kommen als Liebeserklärungen hingegen eher selten zur Anwendung. Auch die meisten Liebeslieder handeln davon, wie sehr die geliebte Person gebraucht wird und wie viel Sonne sie ins Leben bringt. Wollen wir denn nicht alle gebraucht werden und wichtig für jemanden sein?

Polyamorie-Vertreter verzichten auf die Scheinsicherheit des „Vertrauens“. Sie wollen Liebe, Liebe im Übermaß, und sehen sich unbesehen mit einem sehr anspruchsvollen Beziehungsstil konfrontiert. An dieser Herausforderung können sie wachsen.

Sie rebellieren gegen die Einengungen der Monogamie und wollen Freiheit – aber das heißt auch, Freiheit dem Partner zuzugestehen. Sie lehnen Heimlichtuerei ab und wollen die offene Kommunikation – und müssen sich mit ihrer Angst vor Verletzen und Verletztwerden auseinandersetzen. Letztlich kommen sie so zu einem anderen Liebesbegriff, in dem Liebe und Freiheit keine Gegensätze mehr sind; ein Liebesbegriff, der wirklich *dem anderen* das Beste gönnt, was immer es auch sein mag.

Gewisse Voraussetzungen in der Persönlichkeit führen eher auf den Polyamorie-Weg. Es sind meist sehr gefühlvolle Menschen, für die „in Gefühlen fließen" wichtig ist. Liebe und Sex sind sehr wichtig. Die Persönlichkeit ist eher „sexualisiert", d. h. Sexualität ist leicht erregbar und reicht mehr in verschiedene Teilbereiche der Persönlichkeit. Dadurch ist Sexualität nicht so „abgetrennt" wie bei vielen und die Auseinandersetzung mit ihr ist unabdingbarer. Generell ist das Sicherheitsbedürfnis niedriger und die Risikofreude größer als beim Durchschnittsmenschen. Ebenso sind Konformismus und Normorientierung logischerweise eher niedrig – in der Tendenz sind es Individualisten.

Ist also Polyamorie eine Möglichkeit, eifersuchtsfrei zu werden? Ja – mit einer Einschränkung: *Nur* für diejenigen, die sich von diesem Modell angezogen fühlen – und das dürfte nach wie vor nur eine Minderheit sein. Die Mehrzahl geht schon bei der Vorstellung von einverständlichen Mehrfachbeziehungen auf Abwehr – „Also, *das* könnte ich *nicht*", hört man dann, gesprochen mit einem hörbaren Punkt, der besagt, Schluß der Diskussion. Insofern sind Poly-Personen Menschen, die, oft begünstigt durch Umstände oder Persönlichkeitsanlage, neue Wege ausprobieren und sich dabei unter Umständen Ängsten stellen, denen sich die Mehrheit noch nicht zu stellen wagt.

Es gibt keine einfachen Tips, um Eifersucht zu reduzieren. Und wenn, wie oben geschildert, David Buss bemüht ist, die Universalität der Eifersucht in allen Kulturen nachzuweisen, so läßt sich darauf sagen: Es mag sein, daß jede Kultur Eifersucht kennt. Aber nicht jeder Mensch.

Auch wenn den alternativen Bewegungen meist keine Rezepte zu entnehmen sind, was man denn nun mal bei quälender Eifersucht tun soll, so ist es doch sinnvoll, sich klarzumachen, daß „berechtigte“ Eifersucht eben nicht so zwingend ist, wie viele meinen. Eifersucht kann offensichtlich auch anders gesehen werden; ein möglicher „Nebenbuhler“ muß nicht zwingend als Bedrohung gesehen werden. Kann man dahin kommen, auch wenn man zur Zeit noch sehr unter Eifersucht leidet? Und die noch wichtigere Frage: *Möchte* man überhaupt dahin kommen?

Bevor wir zu diesen Fragen kommen, soll in einem kurzen Überblick dargestellt werden, was denn die gängige Ratgeberliteratur für Vorschläge in bezug auf Eifersucht hat.

Teil 4:
Die Ratgeberliteratur bei Eifersucht

Einzelorientierte Empfehlungen: Der Umgang mit der Eifersucht

Gesetzt den Fall, der Einzelne ist von Eifersucht geplagt und er greift nach einem Buch aus der Ratgeberliteratur – was wird er da finden? Die Empfehlungen sind logischerweise rar, wenn Eifersucht als Zeichen von Liebe gedeutet wird; hier wird allenfalls die „pathologische" Eifersucht als Problem gesehen. So zum Beispiel bei dem schon mehrmals zitierten *Wolf Jordan* („Aus Eifersucht kann Liebe werden"), der jedoch betont, die folgenden Empfehlungen seien auch bei „normaler" Eifersucht anwendbar:

- Sich nicht völlig an die Bedürfnisse des Partners anpassen.
- Nicht kontrollieren.
- Den Partner nicht eifersüchtig machen durch oberflächliche Kontakte.
- Nicht den Respekt vor dem Partner verlieren.
- Nicht blind werden für Liebeszeichen vom Partner.
- Eigene Bedürfnisse erkennen und formulieren.

Andere Autoren formulieren ähnliche Gesichtspunkte.

Wenn wir uns die einzelnen Punkte anschauen, so zielen zwei auf größere *Ich-Stärke und Selbstwertgefühl:* Wer sich *„völlig an die Bedürfnisse des Partners" anpaßt,* lebt nicht seine eigenen Bedürfnisse. Unsichere und abhängige Menschen erwarten unbewußt vom Partner, daß dieser das eigene schwache Ich bestätigt. Für diese wichtige Funktion – Bestätigung des eigenen Selbst durch den Partner – opfert man gern die eigenen Bedürfnisse und paßt sich an – *„Ich tue alles für dich, aber bleibe bei mir"*. Solch ein Mensch hat ein geringes Selbstwertgefühl und er wird mit Eifersucht und Panik reagieren, wenn der Partner sich nicht nach den eigenen unbewußten Erwartungen funktionalisieren läßt. Wenn man *eigene Bedürfnisse erkennt und formuliert* – der letzte Punkt der Liste von Jordan – dann könnte ja der Partner böse sein und die dringend benötigte Selbstbestätigung würde wegfallen – und das darf auf keinen Fall passieren. Eigene Bedürfnisse formulieren – und nicht nur Bedürfnisse, sondern auch Meinungen, Sichtweisen – bedeutet, *sich selbst auszudrücken, so wie ich im Moment bin,* es ist ein Akt der Selbstdefinition. Wenn ich dies frei und angstlos tun kann, *egal, was mein Partner darüber denkt,* dann habe ich Ich-Stärke und Selbstwertgefühl – *ich teile mich selbst meinem Partner mit, wie ich mich im Moment fühle und definiere.* Ein solcher Mensch wird weniger zur Eifersucht neigen, weil seine Abhängigkeit vom Partner geringer ist.

Weitere Faktoren der Liste von Jordan *(nicht den Respekt verlieren, nicht blind werden für Liebeszeichen)* zielen auf die *Wahrnehmung des Partners und die Einstellung ihm gegenüber.* Was bedeutet es, wenn ich Achtung und Respekt vor meinem Partner habe? Es bedeutet eine positive Haltung ihm gegenüber und eine positive Bewertung seiner Person. Wenn ich Achtung vor meinem Partner habe, dann sehe ich ihn in seinem individuellen Sosein und eben nicht nur als Erfüller meiner Bedürfnisse und Bestätiger meines Selbst. Dazu gehört auch das *„nicht kontrollieren"*: Es ist schwer vorstellbar, daß man den Partner achtet und gleichzeitig seine Taschen durchwühlt. Diese Achtung oder dieser Respekt, wie Jordan formuliert, ist eine wichtige Voraussetzung jeder tragfähigen Partnerschaft. Damit können wir die Liste von Jordan auf zwei Grundfaktoren reduzieren:

- Selbstwertgefühl
- Achtung vor dem Partner.

Diese beiden Faktoren haben tatsächlich eine Beziehung zur Eifersucht: Je stärker sie ausgeprägt sind, desto geringer die Neigung zur Eifersucht. Wer *Selbstwertgefühl* hat, lebt seine eigene

Wahrheit nach seinem persönlichen Stil; er achtet sich selbst; er kann eigene Bedürfnisse ausdrücken, macht sich aber nicht abhängig davon, ob sie erfüllt werden oder nicht, und er paßt sich nicht automatisch an. Wer *Achtung vor dem Partner* hat, sieht ihn, wie er ist, und achtet seine Entscheidungen und Verhaltensweisen, auch wenn sie den eigenen Bedürfnissen nicht entsprechen. Umgekehrt, wenn die Selbstachtung gering ist, und der Partner vor allem dazu gebraucht wird, die eigenen Bedürfnisse zu erfüllen, dann hält man es nicht aus, wenn der Partner wirklich oder vermeintlich eigene Wege geht, und reagiert mit Eifersucht.

Ein anderer Autor, *Rolf Merkle,* betont in seinem Buch („Eifersucht – Woher sie kommt und wie wir sie überwinden können") das Selbstwertgefühl. Merkle sieht als Ursachen der Eifersucht vor allem Gefühle von Minderwertigkeit und Unterlegenheit. Auffallend ist, daß er die verbreitete Unterscheidung von „normaler" und „pathologischer" Eifersucht nicht mitmacht: „Es gibt keine begründete Eifersucht." (S. 41) Ein Satz, der bei vielen Lesern wohl zunächst Unverständnis hervorruft: Und was ist, wenn mein Partner fremdgeht? „Auch dann macht Sie diese Tatsache nicht rasend oder eifersüchtig. Wie Sie darauf reagieren, hängt davon ab, wie Sie darüber denken, was es für Sie bedeutet, daß Ihr Partner ein Verhältnis hat." (S. 53) Hier wird ein wichtiger Punkt von Merkle angesprochen: Die Unterscheidung von Ereignissen und unseren Reaktionen darauf: „Es sind nicht die Dinge, die uns beunruhigen, sondern unsere Sicht der Dinge." (S. 51) Man kann auf Fremdgehen des Partners so oder so reagieren und man muß nicht eifersüchtig reagieren, wie wir in Teil 3, „Menschen ohne Eifersucht", gesehen haben. Eifersucht wird demnach nicht vom Partner „erzeugt", sondern von einem selbst; *ich* produziere meine Eifersucht: „Seelischer Schmerz ist immer die Folge negativer Gedanken und Einstellungen. Weder die Situation noch der Partner können Ihnen schlechte Gefühle machen. Diese machen Sie sich selbst durch die Art und Weise, wie Sie über die Situation oder das Verhalten Ihres Partners denken." (S. 45)

Wir alle haben die Neigung, äußeren Umständen die Schuld zu geben, wenn etwas im Leben nicht so läuft, wie wir es gerne hätten. Die Sichtweise, wie sie Merkle vertritt, schiebt dem einen Riegel vor: „Worum es mir also geht, ist, daß Sie die Verantwortung für Ihr Denken, Fühlen und Handeln übernehmen. Das bedeutet zuallererst, daß Sie aufhören, Ihrem Partner die Schuld für Ihre Eifersucht zu geben." (S. 48) – „Diese Sichtweise unserer Gefühle hat einen riesigen Vorteil: Sie fühlen sich nicht mehr als Opfer anderer Menschen oder der Umstände."

Konsequenterweise vertritt Merkle ein Modell von Partnerschaft, welches auf Individualität und Freiheit gegründet ist: „Ihr Partner hat das Recht, zu tun, was er möchte, auch wenn es Ihnen nicht gefällt. Das klingt brutal und herzlos, aber es ist so. Umgekehrt haben auch Sie die Freiheit, zu tun und lassen, was Sie möchten." (S. 52)

In diesem Satz liegt Sprengstoff und ich möchte den Leser bitten, sich in einer stillen Minute zu fragen: Hat mein Partner *das Recht, zu tun, was er möchte;* kann ich ihm dieses Recht zugestehen? Und kann ich auch mir in meiner Partnerschaft das Recht zugestehen, zu tun und zu lassen, was *ich* möchte?

Vielleicht haben Sie Schwierigkeiten mit dieser Vorstellung – *was, tun was man möchte, das geht doch nicht, wo kämen wir da hin …* – ja, wo kämen wir hin? Und wo bleibt die Liebe, wenn jeder tut, was er möchte? Wie definiert Merkle Liebe? Folgendermaßen: „Liebe ist im Grund genommen nichts anderes als dem anderen das zu geben, was dieser möchte." (S. 39)

Also, mein Partner kann tun und lassen, was er möchte, und ich soll ihm auch noch dazu verhelfen!? – Ja – wenn ich ihn liebe – und wenn es meine Selbstachtung zuläßt.

Wir werden auf diese grundsätzlichen Fragen im letzten Teil des Buches noch eingehen. Zunächst einmal, wie sieht Merkle die Möglichkeiten, Eifersucht zu überwinden? „Sie können Ihr eifersüchtiges Verhalten aufgeben, wenn

- Sie für Ihre Eifersucht die Verantwortung übernehmen,
- und lernen, sich selber anzunehmen und zu mögen." (S. 44)

Er beschreibt im folgenden fünf negative Einstellungen, die eifersuchtsfördernd und von daher zu verändern sind: Ohne meinen Partner kann ich nicht leben – Ohne meinen Partner bin ich nichts – Ich brauche die Anerkennung meines Partners – Du machst mich lächerlich – Er gehört nur mir. Das Verändern dieser negativen Einstellungen soll täglich in der Vorstellung geübt werden. Er beschreibt weiterhin „wirksame Strategien zum Aufbau eines positiven Selbstwertgefühls" und geht dann auf ungünstige Einstellungen in bezug auf Partnerschaft ein. In einem abschließenden Kapitel faßt er die wichtigsten Schritte zur Überwindung der Eifersucht zusammen:

- Verantwortung übernehmen – „Ich mache mich eifersüchtig"
- Ihr Partner führt vermutlich nichts im Schilde
- Stimmen Ihre eifersüchtigen Gedanken mit den Tatsachen überein?
- Situationen vorstellen, die Eifersucht auslösen, und sich dann korrigieren
- Keine negativen Vorstellungen
- Dem Partner Eifersucht nicht zeigen und keine Szene machen
- Dem Partner Freiheit lassen
- Nicht alles persönlich nehmen, wenn sich Partner mit anderen unterhält
- Partner vertrauen
- Partner nicht verhören
- Arbeiten Sie an Ihrer Selbstachtung
- Verurteilen Sie sich nicht für Ihre Fehler und Schwächen
- Bedenken Sie, daß Ihr Partner Sie nur so lange liebt, wie Sie seine Bedürfnisse befriedigen. Je mehr Sie versuchen, ihn einzuengen und ihm Vorwürfe machen, umso weniger wird er Sie lieben. Was haben Sie bisher getan, um mehr die Bedürfnisse Ihres Partners zu befriedigen?
- Gehen Sie eigene Wege.

Merkle bringt in seinen Empfehlungen Punkte, die so oder so ähnlich auch anderswo zu finden sind. Die Empfehlungen sind sehr auf den Einzelnen bezogen, sie fordern zur kritischen Überprüfung der eigenen Glaubenssätze auf, wie dies für die kognitive Therapie, die Merkle vertritt, typisch ist; sie zielen auf die Entwicklung der eigenen Person und des eigenen Selbstwertgefühls. Abweichend von Autoren wie Jellouschek und Jordan mit ihrer positiven Sichtweise der Eifersucht betont er *Selbstverantwortung* – nicht der Partner ist „schuld" an meiner Eifersucht, sondern ich. Ebenfalls abweichend betont er *Freiheit* in der Beziehung für sich und den Partner – in dieser Hinsicht hat sein Ansatz Ähnlichkeit mit der hier vertretenen Sichtweise.

Medikamente gegen Eifersucht?

Bas Kast stellt in seinem Buch „Die Liebe und wie sich Leidenschaft erklärt" die Frage, ob Eifersucht nicht durch einen niedrigen Serotonin-Spiegel im Gehirn erklärt werden könnte. Er zitiert den Fallbericht einer jungen Frau, die zwei Jahre nach einem Gehirninfarkt eine rasende Eifersucht entwickelte. Diese Eifersucht habe sich sehr rasch zurückgebildet nach einer medikamentösen Behandlung mit Paroxetin, einer Substanz, die die Wiederaufnahme von Serotonin blockiert und so für einen höheren Serotoninspiegel sorgt. So habe es sich auch in Untersuchungen gezeigt: „Die Serotoninkonzentration der Eifersüchtigen befand sich im Keller, ähnlich wie es bei Verliebten und Zwangspatienten der Fall ist." (S. 98) Kast diskutiert weitere Ähnlichkeiten zwischen Verliebten, Zwangspatienten und Eifersüchtigen, da diese drei Gruppen alle einen niedrigen Serotoninspiegel aufwiesen. Da liegt es offensichtlich nahe, den Serotoninspiegel künstlich anzuheben – etwa durch eine entsprechende Pharmakotherapie. Die wissenschaftliche Hintergrundliteratur kann dem Buch von Bas Kast entnommen werden.

Medikamente stellen sicher für manche eine Hilfe dar – und manchmal scheint es, für zu viele. Denn Medikamente machen abhängig. Wer ein Medikament braucht, traut seinem Körper nicht zu, die entsprechend notwendige biochemische Veränderung selbst zu produzieren – es muß etwas künstlich von außen zugeführt werden; darin besteht die Abhängigkeit. Ganz abgesehen von den immer vorhandenen „Nebenwirkungen“ – bei Paroxetin zum Beispiel möglicherweise Bewegungsstörungen und Impotenz, Übelkeit, Schläfrigkeit, Schwitzen, Kopfschmerzen usw. Wer ein psychisches Mißbefinden medikamentös behandelt, wird nicht stärker, sondern macht seine Stimmung abhängig von einer von außen zugeführten Substanz. Wer es dagegen schafft, psychisches Mißbefinden mit der eigenen geistigen und seelischen Kraft zu überwinden, hat sehr viel mehr gewonnen als eine Stimmungsverbesserung – er hat an Kompetenzen, an Fähigkeiten, an Selbstbewußtsein gewonnen.

Tiefenpsychologische Ansätze

Kennzeichnend für tiefenpsychologische Ansätze ist die Beschäftigung mit dem *Sinn* eines Symptoms. Ein Symptom wie z. B. Eifersucht tritt nach dieser Sichtweise nicht zufällig auf, sondern bezeichnet eine *verständliche Reaktion* auf eine schwierige Situation. Von daher geht es in tiefenpsychologischen Ansätzen oft darum, diesen Sinn zu erkennen und bewußt zu machen. Im Idealfall tritt dadurch schon eine Heilung oder Besserung ein. Wir treffen diese Haltung beispielsweise bei Baumgart:

Mir erscheint es besser, allerdings unter Beibehaltung einer möglichst eingehenden Realitätsprüfung, nicht nach der Normalität der Eifersucht zu fragen, sondern nach ihrem ***Sinn,*** *und zwar unter zwei Aspekten: dem inner- oder intrapsychischen und dem beziehungsorientierten oder innerpsychischen. Also einerseits: Was bedeutet die Eifersucht für den Eifersüchtigen selbst? Und andererseits: Welche Auswirkungen hat sie auf Ehe, Familie, den Rivalen und die Umgebung? (S. 57)*

Es muß dann nicht der Klient oder gar „die Eifersucht" nach Art „des Blinddarms" behandelt werden, sondern seine Störung wird als Ausdruck der Störung einer Beziehung gesehen … Verständlich, d. h. „normal" in einem Beziehungskontext wird dann ***jede*** *mögliche Reaktion. Die Berechtigtheit spielt dabei keine sehr große Rolle … (S. 58)*

In tiefenpsychologisch orientierter Literatur zur Eifersucht finden sich wenig allgemeine Ratschläge. Da jeder Mensch verschieden ist, wird die Lösung individuell erarbeitet und zwar innerhalb einer biographischen, lebensgeschichtlich orientierten Sichtweise: Was ist im Leben schiefgegangen und wie können diese lebensgeschichtlichen Ereignisse bewußt gemacht werden. Im Wiedererleben, Bewußtwerden und Neuentscheiden wird erreicht, daß die beeinträchtigenden Muster im günstigen Fall aufgelöst werden. Stets wird hinter übermäßiger Eifersucht ein Mangelzustand an emotionaler Zuwendung in der Kindheit gesehen; etwa in der Geschwisterrivalität, in der sich ein Kind gegenüber einem Geschwister benachteiligt fühlt, oder in der sogenannten ödipalen Konstellation, in der das Kind sich in den gegengeschlechtlichen Elternteil „verliebt", z. B. der kleine Junge in die Mutter, und dann natürlich auf den Vater eifersüchtig ist. Näheres zu dieser Sichtweise kann bei Jordan (1996/2000) und vor allem bei Baumgart (1985/2006) nachgelesen werden. Typisch für diese Art Literatur ist immer, daß die *Erklärung* zum Beispiel der Eifersucht einen viel größeren Raum einnimmt als die *Lösung* – bis zur direkten Weigerung, überhaupt eine Lösung zu bieten, wie z. B. Baumgart:

Ich möchte jedenfalls mit allem Nachdruck feststellen, daß ich in diesem Kapitel keinesfalls eine Gebrauchsanweisung für den Umgang mit Eifersucht geben will. Die könnte man zwar aus den Ergebnissen der Katamnesen ausfiltern, aber ich würde das erstens für unredlich und zweitens für ganz unwirksam halten. Bezeichnend ist gerade die Vielfalt der Lösungen, nicht die paar Prinzipien, die sich – das allerdings doch – aus der Gesamtheit der Fälle ablesen lassen … ***Ich kann und will nicht zeigen, wie es gehen muß oder gehen sollte, sondern nur, wie es gegangen ist.*** *" (Baumgart 2006, S. 294)*

Das ist deutlich – und unterscheidet sich von dem Ansatz, den wir hier wählen. Jedoch die Interessen sind unterschiedlich und viele Menschen sind mehr an der Frage interessiert, wie ein bestimmtes Problem entstanden ist, als daran, wie es sich lösen läßt.

Beziehungsorientierte Empfehlungen: Der Umgang mit dem Seitensprung

Ratschläge, die sich weniger auf den einzelnen als auf das Paar beziehen, finden sich vor allem in der Literatur über den Seitensprung, also bei „begründeter" Eifersucht. Stets zielen diese Empfehlungen darauf, die Beziehung des Paares zu verbessern und das Vertrauen wiederherzustellen. Grundbedingung ist bei dieser Art Literatur immer, daß eine eventuell bestehende Affäre beendet wird und der „betrogene" Teil die Gewißheit bekommt (genannt „Vertrauen"), daß „derlei" nicht wieder vorkommt.

Ein Beispiel ist das lesenswerte Buch von *Hans Jellouschek* „Warum hast du mir das angetan"; im Untertitel erscheint dann „Untreue als Chance". In diesen beiden Titeln ist schon der Tenor von Jellouschek bezeichnet: Das „Böse" des Seitensprungs, der zu einer tiefen Verletzung beim treuen Partner führt, welches aber dennoch irgendwie, wenn es „richtig" bewältigt wird, zu einer vertieften Beziehung des Paares führen kann. Jellouschek schildert zahlreiche Beispiele, bei denen er die Paarbeziehung aufgrund ihrer biographischen Entwicklung analysiert und die Lösungsmöglichkeiten skizziert. Alternativen Lösungen wie „freier Liebe" steht er skeptisch gegenüber. Über seine positive Bewertung der Eifersucht haben wir schon gesprochen.

Ein weiteres Beispiel besteht in der Online-Therapie von *Ragnar Beer* (www.theratalk.de). Beer hat eine umfangreiche Befragung unter Paaren über Untreue und Gefühle bei Untreue durchgeführt. Unter der obigen Internetadresse bietet er eine Online-Therapie an. Die Therapie besteht nach Beer aus vier Phasen:

- Wege aufzeigen, wie die Partner mit den überwältigenden negativen Emotionen umgehen können, ohne daß die Beziehung noch stärker leidet;
- Herausfinden, welche Faktoren zu dem Seitensprung geführt haben;
- jetzt sollen die Partner planen, was sich ändern müßte, so daß Vertrauen wieder wachsen kann und ein weiterer Seitensprung unwahrscheinlich wird;
- Änderungsphase – „Das Paar muß schlicht lernen, wieder vernünftig und mehr miteinander zu reden" – über Wünsche, Ängste und über Sex. Denn wenn sich hier nichts tut, sieht's düster aus.

Besonders auf Sex legt Beer Wert: „Wir können anhand der Studie ganz klar sagen: Etwa vier von fünf Befragten haben sich für den Seitensprung entschieden, weil sie in ihrer Partnerschaft sexuell unzufrieden sind." Psychologe Ragnar Beer kann da nur raten: „Talk about Sex" – und immer wieder mal was Neues probieren. Beer: „Dann hat eine Beziehung echte Chancen zu überleben." Wie oben schon dargelegt, hält auch Beer die Eifersucht für normal und, falls nicht pathologisch, für berechtigt.

Ein drittes Beispiel ist das ebenfalls schon zitierte Buch von *Maureen Luyens und Alfons Vansteenwegen:* „Trotz aller Liebe. Wie überstehen wir den Seitensprung." Die Autoren, miteinander verheiratet und im Klappentext als „international bekannte Paar- und Sexualtherapeuten" vorgestellt, bringen eine sehr ausführliche, in sieben Phasen unterteilte Analyse des Fremdgehens. Die sieben Phasen lauten:

Eine Beziehung mit der dritten Person entsteht – Vermutungen und Verleugnen – Aufdecken, emotionale Ausbrüche und unüberlegte Reaktionen – Entscheidungen fällen – In der Sackgasse – Die Affäre endet – Die Verarbeitung.

Auch sie bewegen sich im Rahmen des traditionellen Partnerschaftsmodells (welches für viele Menschen das einzig denkbare ist) und halten wie schon dargestellt Eifersucht für positiv. Eingestreut in ihr Buch sind immer wieder „Diskussionen" der Autoren miteinander, die dann mit ihren Vornamen Fons und Maureen bezeichnet werden. Wir geben im folgenden eine dieser Diskussionen in gekürzter Form wieder, da in ihr sehr deutlich die Grenzen des traditionellen Partnerschaftsmodells aufscheinen:

Diskussion: Kann man dem anderen je wieder vertrauen?

Fons: *Eine Frage, die immer wieder auftaucht: „Kann ich meinem Partner je wieder vertrauen wie zuvor?" Das Vertrauen ist beschädigt.*

Maureen: *Nicht nur das Vertrauen dem anderen gegenüber ist beeinträchtigt. Auch das Selbstvertrauen ist beschädigt. „Ich bin nichts mehr wert." Das spielt vor allem bei vielen Frauen eine Rolle. Männer reagieren eher aggressiv. Frauen begehen im Extremfall eher Selbstmord. Männer würden dagegen als Reaktion schneller einen Mord am Partner begehen.*

Fons: *Das ist ein anderer Aspekt als das Vertrauen zueinander. Die Heimlichtuerei und Lügerei sind vorbei. Aber kann man dem anderen wieder so vertrauen wie zuvor? Kann man davon ausgehen, daß es nicht wieder geschieht?*

Maureen: *Wahrscheinlich nicht. Das ursprüngliche Vertrauen ist für immer dahin. Aber ist das so schlimm? Vielleicht war das Vertrauen auch etwas naiv, blind und unrealistisch? Etwas mehr Wachsamkeit gegenüber dem Partner kann vielleicht gar nicht schaden.*

Fons: *Man erfährt zum ersten Mal und unwiderruflich, daß der andere einen belügen kann. Und es kann eben passieren, daß der andere fremdgeht*

Maureen: *Es wird nicht immer gelogen. Einige Paare besprechen alles von Anfang an mit dem Partner. Sie durchlaufen zu zweit die ganze Affäre mit der dritten Person.*

Fons: *Man erfährt, daß man nicht mehr die einzige, die wichtigste Person für den anderen ist. Das ist eine gefühlsmäßige Verletzung.*

Maureen: *Für viele Partner ist der Umschwung von einer „ausschließlichen" Beziehung zu einer „wichtigen" nicht akzeptabel. Man war der Einzige und ist plötzlich nur noch der Wichtigste.*

Fons: *Es ist unglaublich, daß wir alle diesen Wunsch haben, für eine Person der Wichtigste oder Einzige zu sein! Warum ist es für unser Gefühl, geliebt zu werden, so wichtig, wie der andere uns sieht? Warum ist die Meinung des Partners für uns so entscheidend?*

Maureen: *Ich bin davon überzeugt, daß man erneut das Vertrauen aufbauen kann, auch wenn man etwas vorsichtiger geworden ist. Vertrauen muß wachsen.*

Fons: *Nicht nur die Worte des Partners haben einen Einfluß, sondern auch sein Verhalten. Wenn man weiterhin Kontakt hält mit dem festen Partner, zum Beispiel bei ihm wohnen bleibt, bei Festtagen die Familie besucht, statt in den dritten Partner zu investieren, zeigt man ihm, daß der feste Partner einem wichtig ist. Das Vertrauen wächst, wenn sich beide Partner an das halten, was sie sich gegenseitig versprechen: tun, was man sagt, und sagen, was man tut.*

(Luyens/Vansteenwegen 2006, S. 138 f.)

Dieses Gespräch gibt in sehr typischer Art und Weise das traditionelle Verständnis von Partnerschaft wider:

- „Vertrauen" ist negativ definiert als Vertrauen darauf, daß etwas Befürchtetes – der Seitensprung – nicht passiert.
- Wenn im traditionellen Partnerschaftsverständnis das Befürchtete trotz Vertrauen dennoch passiert, dann hat das schlimme Folgen, die vom verminderten Selbstwertgefühl bis zu Suizid und Mord gehen.

- Um diese schlimmen Folgen abzuwehren muß – im Falle eines Falles – gelogen werden. Maureen erwähnt die Möglichkeit, daß darüber offen gesprochen wird, aber Fons geht darauf nicht ein.
- Angesichts der Tatsache, daß das Befürchtete in vielen Ehen doch immer wieder vorkommt, sollte das Vertrauen reduziert bzw. mit Wachsamkeit gepaart werden.
- Es ist eine gefühlsmäßige Verletzung, wenn man nicht mehr der „Wichtigste" und der „Einzige" ist. Fons stellt die berechtigte Frage, warum das so ist, aber Maureen biegt ab und der Dialog endet mit einer Beschwörung, was sein sollte.

Es ist frappierend zu sehen, wie die Autoren – international bekannte Paar- und Sexualtherapeuten – immer wieder an wichtige Punkte kommen, an denen tiefere Erkenntnisse möglich wären – aber die Befangenheit im traditionellen Partnerschaftsmodell verhindert dies, so daß am Ende ratlose Fragen oder Beschwörungen übrigbleiben.

Das heißt nicht, daß die Analysen und Empfehlungen der drei genannten Ansätze – und weiterer ungenannter – wertlos wären. Wer im traditionellen Partnerschaftsmodell lebt und dieses nicht überschreiten möchte, wird darin viele kluge Überlegungen und hilfreiche Hinweise finden. Doch dieses Modell ist begrenzt. Der Liebesbegriff dieses Modells ist allzusehr an Abhängigkeit und Bedürftigkeit gekettet, so daß man über bestimmte Grenzen nicht hinauskommt.

Eine abweichende Haltung in bezug auf Seitensprung nimmt der Paarberater und Autor *Michael Mary* ein. Sein Ausgangspunkt ist die Diskrepanz zwischen partnerschaftlicher Harmonie und erotischer Leidenschaft. Anstatt wie die meisten Experten zu versuchen, dies alles unter ein Dach, nämlich der „festen" Beziehung im traditionellen Partnerschaftsmodell zu bringen, plädiert er dafür, mehrere Wege, „die Liebe zu leben" zuzulassen, wozu auch einverständliche Nebenbeziehungen gehören können:

Kann man sich beispielsweise eine Paartherapie vorstellen, die den Seitensprung oder die Nebenbeziehung fördert und Hilfe bei der

Bewältigung dabei entstehender Unsicherheiten und Ängste anbietet? Wohl nur in Ausnahmefällen. Was wird zum Beispiel ein Paar erleben, das mit der Vorstellung zum Therapeuten kommt: „Wir möchten lernen fremdzugehen, ohne unsere Beziehung zu gefährden?", oder: „Wir wollen Nebenbeziehungen integrieren und brauchen Ihre Hilfe." Das würde nicht zum propagierten Konzept der personalen Ganzliebe passen und ist in den Ausbildungsplänen der entsprechenden therapeutischen Institute nicht enthalten, weil es der staatlich und fachlich anerkannten Therapie, der vergesellschafteten Therapie also, zuwiderläuft. (Mary 2004, S. 27)

Mit diesen Gedanken verläßt Mary das traditionelle Partnerschaftsmodell – ein idealistisches Modell, welches für manche paßt, für viele aber schwer zu verwirklichen ist – zugunsten einer Vielzahl von Beziehungsstilen, zu denen auch eine sexuelle Nebenbeziehung im Sinne von Polyamorie gehören kann:

Ich würde sagen, daß viele Partner das bereits begriffen haben, die meisten Therapeuten jedoch noch nicht. Die Betonung liegt allerdings darauf, daß eine Nebenbeziehung ein Ausweg sein kann, denn diese Beziehungsform ist aufgrund der spezifischen Probleme, die mit ihr verbunden sind, nicht für jeden geeignet. Sie kommt grundsätzlich für Paare in Betracht, die eine gute Lebenspartnerschaft aufgebaut haben und diese nicht deshalb aufgeben wollen, weil sie die romantische, leidenschaftliche Liebe darin vermissen. (Vortrag Mary 2006)

Und was ist mit der Eifersucht? Mary weiß natürlich um das Problem Eifersucht, erklärt es aber für überwindbar:

Um Eifersucht wird viel Gehabe und Geheimnis gemacht, sie wird für unausrottbar erklärt, den Genen zugerechnet und anderes mehr. Dabei ist es eine psychologische Binsenweisheit, daß Eifersucht ihre Bedeutung in frühkindlichen familiären Zusammenhängen erhält, wo der Verlust der wesentlichsten Bezugsperson, der Mutter, lebensbedrohlich erscheinen muß. Eifersucht ist daher weder ein Geheimnis noch gehört sie zur Natur des Menschen, sie ergibt sich vielmehr aus Beziehungsstrukturen … (ebenda)

Damit vertritt Mary eine Sichtweise der Eifersucht, wie sie vor allem früher und in tiefenpsychologischen Kreisen populär war (zum Beispiel Baumgart 2006). Inwieweit das stimmt oder nicht, können wir offenlassen, aber wie gehen dann Partner mit Nebenbeziehungen mit der Eifersucht um?

Sie können die Eifersucht eingrenzen. Gern wird angeführt, daß ein Kampf gegen die Eifersucht vergebens sei und kein Mensch unseres Kulturkreises sie je hinter sich lassen könne. Das mag ja überwiegend stimmen, ist aber gar nicht nötig. Wichtiger, als die Eifersucht loszuwerden, ist es, mit ihr umzugehen. Menschen, die Nebenbeziehungen leben, brauchen daher eine größere Bereitschaft, sich mit den Zusammenhängen ihrer Eifersucht auseinanderzusetzen, sie auszuhalten oder gegebenenfalls zu mildern. Dazu gehören vor allem klare Regeln, also partnerschaftliche Verläßlichkeit. (ebenda)

Das ist sicher richtig, aber ob das reicht? Nach Mary ja:

In meiner Beratung tauchen öfter Paare auf, die Hilfe beim Umgang mit Nebenbeziehungen suchen. Dabei geht es vor allem um das partnerschaftliche Aushandeln von Regeln, also um die Frage, unter welchen konkreten Bedingungen die Partner Erfahrungen mit Nebenbeziehungen zulassen, ohne die Hauptbeziehung dadurch zu kündigen. Fragen wie die folgenden werden dabei aufgeworfen:

- *Worauf müssen wir uns verlassen können?*
- *Was sollte oder darf nicht passieren?*
- *Was, wenn einer es nicht mehr aushält?*
- *Worüber sprechen wir, worüber nicht?*

Vertrauen und Treue sind in jedem Fall nötig. Aber es muß klar sein, ***worauf man vertrauen*** *kann und* ***worin die Treue*** *bestehen soll. Du kannst dich darauf verlassen …, daß ich immer wieder zurückkomme …, daß ich dir nichts erzähle … Ein Mann bot seiner wesentlich älteren Frau das Versprechen an, sie zu pflegen,* *darauf könne sie sich verlassen, aber ohne Sexualität wolle er nicht leben, und daher brauche er eine Nebenbeziehung.*

Die Arrangements, die Partner treffen, sind vielfältiger Natur. Und natürlich gibt es in keinem Fall für das Funktionieren von Nebenbeziehungen eine Garantie, wie es auch für das Funktionieren von ausschließlichen Beziehungen keine Garantie gibt. (ebenda)

Vertrauen und Treue, Regeln und Verläßlichkeit – die Begriffe, die Mary verwendet, klingen vertraut – sie sind genauso im traditionellen Partnerschaftsmodell zu finden. Wo ist also der Unterschied? Der Unterschied besteht darin, daß im traditionellen Partnerschaftsmodell die Regeln, deren Befolgung zu Vertrauen und Treue führen soll, von der Gesellschaft vorgegeben sind, während sie hier individuell vereinbart werden. Es findet also eine Individualisierung statt nach dem Motto, wir lassen uns nicht vorschreiben, nach welchen Regeln wir unsere Beziehung führen, sondern wir bestimmen die Regeln selber. „Freie" Sexualität wurde schon immer von ängstlichen Menschen und der Gesellschaft als Ganzes als gefährlich empfunden. Also müssen Regeln her, die die Sexualität eingrenzen und strukturieren – entweder als „Moral" von der Gesellschaft oder doch zumindest als verbindliche individuelle Vereinbarung mit Verpflichtungswirkung.

Was im Vortrag von Mary nicht thematisiert ist, das sind die Gefühle und die innere Haltung zum Partner bei Menschen mit Nebenbeziehungen. Die ältere Frau, die keinen Sex mehr will und ihrem Partner die Nebenbeziehung „erlaubt", damit er sie später mal pflegt – liebt sie ihren Partner von Herzen und wünscht ihm alles Gute, oder ist das Ganze ein Kuhhandel, geschlossen aus Angst vor dem Verlassenwerden? Und liebt er sie? Genau dieselbe Frage bei einer Frau, die ihrem Mann Nebenbeziehungen „erlaubt", mit der Voraussetzung, daß er nichts davon erzählt – was für eine Haltung hat sie gegenüber ihrem Partner? Und *wohin* will sie lieber nicht so genau hinschauen, was für Ängste stecken dahinter? Wie bei Luyens/Vansteenwegen wird Vertrauen hier als Befolgung von Regeln definiert – der Unterschied besteht nur darin, daß es individuell ausgehandelte Regeln sind. Aber wie beim traditionellen Partnerschaftsmodell müssen Regeln beachtet werden. Gewiß gehören Vereinbarungen und damit einhergehend eine gewisse Verläßlichkeit zu jeder Partnerschaft dazu. Aber wie man beim Eingehen von Nebenbeziehungen mit den damit verbundenen Irritationen umgeht und wie man von da ausgehend Liebe begreift, ist damit noch nicht geklärt.

Konfrontation

Wenn wir Angst haben oder etwas befürchten, dann versuchen wir, die angstauslösende Situation zu vermeiden. Wenn uns das gelingt, dann haben wir zwar keine Angst – aber wir zahlen einen Preis dafür – den Preis, daß die Angst im Untergrund, als ständige Möglichkeit, bestehen bleibt. Wir sagen uns, gut, ich habe jetzt keine Angst, aber falls die bedrohliche Situation doch einmal käme, dann käme auch die Angst wieder. Also müssen wir ständig vermeiden; das Vermeiden wird so verstärkt; und es besteht die Gefahr, daß das Vermeiden sich ausbreitet, daß immer mehr vermieden werden muß, um einigermaßen angstfrei zu bleiben. Um die Angst wirklich und grundlegend zu beheben, ist Vermeiden also eine schlechte Strategie. Sehr viel wirksamer ist hingegen ein Vorgehen, welches nicht die Angst bekämpft, sondern das Vermeiden: Anstatt zu vermeiden, stellen wir uns der Angst und gehen in die angstauslösende Situation hinein. Dies erfordert viel Mut, aber wir können dabei die Erfahrung machen, daß wir der Situation gewachsen sind, und die Angst wird zurückgehen oder ganz verschwinden, und das dauerhaft.

Ein solches Vorgehen, Konfrontation oder Exposition genannt, hat sich bei irrationalen Ängsten sehr bewährt und ist eines der Standardverfahren der Verhaltenstherapie geworden.

Ist dieses Verfahren nicht auch bei Eifersucht möglich? Ängste vor Verlassenwerden, Liebesentzug, Verglichenwerden mit anderen, die angeblich überlegen sind, gehören immerhin zum Grundrepertoire der Eifersucht. Zwar ist nicht zu zweifeln, daß Eifersucht ein komplexeres Phänomen darstellt als einfache Ängste vor Plätzen, Brücken oder großen Höhen. Aber denkbar wäre es immerhin, daß unsere Angst vor Fremdgehen des Partners und Verlassenwerden geringer würde, wenn wir diese Möglichkeit nicht vermeiden, sondern uns damit konfrontieren würden, ob in Wirklichkeit oder in der Vorstellung.

Wir greifen hier noch einmal auf den Bericht über Sandstone zurück. Wie gesagt glaubte Williamson, daß über ein Konfrontationsverfahren die Eifersucht reduziert werden könne. Ich wiederhole die entsprechende Passage:

Williamson meinte, er und seine Gruppe würden ihr gerne dabei helfen. Er schlug ihr vor, sie solle ruhig einmal miterleben, wie ihr Mann zu Hause mit einer anderen Frau im Schlafzimmer verschwindet, um mit ihr zu bumsen. So würde sie am ehesten die Erfahrung machen, daß der sichtbare Akt körperlicher Untreue weniger bedrohlich sei als einer, den sie sich einbilde und mit Emotionen verbräme.

Das wäre sicher für jeden Eifersüchtigen das größte vorstellbare Horrorszenario! Und ob er damit fertig würde, hinge sehr von seiner inneren Verarbeitung dieser Szene ab. Nicht ohne Grund taucht dieser Lösungsvorschlag für Eifersüchtige im alternativen Bereich auf; kein Autor im seriösen Bereich würde einen solchen Vorschlag machen. Vieles deutet darauf hin, daß Williamson der in den siebziger Jahren verbreiteten Überzeugung anhing, das ganze menschliche Verhalten sei durch Erziehung und Gesellschaft bedingt und könne von daher auch verändert werden. Wir sind heute da etwas vorsichtiger geworden und der aktuelle Trend teilt Anlagefaktoren ein größeres Gewicht zu als in der Aufbruchstimmung der siebziger Jahre. Für Bullaro war wie dargestellt die Herausforderung offensichtlich zu radikal und er sah sich nicht imstande, einen so radikalen Schwenk seiner Grundüberzeugungen mitzumachen.

Aber bleiben wir beim Thema Bewältigung der Eifersucht durch Konfrontation. Nehmen wir an, eine Frau ist eifersüchtig, weil sie sich nicht genug geliebt fühlt und Angst hat, verlassen zu werden. Sie entdeckt jetzt, daß ihr Mann tatsächlich eine Nebenbeziehung hat und Schmerz, Angst und Eifersucht erreichen einen Höhepunkt. Wenn jetzt beide zu einem (seriösen) Paartherapeuten gehen, so ist das weitere Vorgehen vorgezeichnet: Bei allem Verständnis für den Mann wird er irgendwann einmal vor die Entscheidung gestellt, wenn er seine Ehe aufrechterhalten will. Er verzichtet also auf seine Geliebte, wenn auch mit Schmerzen, und muß jetzt unter therapeutischer Begleitung das bekannte „Vertrauen" wiederaufbauen.

Betont diese übliche Vorgehensweise die Vermeidung oder die Konfrontation? Natürlich die Vermeidung: Es ist nach der üblichen Sichtweise der Frau *nicht zuzumuten,* eine Nebenbeziehung ihres Mannes zu tolerieren, wie zum Beispiel Jordan schreibt:

Bin ich wirklich so wenig wert, daß ich eine Dreiecksbeziehung hinnehmen muß, in der ich als „Nebenfrau" oder „Nebenmann" nur einen Teil meiner Wünsche und Bedürfnisse realisieren kann? (Jordan 2005, S. 108)

Bei Vermeidung aber, haben wir gelernt, bleibt die Angst bestehen, wie man auch im Dialog von Maureen und Fons sehen konnte. Es ist schon interessant, daß das offizielle Vorgehen bei *einfachen Ängsten* die *Konfrontation* betont, während bei *Beziehungsängsten* die *Vermeidung* über Wiederaufbau von „Vertrauen" betont wird.

Kehren wir wieder zum Beispiel der eifersüchtigen Frau zurück, deren Mann tatsächlich eine Affäre hat, und nehmen wir an, ihr Paarberater würde abweichend vom seriösen Vorgehen als Methode *Konfrontation* wählen. Wie sähe das aus?

Zunächst wäre der Ansatzpunkt seines Vorgehens nicht die Untreue des Mannes, sondern die Ängste der Frau. Die beiden Faktoren würde der Berater nicht miteinander verknüpfen, sondern getrennt behandeln, so sehr sie auch im Erleben der Frau verknüpft sein mögen. Wenn die Frau sich nicht genug geliebt fühlt von ihrem Mann, so wäre das Augenmerk darauf zu richten, wie der Mann seiner Frau seine Liebe (falls vorhanden) öfters oder intensiver zeigen kann. Falls dies gelingt, so würde die Eifersucht verschwinden, *auch wenn der Mann die Nebenbeziehung weiterführt.*

Eine tiefergehende Beratung würde darauf zielen, daß die Frau unabhängiger wird von Liebesbeweisen. Der Berater würde darauf achten, ob „Liebe" bei der Frau aus einem Defizitgefühl oder aus innerer Stärke und Liebesfähigkeit erwächst. Dies ist ein langer Weg, der schlußendlich aus der Eifersucht herausführt und zu einem neuen Liebesbegriff führt. Mit der Frage, ob der Partner eine Affäre hat, hat das nichts mehr zu tun.

Im alternativen Lager hat Labriola ein solches Vorgehen empfohlen; wir sind ihr schon im Kapitel über Polyamorie begegnet. Labriola überträgt das verhaltenstherapeutische Modell der graduierten Konfrontation (auch systematische Desensibilisierung genannt) auf Eifersucht:

Learn to accept jealousy as a normal but exaggerated response to a stressful, emotionally charged change in your life. I often use the phobia model to help clients manage jealousy feelings. For instance, if someone is afraid of heights, a therapist would pinpoint exactly what situations frighten that person, and then gradually try to make those situations safe enough to tolerate. By exposing someone with a fear of heights first to a few steps and then to a ladder, and then going up an escalator, and eventually even going to the top of a hill or mountain. By gradually experiencing the situation that triggers the phobia, and by incrementally escalating that exposure, a person can slowly overcome their fears.[8]

Und Labriola fährt fort:

To treat jealousy, I ask clients to pinpoint as specifically as possible exactly what is triggering jealousy for them. For instance, Susan identified that what upset her most about her husband Bill's affair was that he spent the night with Rachel, and Susan felt lonely sleeping alone. Bill agreed

8 Übersetzung im Anhang.

to come home every night, als long as he could spent a few evenings with Rachel. After a month, Susan realized that she was no longer jealous, and she agreed to let him spent one night a week with Rachel, with the caveat that if she got really jealous she could call and ask him to come home. After a few more months she decided that it was okay for Bill to spent two or three nights a week with Rachel, and she only got jealous when Bill forgot her birthday and made a date with Rachel for that night. Throughout this process, Rachel was willing to be very flexible to accommodate Susan's demands, as she understood that securing Susan's cooperation was essential to making this relationship work for everyone. And for Susan, what worked was an incremental approach of exposing herself to exactly the situations she feared most, and gradually learning to tolerate and even embrace this new situation.[9]

Man sieht, nicht nur Vermeidung mit Vertrauensaufbau, sondern auch konfrontative Verfahren können nützlich sein, um Eifersucht zu beheben. Freilich wird hier vorausgesetzt, daß Susan überhaupt bereit ist, den Versuch zu machen, sich an eine Nebenfrau ihres Mannes Bill zu gewöhnen. Und es scheint geklappt zu haben. Es wird in dem Beispiel nichts gesagt über die Liebe zwischen Bill und Susan, aber daß die Liebe nicht kleiner werden muß durch das Hinzutreten einer dritten Person, haben wir ja schon im Kapitel über Polyamorie gesehen.

Wenn ein eifersüchtiger Klient zu Labriola kommt, führt sie mit ihm eine geführte Visualisierung durch. Der Klient soll sich vorstellen, sein Partner würde einen Liebespartner kennenlernen. Er würde sich mit ihm oder ihr treffen, essen gehen, ausgehen und schließlich mit dieser neuen Person zu deren Wohnung gehen. Der Klient wird angeleitet, sich genau vorzustellen, wie beide zärtlich sind, sich ausziehen, Sex miteinander haben, zusammen einschlafen, wieder aufwachen, sich verabschieden. Und er soll sich vorstellen, wie sein Partner wieder zurückkommt und von dieser neuen Liebe erzählt.

---

9 Übersetzung im Anhang.

Während dieser innere Film abläuft, soll sich der Klient vorstellen, eine Fernbedienung in der Hand zu haben. Immer wenn er sich unbehaglich oder eifersüchtig fühlt, soll er in der Vorstellung die Pause-Taste drücken und sich fragen: Welche Gefühle habe ich genau an bestimmten Punkten dieses Liebesfilms. Labriola fährt fort:

Most people are surprised to find that visualizing their partner having another relationship like this is generally painless except at certain key moments and those „triggers" are different for each person. For instance, one woman discovered that going through the entire sequence was actually pleasurable and sexually arousing except that she freaked out at visualizing her husband getting into „their" bed with another woman. She then made an agreement with him that he would only sleep with other women outside their home, either at the womanis house or at a hotel, and this made her feel safe. Another man found he was comfortable visualizing his partner having intercourse with another man, but became enraged when he visualized her giving head to the man. He considered fellatio as extremely intimate experience and asked her not to do that with any other man and she agreed to that condition.

Another woman found the entire visualization extremely comfortable, much to her surprise, until she got to the part where after sex, her husband talk to the woman about his feelings and emotions. She realized that she didn't mind her partner having sex with another woman, but felt extremely threatened by him having an intimate conversation with her![10]

Was Labriola hier aus ihrer Erfahrung berichtet, ist interessant und unerwartet: Viele Menschen, die man verleitete, sich ein Fremdgehen des Partners in allen Einzelheiten vorzustellen, fanden zu ihrer Überraschung, daß die Vorstellung gar nicht so schlimm, ja sogar schön, ja sogar sexuell erregend war – so-

10 Übersetzung im Anhang.

lange bestimmte allergische Punkte nicht berührt waren – in den oben gebrachten Beispielen Sex im Ehebett, Fellatio, intime Gespräche. Wenn das geklärt war – oder per Vereinbarung nicht stattfand, dann hatten die betreffenden Personen nichts dagegen, daß ihr Partner mit jemand anderem schlief. Diese Punkte standen sozusagen unter Intimitätsvorbehalt; sie symbolisierten das „spezifisch Persönliche" der jeweiligen Partnerschaft.

Wenn man diese Punkte kennt, dann ist Eifersucht sehr viel leichter zu handhaben. Zwei Möglichkeiten bestehen: Entweder wird eine Vereinbarung getroffen, daß die in den allergischen Punkten angesprochenen Sachverhalte unterbleiben, wenn der Partner „bekanntgeht" – wir haben diese Art von Vereinbarungen bei Michael Mary kennengelernt – oder aber der eifersüchtige Partner versucht, sich nach und nach an den Gedanken zu gewöhnen, daß bestimmte Dinge *doch* stattfinden – über graduierte Konfrontation oder Systematische Desensibilisierung, wie oben von Labriola geschildert anhand des Falles von Susan, Bill und Rachel. Natürlich geht das nur mit dem Einverständnis aller Beteiligten.

Natürlich kann man auch ketzerisch fragen, warum irgendeine Praktik oder Situation unter Intimitätsvorbehalt stehen sollte. Menschen haben einen Drang zu symbolisieren, jedoch die *Einzigartigkeit* einer bestimmten Beziehung besteht nicht darin, daß man irgendeine Praktik macht, die anderswo nicht vorkommen darf, sondern in der umfassenden Begegnung zweier *einzigartiger Menschen* in der Liebe.

Zusammenfassend kann vielleicht folgendes gesagt werden:

- Mit Ängsten kann auf zweierlei Art umgegangen werden: mit *Vermeidung* der angstauslösenden Situation oder mit *Konfrontation* mit den Ängsten. Es ist gut belegtes therapeutisches Wissen, daß nur Konfrontation – allmählich oder plötzlich – zum Abbau der Ängste führt, während Vermeidung die Ängste eher verstärkt.

- Die übliche Therapie von Untreue basiert auf einem Vermeidungsmodell – es wird versucht, den Status quo wiederherzustellen und es wird dem „treugebliebenen Teil“ nicht zugemutet, das Verhalten des „Untreuen“ zu verstehen oder gar zu tolerieren. Diese Vermeidungstherapie wird gern „Wiederaufbau des Vertrauens“ genannt.
- Eine radikalere Therapie nach dem Konfrontationsmodell findet nur im alternativen Lager statt. Das Konfrontationsmodell, wie wir es in der Behandlung von situationsbezogenen Ängsten in der Verhaltenstherapie kennen, wird hier auf typisch partnerschaftliche Ängste angewandt. Hier geht es nicht mehr um „Vertrauen“, sondern um Liebe und Verständnis. Die vorliegenden Erfahrungen bezeugen, daß diese Art des Vorgehens durchaus erfolgreich sein kann.

Teil 5: Freiwerden von Eifersucht

Der letzte Teil behandelt die Voraussetzungen, die vorliegen müssen, um frei zu werden von Eifersucht. Interessanterweise haben viele Menschen nicht das Bedürfnis, von Eifersucht frei zu werden, selbst wenn sie unter Eifersucht leiden, oder sie halten es für unmöglich. Um dies zu klären, ist es sinnvoll, sich folgende Fragen zu stellen:

Wir haben weiter oben (Kapitel „Unterschiedliche Definition des Problems“ in Teil 2) gesehen, daß Eifersucht als Problem ganz verschieden konzipiert werden kann. Die erste Frage bezieht sich genau darauf: Sehe ich die *Eifersucht* als Problem oder die – vermutete oder reale – *„Untreue“*? Wenn ich die Untreue als Problem sehe und nicht die Eifersucht, dann habe ich das Problem nach außen verlagert und ich werde die Eifersucht behalten.

Die zweite Frage ist: *Will ich* meine Eifersucht loslassen? Ich weiß vielleicht nicht wie, und ich empfinde sie als übermächtig, aber will ich dahin kommen, daß ich nicht mehr eifersüchtig bin? Wenn ich diese Frage bejahen kann, dann habe ich den ersten Schritt getan, um frei zu werden.

Die dritte Frage kann jetzt gestellt werden: Stimme ich der Sichtweise der Eifersucht, wie sie bis jetzt in diesem Buch entwickelt wurde, zu? Wenn ja, dann habe ich einen wesentlichen Schritt, die Eifersucht zu überwinden, schon getan. Denn ich habe Eifersucht durchschaut. Ich idealisiere sie nicht mehr als Zeichen von Liebe oder als sinnvolle Alarmreaktion vor Bedrohung der Liebe, sondern sehe sie als das, was sie ist: Ich bin verstrickt in negative Gefühle, weil ich bedürftig bin, starre Erwartungen an meinen Partner habe und mich in meinem Selbstwertgefühl von ihm abhängig mache. Und das stellt immerhin einen Ausgangspunkt dar, um an sich selbst zu arbeiten. Wie, das werden wir im folgenden sehen.

Grundmerkmale der Eifersucht

Bei unserem bisherigen Streifzug durch das Land Eifersucht bietet sich ein verwirrendes Bild – in dem doch einige Merkmale immer wieder hervortreten. Es sind sozusagen Grundkonstanten der Eifersucht.

Die meisten Menschen (nicht alle) sind in bestimmten Situationen eifersüchtig und sehen es auch als ihr gutes Recht, eifersüchtig zu sein.

Es ist frappierend zu sehen, daß sehr viel mehr Menschen sich ihrer Sexualität schämen als ihrer Eifersucht. Wer eifersüchtig ist, *identifiziert sich* mit seiner Eifersucht und insofern hat Eifersucht auch eine *rechthaberische* Komponente in sich. Im Beziehungsdreieck hat der Eifersüchtige die moralisch „guten" Karten; wer verdächtigt wird, die Treue zu brechen, steht als moralisch fragwürdiges Subjekt da: Hier der verantwortungsbewußte Eifersüchtige, der sich an Werte und Treue hält, dort derjenige, der pflichtvergessen sich der zügellosen Lust ergibt – das ist so das Klischee. Da sie mit der Eifersucht auf der „guten" Seite stehen, bekennen sich die meisten Menschen zur Eifersucht und beharren trotzig darauf, daß es gut und ganz prima ist, in bestimmten Situationen eifersüchtig zu sein.

„Treue" ist eine gesellschaftliche *Norm.* Wer sich an die *Normen* hält, schöpft daraus Selbstbewußtsein und das Gefühl, *dazuzugehören.* Es ist sehr leicht, sich laut für Treue und gegen Fremdgehen auszusprechen – man demonstriert dadurch nur, daß man die gesellschaftlichen Werte kennt und, wichtiger noch, sich zu ihnen *be*kennt. Einen anerkannten Wert wie Treue infrage zu stellen, ist viel schwieriger. Wer also frei werden will von Eifersucht, der muß nicht nur die Eifersucht, sondern auch die Treue, so wie sie gemeinhin verstanden wird, infrage stellen.

Wir kommen zu einer zweiten Grundkonstante:

Eifersucht kann ohne *Bedürftigkeit* nicht existieren.

Diese Konstante ist nicht ganz so sichtbar. Je bedürftiger wir sind, desto abhängiger machen wir uns von unserem Partner und desto eifersüchtiger sind wir. Je mehr wir meinen, unser Partner *müßte* unsere Bedürfnisse erfüllen – nach Geliebtwerden, nach Sicherheit, nach Sex usw. – desto eifersüchtiger sind wir. Wir haben den *Anspruch* darauf, daß der Partner unsere Bedürfnisse erfüllt. Eifersuchtsfrei werden hieße, daß vom Partner nicht mehr zwingend die Befriedigung von Bedürfnissen erwartet wird.

Über die Bedürfnisbefriedigung hinaus haben wir auch allgemein feste Vorstellungen, wie sich der Partner verhalten sollte. Damit kommt eine weitere Grundkonstante ins Spiel:

Eifersucht kann ohne *starre Erwartungen an den Partner* nicht existieren.

Jede Partnerschaft ist voller Erwartungen – eine Partnerschaft läßt sich geradezu definieren als ein System wechselseitiger Erwartungen. Nicht alle dieser Erwartungen sind bewußt – und die wenigsten Erwartungen wurden innerhalb einer freien Vereinbarung formuliert. Die Vorstellung, wann das Mittagessen auf dem Tisch steht, wie man sich in der Öffentlichkeit verhält, wie mit Problemen umgegangen wird, und natürlich die sexuelle Treue – all dies sind Erwartungen.

Eifersucht fußt auf der absolut gesetzten Erwartung von Treue. Diese Erwartung ist so selbstverständlich, daß darüber nicht gesprochen werden kann. Schon darüber nur zu sprechen, würde eine Relativierung der absoluten Erfordernis von Treue bedeuten. Die Meinungen in bezug auf Untreue sind meist starr und stark affektiv getönt; eine abwägende und differenzierte Reflexion findet nicht statt.

Es ist ein Tabu, über Untreue, und zwar über die mögliche eigene sowie die mögliche Untreue des Partners, zu sprechen. Ein Tabu hat immer auch eine Schutzfunktion; es bewahrt uns vor massiven Ängsten. Jedoch oft wird ein Problem im Tabu zementiert: Wir vermeiden zwar die Konfrontation mit unseren Ängsten, aber um den Preis, daß das Problem unlösbar wird. Tabu ist Vermeidung auf geistiger Ebene; und daß Vermeiden bei Ängsten diese nur konserviert und verstärkt, haben wir im Kapitel über Konfrontation gesehen. Man kann diesen Mechanismus gut bei Zwängen sehen, die immer mit Tabubildung verknüpft sind: Solange der Zwang ausgeübt wird (sich immer nach bestimmten Ereignissen zu waschen, bestimmte magische Gedanken zu denken, um das Böse zu bannen, bestimmte Rituale durchzuführen usw.), kann der Zwangskranke zwar seine Ängste in Schach halten, aber um den Preis, daß der Zwang bleibt und sich immer weiter verstärkt. Erst wenn der Zwang negiert und die Ängste auf sich genommen werden, kann er gelöst werden. Die Frage ist, ob *das Thematisieren von Untreue in der Partnerschaft,* d. h. die Konfrontation mit dem Thema, eine ähnlich lösende Wirkung haben könnte.

Wir sind eifersüchtig und fordern Treue, weil wir *Angst vor dem Vergleich* mit einem möglichen Rivalen haben – Angst, wir selbst würden im Vergleich mit ihm/ihr nicht so gut abschneiden.

Im Kapitel „Der Vergleich mit dem Nebenbuhler“ in Teil 1 haben wir über diese Angst gesprochen. Eifersucht nährt sich aus dieser Angst, in der wir uns *in Konkurrenz* mit anderen sehen.

Frei werden von der Eifersucht würde demnach bedeuten:

Ich stelle das gute Gewissen bei der Eifersucht infrage – ich sehe es nicht als selbstverständlich und okay an, wenn ich eifersüchtig reagiere. Ich weiß, daß, wenn ich eifersüchtig reagiere, *ich* ein Problem habe.

Ich versuche, mehr und mehr von meiner Bedürftigkeit frei zu werden. Das heißt nicht, daß ich keine Wünsche an meinen Partner habe. Aber diese Wünsche sind keine zwingenden Erfordernisse, die mein Partner mir unbedingt erfüllen muß.

Genauso versuche ich mehr und mehr, meine Erwartungen an meinen Partner loszulassen. Ich mache mir immer wieder klar, daß mein Partner keinerlei Verpflichtungen mir gegenüber hat.

Ich kann gelassen über das Thema reden – mit meinem Partner und mit jedem anderen. Und ich kann flexibel mit dem Thema umgehen. Flexibel heißt: Ich lasse mehrere Meinungen zu Untreue und Eifersucht zu und bestehe nicht darauf, daß meine (sehr affektgetränkte) Einstellung die einzig richtige ist.

Ich habe keinerlei Angst vor einem Vergleich, nicht weil ich in allen Merkmalen super bin, sondern weil ich mich nicht mehr vergleiche. Und ich vergleiche mich nicht mehr, weil ich um meine Einzigartigkeit weiß.

Schauen wir uns das jetzt im Einzelnen an.

Die Bewertung von Eifersucht

Wenn ich der gängigen Bewertung von Eifersucht als Zeichen für Liebe, Alarmsignal vor einer Bedrohung der Liebe, natürliche Reaktion usw. beistimme, dann werde ich meine Eifersucht behalten – denn ich sehe in ihr ja einen positiven Sinn.

Je mehr ich versuche, Eifersucht zu verstehen und ihren Sinn zu erkennen, desto mehr werde ich Eifersucht behalten – aus demselben Grund. Das ist das Problem mit den tiefenpsychologischen Ansätzen, die mehr am Verstehen der Eifersucht als an klaren Entscheidungen interessiert sind.

Je normorientierter ich bin, das heißt, je wichtiger es für mich ist, in Einklang mit den Meinungen aller anderen zu sein, desto mehr werde ich die Eifersucht behalten – denn ich übernehme die herrschenden Normen in bezug auf Liebe, Treue, Partnerschaft.

Was ist denn dann ein guter Ansatzpunkt, um Eifersucht loswerden zu wollen?

Eifersucht fühlt sich schlecht an; es ist ein absolut negatives Gefühl. Wenn ich danach strebe, in meinen Gefühlen immer positiver zu werden, dann wird es irgendwann immer fraglicher für mich, Eifersucht weiterhin positiv zu bewerten.

Wenn ich eifersüchtig bin, spüre ich, wie abhängig ich von meinem Partner bin – als ob mir etwas vorenthalten werden könnte, wenn der Partner sich so oder so entscheidet. Ich spüre, daß ich diese Abhängigkeit nicht will – es ist mein *Autonomiestreben,* was sich dagegen sträubt. Autonomie, Selbstbestimmung wird gewöhnlich mehr in Zusammenhang mit dem Beruf oder dem Leben allgemein gesehen als mit Partnerschaft. Jedoch in bezug auf Partnerschaft kann Autonomie bedeuten, daß der Partner keine Macht haben darf über meine Stimmung.

Ich entwickle eine Haltung, in der ich immer mehr meinen Partner *sehen möchte, wie er ist* – anstatt ihn durch den Filter meiner Bedürfnisse und Erwartungen zu sehen und ihn so zu funktionalisieren.

All dies und noch mehr kann dazu führen, daß ich nicht mehr mit gutem Gewissen eifersüchtig sein kann – daß ich Eifersucht als Problem sehe, welches mich auf einer niedrigen Stufe festhält.

Freiheit von der Bedürftigkeit

Die meisten Menschen, die allein sind, wünschen sich einen Partner, aber warum, da man doch in einer Partnerschaft nicht mehr frei über seine Zeit (oder auch Geld) verfügen kann und darüber hinaus noch die Probleme des Partners am Hals hat? Was veranlaßt die Menschen, sich einen Partner zu wünschen?

Der Partnerwunsch entsteht aus Sehnsüchten und Wünschen: Wie wäre es doch schön, jemanden zu haben, der einen versteht und liebt! Ich bin nicht mehr allein, kann mit dem Partner viel unternehmen! Mein Bedürfnis nach Zärtlichkeit und Sex wird endlich gestillt! Mit meinem Traumpartner fühle ich mich endlich sicher und geborgen! Der *Traumpartner* ist die imaginäre Person, die alle diese und noch viel mehr Wünsche und Sehnsüchte endlich erfüllen soll.

Und damit tappen wir in die Partnerfalle; denn damit sind dann nicht mehr wir selber für unser Glück zuständig – der Partner ist es! *Er oder sie* hat dafür zu sorgen, daß wir glücklich sind und unser Selbst bestätigt wird. Und damit machen wir uns abhängig vom Partner. Eifersucht so gesehen spiegelt unsere Abhängigkeit. *Wir machen uns abhängig, weil wir dem Partner die Funktion zuweisen, unsere Bedürfnisse zu stillen und unsere Wünsche zu erfüllen.*

Grundsätzlich ist der, der bedürftig ist, in einer schwachen Position, gerade weil er abhängig ist. Der Mann, der ständig Sex will, ist gegenüber der Frau, die das vielleicht „nicht nötig" hat, in einer schwächeren Position, denn er „braucht" sie, sie nicht unbedingt ihn. Die Frau, die an ständiger Verlustangst leidet, ist in einer schwachen Position – sie sieht sich darauf angewiesen, daß er bei ihr bleibt, ohne ihn ist sie in ihren eigenen Augen nichts.

Nun ist nichts dagegen einzuwenden, daß in einer Partnerschaft Wünsche erfüllt und Bedürfnisse befriedigt werden; tatsächlich ist dies der Motor, der uns dazu veranlaßt, überhaupt eine Partnerschaft anzustreben. Die entscheidende Frage lautet: Wie zwingend ist es für mich, daß mein Partner bestimmte Bedürfnisse befriedigt?

Gesetzt den Fall, heute Abend möchte ich als Frau mit meinem Freund einen schönen Abend verleben, er aber will sich mit Freunden treffen – wie reagiere ich da? Gesetzt den Fall, ich als Mann bin gerade sexuell sehr bedürftig – meine Freundin will aber nicht. Wie reagiere ich da? Gesetzt den Fall, mir geht es im Moment schlecht und ich habe dringend das Bedürfnis, von meiner Frau getröstet zu werden – sie mag aber nicht. Wie reagiere ich da?

Die bedürftige Reaktion ist folgende: Ich werde ärgerlich – mache Vorhaltungen, Vorwürfe – bezichtige meinen Partner des Egoismus (während in Wirklichkeit ich es bin, der egoistisch Druck macht) – ziehe mich schmollend zurück und lasse ihn das auch spüren – belehre meinen Partner, daß er sich nicht so verhält, wie es sich in einer richtigen Partnerschaft gehört usw. usw. In all diesen Reaktionen bleibe ich innerlich bei mir und auf meinen Bedürfnissen sitzen und sehe deshalb auch nicht die innere Wirklichkeit meines Partners.

Dies läßt sich verallgemeinern: Immer wenn ich in meinen Wünschen „hänge", bin ich unfähig, meinen Partner zu sehen, wie er gerade ist; ich bin in meinen Wünschen gefangen. *In Bedürfnissen und Wünschen zu hängen, blockiert Verstehen!* Kommt uns dieser Satz bekannt vor? Wir hatten einen ähnlichen Satz

(Kapitel Verlustangst in Teil 1): Eifersucht blockiert Verstehen. Eifersüchtig sein heißt, in seinen Bedürfnissen und Wünschen hängen zu bleiben, was ein Verstehen des Partners unmöglich macht. Wenn Eifersucht also, wie viele meinen, ein Zeichen von Liebe wäre, so ist dies jedenfalls keine Liebe, die das Verstehen des Partners fördert.

Kehren wir zurück zu unseren Beispielen. Souveränere Reaktionen wären folgende: „Ich hätte gern den Abend mit dir verbracht, aber wenn du deine Freundin besuchen willst, ist das auch okay" – „Ich würde gerne mit dir schlafen, aber wir können das auch ein andermal" – „Mir geht es im Moment nicht gut, aber mach dir keine Sorgen, ich kann damit umgehen." – Allgemein gesprochen: Meine Bedürfnisse sind zwar da, aber sie müssen nicht zwingend vom Partner erfüllt werden; ich kann auch etwas anderes machen. Dies setzt voraus, daß die Bedürfnisse nicht uns beherrschen, sondern wir sie. Und, genauso wichtig: Auch wenn ich Bedürfnisse habe, höre ich nicht auf, die innere Wirklichkeit meines Partners zu sehen oder sehen zu wollen. Als Konsequenz fühlt mein Partner sich nie unter Druck gesetzt durch meine Bedürfnisse („Ich *muß* den Abend mit ihr verbringen, obwohl ich lieber was anderes täte" – „Ich *muß* jetzt Sex mit ihm machen, sonst ist er böse und drei Tage ungenießbar" – „Ich *muß* ihn jetzt trösten, obwohl sein Gejammere mir auf die Nerven geht"), sondern fühlt sich frei, zu tun und zu lassen, was er oder sie möchte.

Was hat dies mit Eifersucht zu tun? Mehr, als wir denken; denn wie schon ausgeführt, Eifersucht fußt auf Bedürftigkeit, und wenn wir mit unserer Bedürftigkeit anders umgehen, ändert sich auch die innere Neigung zur Eifersucht. Wenn wir unsere Bedürftigkeit in den Griff bekommen wollen, haben wir im Alltag ein reiches Übungsfeld: Tagtäglich treffen wir auf Situationen, in denen der Partner sich nicht so verhält, wie wir es im Moment vielleicht gern hätten, und tagtäglich stehen wir vor der Entscheidung, ob wir in solchen Fällen verletzt sind, schmollen, in Wut geraten – oder die Verbundenheit zum Partner bewahren und verständnisvoll reagieren wollen. *Gerade weil Partner-*

schaft fast ausschließlich deshalb eingegangen wird, damit unsere Wünsche erfüllt werden, ist Partnerschaft ein ideales Übungsfeld, um unsere Bedürfnisse unter Kontrolle zu bekommen und innere Souveränität in bezug auf unsere Wünsche zu bekommen.

Diese Art von Übungsmöglichkeit haben wir mit *jedem* Partner; es gibt hier keinen unpassenden Partner. Bekanntlich ist ja die Sehnsucht weitverbreitet, den *richtigen* Partner zu finden; jedoch was ist ein *richtiger* Partner? In der Vorstellung der meisten wohl ein Partner, der einem alle Wünsche erfüllt. Aber innere Souveränität in bezug auf seine Bedürfnisse kann man nur üben mit einem Partner, der einem eben nicht alle Wünsche erfüllt. Die Sehnsucht, Kontrolle über seine Bedürfnisse zu erlangen, ist wiederum nicht sehr weit verbreitet – nach wie vor wird vom *richtigen, alle Wünsche erfüllenden* Partner geträumt. Doch was wäre, wenn man einen solchen Partner fände? Man geriete in eine fatale Abhängigkeit, denn was ist, wenn ein solcher Partner sich anders besinnt und sich trennt? Wir wären ganz schön aufgeschmissen. Wahrscheinlich ist es sinnvoll, die Idee vom richtigen Partner noch mal zu überdenken.

Treffend und köstlich ist diese Situation in der Filmkomödie „Der Prinz von Zamunda“ dargestellt. Der Prinz, gespielt von Eddy Murphy, wächst in einem afrikanischen Phantasiestaat auf, in dem ihm jeder Wunsch erfüllt wird. Im entsprechenden Alter wird ihm von seinen Eltern, König und Königin, eine standesgemäße Prinzessin ausgesucht und die Hochzeit vorbereitet. Doch vor dem endgültigen Ja-Wort erbittet der Prinz eine Pause und die Gelegenheit, mit seiner zukünftigen Frau zu sprechen, um sie so zumindest kursorisch kennenzulernen. Er fragt sie nach ihren Interessen und Wünschen, aber egal, was er fragt, sie beteuert, daß sie dieselben Interessen habe wie er und natürlich auch dieselben Wünsche, die sie ihm auch alle ohne Zögern erfüllen will. Da wird ihm klar, daß er eine so auf seine Bedürfnisse dressierte Frau ohne einen Funken Eigenständigkeit überhaupt nicht will. Zum Entsetzen aller muß die Hochzeit abgeblasen werden und der Prinz bricht auf nach New York, um dort in einem Armenviertel nach der „richtigen“ Frau zu suchen.

Die Moral von der Geschichte? Offensichtlich ist die „richtige“ Frau nicht unbedingt diejenige, die einem alle Wünsche erfüllt …

Spätestens an dieser Stelle taucht die Frage auf: Heißt das denn, daß wir uns gar nichts mehr vom Partner wünschen sollen? Daß alle unsere Wünsche an den Partner schlecht sind? Das heißt es mitnichten und es ist völlig okay, seine Wünsche mit dem Partner zu leben. Ein Partner, der auf einer völlig anderen Wellenlänge liegt und kaum Wünsche erfüllt, ist zwar ein gutes Übungsfeld, aber ansonsten frustrierend – niemand wollte mit einem solchen Partner leben (daß viele genau mit einem solchen Partner leben, steht auf einem anderen Blatt). Es ist völlig in Ordnung, sich vom Partner verstanden und geliebt zu fühlen, viel mit ihm zu unternehmen, viel Zärtlichkeit und Sex mit ihm auszutauschen, sich geborgen in der Partnerschaft zu fühlen usw.

Jedoch auch der beste Partner ist keine Kopie von uns selber, sondern ein eigenständiger Mensch mit zumindest teilweise anderen Sichtweisen, Interessen und Gefühlen als unsere – und mit dieser Differenz müssen wir uns auseinandersetzen. Nehmen wir an, ich schwärme für Campingurlaub im Zelt, naturverbunden in der Wildnis, und könnte mir nichts Schöneres vorstellen, als diese zwei schönen Dinge zu verbinden: Mit meinem Liebchen abends vor dem Zelt zu sitzen und in den Sternenhimmel zu schauen. Doch leider treffe ich bei ihr nicht auf dieselbe Begeisterung, stattdessen träumt sie von einem gepflegten Urlaub im Wellness-Hotel! Was mache ich jetzt? Bin ich enttäuscht und meine Liebe erkaltet schlagartig ein Stück? Oder bleibe ich in der Verbundenheit mit ihr, indem ich ihre Vorstellungen und Wünsche erforsche und wir nach Wegen der Urlaubsgestaltung suchen, mit denen beide zufrieden sind?

Partnerschaft so gesehen hat einen merkwürdigen Doppelcharakter, der aber vielen verborgen bleibt:

Einerseits werden Partnerschaften eingegangen, weil man viele Wünsche an den Idealpartner hat. Und tatsächlich können in einer Partnerschaft auch viele Wünsche erfüllt werden – wenn die Wunschvorstellungen beider Partner übereinstimmen. Diese Wunschkomponente von Partnerschaft ist sozusagen der Lockvogel, mit dem Menschen in Beziehungen gelockt werden.

Sind die Menschen dann in der Beziehung, so stellen sie fest, daß sie es mit einem eigenständigen Menschen zu tun haben, mit eigenen Gefühlen, Sicht- und Verhaltensweisen, die oft gar nichts mit unseren Wünschen zu tun haben: Wir leben mit keinem Wunscherfüllungs-Roboter (würden wir uns einen solchen wünschen?), und von daher ist es *zwangsläufig* so, daß unsere Wünsche auch immer wieder enttäuscht werden vom Partner. Und genau an dieser Stelle besteht die Möglichkeit, aus der Abhängigkeit von unseren Wünschen herauszukommen und uns so innerlich weiterzuentwickeln.

Hier haben wir einen weiteren Doppelpack: *Wunscherfüllung und Wunschversagung gehören in der Partnerschaft zusammen – wer das eine will, kriegt auch das andere.* Und damit ganz konkret zu rechnen, ist ein Zeichen fortgeschrittener Erkenntnis: Wunscherfüllung ist das Sahnebonbon in einer Partnerschaft und Wunschversagung bietet uns die einzigartige Möglichkeit, Souveränität in bezug auf unsere Wünsche zu entwickeln.

Und natürlich besteht die Perspektive auch andersherum: Nicht nur wir haben Wünsche an den Partner, auch unser Partner hat Wünsche an uns. Meinen wir, unserem Partner alle Wünsche erfüllen zu können? Wir werden bald feststellen, daß dies unmöglich oder allenfalls unter Selbstaufgabe annähernd erreicht werden kann. Können wir Wünsche liebevoll erfüllen? Und können wir sie versagen und so den Partner auf sich selbst zurückverweisen? Beides kann eine sehr positive Bedeutung haben.

Viele Menschen, die diesen Doppelcharakter von Partnerschaft nicht durchschauen, bleiben in ihren Wünschen hängen. *Da sie ihre Liebe von Wunscherfüllung abhängig machen, lassen sie ihre Liebe mit sich anhäufenden Enttäuschungen erkalten.* Mit wachsender Dauer der Partnerschaft wächst dann auch die Resignation; man ist „realistisch“, kennt sich aus, sieht die Dinge so, „wie sie sind“. In der Regel sind diese Menschen auch unfähig, sich mit dem Partner über Wünsche und Möglichkeiten auseinanderzusetzen. Und so vergehen die Jahre.

Und dann geht der Partner fremd. Wie oben gesagt (Kapitel „Sexuelle Erregung in der Eifersucht" in Teil 3) wird der Liebesakt mit dem Nebenbuhler oft in den schönsten und glühendsten Farben ausgemalt. Das heißt, *in meiner Phantasie ist mein Partner glücklich und erfüllt sich Wünsche* – mit einem/einer anderen, dieser Schweinehund!! *Ich* verzichte, *ich* resigniere und wenn ich das tue, so sollte mein Partner zumindest den Anstand besitzen, ebenfalls zu verzichten und zu resignieren!!!

Wenn jemand so reagiert – was passiert da? Was kann man über einen solchen Menschen sagen? Kann der Leser, die Leserin das herausfinden, ohne weiterzulesen?

Souverän in bezug auf die eigenen Bedürfnisse und Wünsche sind wenige, wenn überhaupt jemand. Ja, mehr noch, viele schaffen es nicht oder nur sehr schwer, ihre Bedürfnisse und Wünsche überhaupt zu formulieren. Manche verdrängen ihre Wünsche – etwa aufgrund von Enttäuschungen und Verletzungen – so erfolgreich, daß sie sich *einbilden,* sie seien souverän – dadurch, daß sie ihre Wünsche überhaupt nicht mehr spüren. Ein solcher Mensch wie oben beschrieben ist natürlich nicht souverän in bezug auf seine Wünsche; darüber hinaus hat er es noch nicht einmal gelernt, seine Wünsche nach außen zu bringen, sie mitzuteilen. Aber Wünsche verschwinden nicht im Nirgendwo. Sie bleiben erhalten, verändern jedoch ihren Charakter. Sie verwandeln sich in *Erwartungen.*

Die Kontrolle von Erwartungen

Eifersucht beruht auf der selbstverständlichen und unhinterfragten *Erwartung von Treue.* Hätten wir nicht diese Erwartung, dann gäbe es auch keine Eifersucht. Warum wir diese Erwartung haben, wurde auf den vorhergehenden Seiten betrachtet. Jetzt ist der Zeitpunkt gekommen, sich allgemein über Erwartungen in der Partnerschaft Gedanken zu machen.

Zunächst einmal: Es gibt keine Partnerschaft ohne Erwartungen. Wie schon oben gesagt, kann man Partnerschaft definieren nach den Erwartungen, die beide Partner aneinander haben; diese Erwartungen können glücklich oder unglücklich ineinandergreifen; sie können sich ergänzen oder sich aneinander reiben. Eine Partnerschaft kann verstanden werden als System ineinandergreifender Erwartungsmuster.

Dies ist zunächst einmal für jeden verständlich und einsichtig. Wenn man von diesem Denkansatz ausgeht, ist es auch leicht zu sagen, was eine „gute" oder eine „problematische" Partnerschaft ist: Bei einer guten Partnerschaft ergänzen sich die Erwartungen, bei einer problematischen widersprechen und reiben sie sich.

Beispiele für Erwartungen sind:

- Ich erwarte, daß mein Mann erfolgreich ist (aber er ist arbeitslos und hängt nur rum)
- Ich erwarte, daß mein Mann mich unterstützt (aber er sieht überhaupt nicht meine Lage)
- Ich erwarte, daß mein Mann ordentlich ist (und nicht seine Socken rumliegen läßt)
- Ich erwarte, daß mein Mann Distanz zu seiner Sekretärin einhält (er hätte eigentlich auch eine weniger attraktive einstellen können)
- Ich erwarte …
- Ich erwarte, daß meine Frau mich tröstend in den Arm nimmt, wenn es mir schlecht geht (und nicht meint, „was hast denn *du* schon wieder")
- Ich erwarte, daß meine Frau mehr Sex mit mir hat (einmal im Monat ist mir zu wenig)
- Ich erwarte, daß meine Frau abends mit dem Haushalt fertig ist (damit sie sich noch meine Sorgen anhören kann)
- Ich erwarte, daß meine Frau sich im Kontakt mit den Kollegen zurückhält (und keine privaten Beziehungen anfängt, die ich nicht kontrollieren kann)
- Ich erwarte …

Unzählig sind die Erwartungen, die Partner aneinander haben, viele bewußt, viele aber auch unbewußt. Den „richtigen“ Partner zu finden, so gesehen, bestünde darin, einen Partner zu finden, mit dem sich die wechselseitigen Erwartungen decken und ergänzen.

Das klingt in der Theorie einleuchtend, ist aber in der Lebenswirklichkeit schwierig, denn

- das Verlieben bringt keine Garantie, daß sich die Erwartungsmuster auch harmonisch ergänzen –
- viele Erwartungen sind wie gesagt unbewußt –
- und außerdem ändern sich Erwartungen mit der Zeit.

Meist werden Erwartungen erst im Verlauf einer „festen“ Partnerschaft bewußt – und zwar dann, wenn einer der Partner gegen die Erwartung des anderen verstößt, in der Regel, ohne es bewußt zu wollen. An dem Störgefühl, welches dann auftritt – „Wieso verhält sich mein Partner nicht so, *wie ich es erwarte?*“ – kann man merken, aha, ich habe eine Erwartung. Dieses Aha-Erlebnis tritt allerdings selten auf, denn gewöhnlich *identifiziert man sich mit seiner Erwartung* – eine Erwartung wird gewöhnlich für *berechtigt* gehalten.

Wie wirken sich Erwartungen in der Partnerschaft aus?

Die einfache Antwort ist: Sie erzeugen Druck. Zum Beispiel:

- Meine Frau erwartet, daß ich erfolgreich bin (aber ich fühle mich da überfordert)
- Meine Frau erwartet, daß ich sie unterstütze (dabei tue ich doch schon alles für sie, was will sie denn noch mehr)
- Meine Frau erwartet, daß ich meine Sachen nicht rumliegen lasse (was ist denn daran so schlimm – ich bin halt der bequeme Typ)
- Meine Frau erwartet, daß ich abweisend zu meiner Sekretärin bin (dabei lacht sie viel und ist wie der Sonnenschein, ganz anders als meine Frau, und das tut mir gut)

- Meine Frau erwartet … (und ich fühle mich unter Druck)
- Mein Mann erwartet, daß ich ihn tröste, wenn es ihm schlecht geht (mir kommt er dabei wie ein kleines Kind vor)
- Mein Mann erwartet mehr Sex (ja, wenn es gefühlsmäßig mehr stimmen und er mich mehr unterstützen würde, wäre ich ja vielleicht auch dazu bereit …)
- Mein Mann erwartet, daß ich seine Sorgen abends anhöre (habe genug eigene)
- Mein Mann erwartet, daß ich keinen Kontakt zu den Kollegen habe (ja, soll ich denn völlig versauern …? Dabei ist der eine Kollege wirklich nett)
- Mein Mann erwartet … (und ich fühle mich unter Druck)

Jeder kann es für sich selbst nachprüfen: Wenn mein Partner Erwartungen an mich hat, dann stehe ich unter Druck, diesen Erwartungen zu entsprechen. Umgekehrt ist es natürlich genauso, daß meine Erwartungen meinen Partner unter Druck setzen.

Was tut man, wenn man unter *Erwartungsdruck* steht? Man paßt sich an. Schließlich liebe ich ja meinen Partner, Streit ist zu vermeiden und Harmonie in der Beziehung gilt oft als Garant einer „guten" Beziehung – also füge ich mich in vielen Fällen der Erwartung meines Partners „um des lieben Friedens willen":

Als Frau zum Beispiel willige ich in Sex ein, obwohl ich überhaupt nicht in der Stimmung bin, lasse es über mich ergehen und baue so innerlich Wut auf meinen Partner auf, die „um des lieben Friedens willen" wieder verdrängt werden muß.

Oder ich flüchte vor den Erwartungen, die eher männliche Variante:

Als Mann flüchte ich vor dem ständigen Schimpfen und der Unzufriedenheit meiner Frau mit mir in die Kneipe oder vor den Fernseher oder vor den Computer, oder vielleicht sogar in den Seitensprung mit meiner netten Sekretärin, wenn es sich doch schon mal ergibt …

In einer Partnerschaft stehe ich ständig unter dem Einfluß der Erwartungen meines Partners. Und viele Menschen bemühen sich ihr ganzes Leben lang, die Erwartungen ihres Partners zu erfüllen – das nennt man dann eine gute Partnerschaft.

Jeder kann und sollte sich fragen, inwieweit er unter Erwartungsdruck steht; zum Beispiel: Bin ich froh, wenn ich mal eine Woche ohne meinen Partner bin? Habe ich das Gefühl, daß ich dann Dinge tun kann, die ich *mit* meinem Partner nicht tun kann? Fühlen und denken, wie ich *mit* meinem Partner nicht fühlen und denken kann? Und sind das Dinge, die ich meinem Partner lieber nicht erzähle? Der Seitensprung ist hier nur eine Möglichkeit unter vielen. Vielleicht fühle ich mich ja freier, weil ich endlich mal nicht befürchten muß, ständig kritisiert zu werden. Ich kann Dinge tun, die mein Partner verabscheut, die mir aber gefallen. Ich kann ohne schlechtes Gewissen die Bratwurst essen, die mein Partner so ungesund findet. Oder an den Nacktbadestrand gehen, was mein Partner völlig ablehnt.

Ich fühle mich freier ohne meinen Partner – wenn das der Fall ist, dann stehen wir unter Erwartungsdruck: Wir meinen, die Erwartungen unseres Partners erfüllen zu müssen und denken, das gehöre sich so. *In dem Maß, in dem wir nach den Erwartungen anderer Menschen leben, leben wir nicht unser eigenes Leben!* Und das kann sich als steigendes inneres Unbehagen kundtun: Wir tun, was wir können, um eine gute Partnerschaft oder Ehe zu führen und fühlen uns doch nicht wohl dabei. Und wenn wir andere sehen, wie sie unbekümmert tun, was ihnen Spaß macht, oder sogar „die Ehe brechen", dann werden wir wütend – denn der Betreffende tut das, was wir uns selber nicht erlauben – aus *moralischen* Gründen.

Erwartungen führen zu Druck und Einschränkung der Freiheit. Auf der anderen Seite scheint es schwierig zu sein, von Erwartungen abzulassen. Geht das überhaupt: Keine Erwartungen an den Partner und die Partnerschaft zu haben; ist das nicht völliger Blödsinn; müssen wir uns nicht damit abfinden, daß wir in jeder Partnerschaft ein Stück Freiheit opfern müssen, im Austausch für Sicherheit und Verläßlichkeit? Aber vielleicht können wir zumindest die destruktiven Auswirkungen von Erwartungen reduzieren – aber wie soll das gehen?

Schritt 1: Erwartungen bewußt machen

Wenn ich meine Erwartungen kontrollieren will, dann muß ich sie erst einmal kennen. Man setze sich also in einer ruhigen Stunde hin und frage sich – und schreibe es möglichst auf eine Liste:

Was für Erwartungen habe ich an meinen Partner? Wo kommt er/sie mir entgegen, wo beiße ich auf Granit?

Wichtig ist es, hierbei auf Wünsche zu achten, von denen man meint, daß der Partner sie eigentlich erfüllen müßte – aha! Ich erwarte das. Genauso wichtig sind alle Situationen, bei denen ich verletzt, enttäuscht oder ärgerlich reagiere – klarer Fall! Ich erwarte, daß mein Partner sich so und so benimmt und er tut es unverschämterweise nicht.

Was für Erwartungen hat mein Partner an mich? Welche erfülle ich gerne und bei welchen fühle ich mich sehr unbehaglich und eingeengt?

Das ist der umgekehrte Fall. Was für Wünsche trägt mein Partner eigentlich immer wieder an mich heran, von denen er meint, ich müßte sie ihm erfüllen, weil sich das so in einer Partnerschaft gehört? Und was für Erwartungen stecken bei ihm dahinter, wenn er verletzt, enttäuscht oder ärgerlich reagiert?

Es lohnt sich, dies über mehrere Wochen lang zu beobachten und aufzuschreiben. Vielleicht wundert man sich, was für eine lange Liste da zusammenkommt.

Was fast immer auf die Liste gehört und häufig vergessen wird, weil es einem so selbstverständlich vorkommt:

- Die Erwartung von Dauer – daß der Partner also bei mir bleibt. Wie lange erwarte ich, daß mein Partner bei mir bleibt? Einen Monat, ein Jahr, acht Jahre? In fast allen Beziehungen wird erwartet, daß der Partner für immer bleibt. Merkwürdig, nicht?
- Die Erwartung von sexueller Treue. Angesichts der Fremdgeh-Statistik mutet auch diese Erwartung etwas merkwürdig an.

Partnerschaften, die eingegangen werden ohne die Erwartung von Dauer und sexueller Treue, sind sehr selten. Ich erinnere mich an eine Frau, die nebenberuflich als Hobbyhure arbeitete. Als sie einen Partner suchte, war für sie eine Bedingung, daß ihr Partner von ihr keine sexuelle Treue erwarten kann.

Dauer und sexuelle Treue hängen für viele zusammen. Sexuelle Untreue stellt für zwei Drittel aller Menschen die Dauer in Frage und führt zur Trennung. Umgekehrt besteht der Zusammenhang auch: In meiner Beratungstätigkeit habe ich es oft erlebt, daß eine Frau ihren Mann verlassen hatte, weil sie die Beziehung nicht mehr als sinnvoll empfand. Was ist die erste Frage des Mannes, sobald sie ihm mitgeteilt hat, daß sie sich von ihm trennen will? Es ist die Frage: Hast du einen anderen? Für viele Männer ist es unmöglich, sich vorzustellen, ihre Frau könnte sich von ihm trennen, *ohne* einen anderen zu haben.

Schritt 2: Wertfrei werden

Wenn ich weiß und erfahren habe, daß Erwartungen immer Druck ausüben, dann kann es sein, daß ich den Wunsch habe, mit Erwartungen anders umzugehen. Hierbei gibt es eine Klippe. Die größte Klippe dabei ist, daß fast alle ihre Erwartungen als „berechtigt" ansehen. Die Erwartung von sexueller Treue wird wohl fast immer als berechtigt angesehen, aber auch alle anderen Erwartungen treten mit diesem Mäntelchen der *Berechtigtheit* auf.

Woher kommt das? Es kommt von unserem Wertungssystem: Dies ist gut, jenes schlecht, das tut man und jenes nicht. Und dieses Wertungssystem wird, wie schon kurz dargestellt, im Lauf unserer Entwicklung vom psychosozialen Umfeld übernommen und hat seitdem seinen Platz in unserem Unbewußten.

Hinter Erwartungen steckt immer ein Wertungssystem und jedes Wertesystem bringt Erwartungen hervor. Wie oben dargestellt (Kapitel „Eifersucht ein Zeichen von Liebe?", Teil 2) bringt das Wertungssystem des Paartherapeuten Hans Jellouschek ihn dazu, „Weinen und wütendes Schreien“ als *berechtigte* Reaktion bei Untreue zu sehen. Wenn ich meine, die *Berechtigung* dazu zu haben, dann meine ich, daß es völlig in Ordnung ist, wenn ich Druck ausübe, fordere, eine Szene mache, schreie, gewalttätig werde oder töte – ich bin ja *berechtigt* dazu, weil mein Partner gegen die Regeln verstoßen hat.

Dieses Berechtigungsdenken hat noch bis vor kurzem in den USA dazu geführt, daß ein Ehemann, der seine Frau umbrachte, weil er sie „auf frischer Tat“ ertappte, straffrei ausging („Bis 1970 wurden in den Bundesstaaten New Mexico und Utah Männer, die ihre Frau nackt im Bett mit einem anderen Mann vorfanden und die beiden töteten, vor Gericht freigesprochen“ – Buss 2003, S. 153). Das Gesetz und die Richter hatten großes Verständnis mit dem Mörder, *weil sie sein Wertungssystem teilten:* Es war zwar vielleicht etwas übertrieben, die Frau gleich umzubringen, aber verstehen konnte man das schon.

Wertfrei werden heißt nicht, daß ich keine Werte habe, sondern daß ich mir nicht das Recht anmaße, einen anderen zu bewerten – denn ich kenne nicht die inneren Gründe seines Handelns. Und deshalb habe ich auch *kein Recht, irgendetwas zu erwarten – selbst Treue nicht.* Dies verbietet mir der Respekt vor der Einzigartigkeit des anderen: Weiß ich denn, ob es für meinen Partner wirklich gut ist, sich meinen Erwartungen zu fügen? Wer ein starres Wertungssystem hat, weiß immer, was für den anderen gut ist, eben aufgrund seines Wertungssystems. Auch wenn eine Erwartung noch so berechtigt erscheint – sie übt immer Druck aus und schränkt den Partner ein. Dies gilt für grundlegende Erwartungen wie Dauer und sexuelle Treue und geht über Erwartungen wie Häufigkeit des Sex und gegenseitige Hilfe bis zu Erwartungen in bezug auf Gespräche, Ordnung und Sauberkeit – nichts von alledem kann erwartet werden.

Schritt 3: Zukunftserwartungen

Erwartungen beziehen sich in der Regel auf ein wiederkehrendes oder permanentes Verhalten. „Ich erwarte von dir, daß du zweimal die Woche den Müll runterbringst" heißt eben nicht *diese Woche,* sondern *diese und jede Woche unbegrenzt in die Zukunft.* Erwartungen, die unausgesprochen und nicht Ergebnis einer Vereinbarung sind, haben immer diesen Charakter. Und natürlich haben die Erwartungen von Dauer und sexueller Treue diesen absoluten Charakter: Sie gelten *immer und für alle Zukunft.*

Wenn wir unser Wunschdenken beiseite lassen: Ist es realistisch, so zu denken? Kann Treue oder lange Dauer der Partnerschaft *erwartet* werden? Oder sind diese Erwartungen, mit denen fast jede Partnerschaft eingegangen wird, nicht eher illusorisch? Die Wirklichkeit läßt diese Erwartungen eher illusorisch erscheinen: Weder Dauer noch Treue können erwartet werden. Warum?

Es genügt ein Blick auf die Realität. Wenn 50 Prozent aller in Beziehungen Lebenden irgendwann mal fremdgehen, dann gibt es offensichtlich gute Gründe, *nicht* treu zu sein und die Erwartung von Treue ist illusorisch. Wenn ein Drittel aller Ehen – in Großstädten bis zu zwei Drittel – vor dem Scheidungsrichter enden, dann gibt es offensichtlich in vielen Fällen gute Gründe, die Ehe *nicht* aufrechtzuerhalten und die Dauer ist illusorisch.

Es ist schwierig – nein, es ist *unmöglich* –, Aussagen darüber zu machen, was in Zukunft – sagen wir, in einem Jahr oder in fünf Jahren – in der Beziehung sein wird oder sein soll. Dies wäre nur möglich, wenn jemand Kontrolle über seine Gefühle hätte – wenn er/sie nicht nur die Ehe, sondern auch die Liebe bewahren könnte, *weil er/sie es so will!* Die Zahl der Menschen, die dies können, ist eher spärlich.

Von daher ist es *unmöglich* zu sagen, ich werde dir auch in fünf Jahren noch treu sein. Und es ist *unmöglich,* vom Partner zu erwarten, daß er/sie in fünf Jahren noch treu ist. Der Grund ist sehr einfach: Alles verändert sich ständig und das Leben ist im Fluß – und fast alle schwimmen mit und haben *keine Kontrolle darüber, wohin sie schwimmen.*

Schritt 4: Eigene Erwartungen in Wünsche verwandeln

Dies ist ein wesentlicher Schritt. Eine Erwartung ist etwas, was der Partner tun sollte, möglichst ohne daß ich ihn noch extra darauf hinweise – ich erwarte es einfach von ihm, wenn er ein guter Partner sein will. Ein Wunsch ist etwas, was ich meinem Partner mitteile, ihm aber die Freiheit lasse, ja oder nein zu sagen.

Nehmen Sie sich die Liste Ihrer Erwartungen an Ihren Partner vor. Fragen Sie sich bei jeder Einzelerwartung: Habe ich mit meinem Partner darüber gesprochen? Wenn ja: Wie hat mein Partner reagiert? Es gibt drei Möglichkeiten: Ja, er sieht meinen Vorschlag als sinnvoll an und setzt ihn auch um – Nein, er weigert sich, begründet es vielleicht – Er weicht aus.

Sagen Sie sich bei jeder Einzelerwartung: *Ich würde es mir zwar wünschen, daß mein Partner hier mitmacht, aber er hat die Freiheit, auch anders zu entscheiden.*

Überlegen Sie sich bei jeder Einzelerwartung, ob ein klärendes Gespräch sinnvoll ist. Wenn Sie eine ablehnende Reaktion nicht verstehen, dann bitten Sie um genauere Begründung, *damit Sie ihn oder sie besser verstehen.* Bei ausweichenden Reaktionen bestehen Sie auf einer Klärung und klaren Entscheidung, ja oder nein. Dieses Vorgehen ist allerdings nur möglich mit einem Partner, der gesprächsfähig und -bereit ist. Viele sind es nicht – dann stellt sich die Frage, ob man mit einem solchen Partner weiterhin zusammenleben will oder vielleicht andere Wege der Verständigung finden kann.

Sprechen Sie mit Ihrem Partner auch über die Erwartungen Dauer und sexuelle Treue. Wie, das wird weiter unten noch behandelt.

Wer dieses Vorgehen sinnvoll findet, die obigen Punkte beherzigt und danach lebt, bei dem wird sich die Eifersuchtsneigung nach und nach verringern, da die der Eifersucht zugrundeliegende Basis (starres Wertesystem, unbewußte Erwartungen) verändert wird.

Sprechen über Treue, Untreue und Eifersucht

Wie wir weiter oben darstellten, findet ein offenes Gespräch über die Möglichkeit von Untreue kaum jemals statt. Es gehört einfach nicht zur „Paaridentität“ (Mary 2007), darüber zu sprechen, und ist eher eine Garantie für Streß in der Beziehung; also wird es vermieden. Das heißt nicht, daß es nie „hochkommt“, wenn, dann gewöhnlich in Form von Befürchtungen, scherzhaft formulierten Anspielungen und dergleichen. Eine ernsthafte Auseinandersetzung mit dem Thema findet am ehesten bei Paaren statt, die sich sowieso für einen alternativen Lebensstil entscheiden – wie Menschen, die sich zu „Polyamorie“ bekennen oder Tantra-Workshops besuchen. Für Paare jedoch, die die sexuelle Treue hochhalten, ist es ein Tabu.

Ich erinnere mich in diesem Zusammenhang an meine erste Freundin. Wir waren gerade ein paar Monate zusammen, da stellte sie die Frage: „Wie wäre das eigentlich, wenn ich mal Lust auf einen anderen Mann hätte?“ Ich – völlig unvorbereitet auf eine solche Frage – schaute sie erstmal völlig fassungslos an, wie konnte sie *so etwas* fragen?

An meine Antwort erinnere ich mich nicht mehr; jetzt allerdings erkenne ich den Sinn ihrer Frage: Sie holte etwas in die Paaridentität rein und machte es dem Gespräch und damit dem Verstehen zugänglich, was allgemein als Bedrohung der Paaridentität empfunden und deshalb als Thema strikt vermieden wird. Und darin steckt durchaus eine gewisse Weisheit.

Oft ist in einer Beziehung ein Partner sehr eifersüchtig und der andere beschwichtigt. Derjenige, der immer versichert, es sei doch gar nichts, wird dadurch selten oder nie die Eifersucht seines Partners zum Schweigen bringen. Stattdessen könnte er die umgekehrte Strategie wählen und sagen: Okay – nehmen wir mal an, du hast recht und ich ein Verhältnis – wie wäre das für dich?

Schon die Frage wäre ein Schock. Und der Betreffende würde ungerührt fortfahren: Das Thema Untreue ist ja nun da in der Partnerschaft und da könnte es ja sinnvoll sein, darüber zu reden. Es könnte ja sein, daß mal einer von uns beiden Lust hätte, einen anderen Mann, eine andere Frau auszuprobieren, auch sexuell. Wie denkst du darüber?

Eine solche Frage würde bei dem Partner umso mehr Verunsicherung auslösen, je abhängiger und bedürftiger er ist. Die Harmonie wäre wohl bei den meisten Paaren für die nächste Zeit gestört. Aber wenn derjenige, der dies Thema einführt und damit Verunsicherung auslöst, liebevoll bei seinem Partner bleibt und dennoch das Thema nicht fallen läßt, so könnte – könnte! – sich ein neues Gleichgewicht in der Partnerschaft einpendeln, in der gelassener mit dem Thema umgegangen wird.

Eine andere Möglichkeit, das Thema anzuschneiden, wäre, die Offenheit anzusprechen. *Wie offen wollen wir sein in der Partnerschaft?* Wobei eines klar sein muß: Eine völlige Offenheit gibt es nicht. Es gehört zur Freiheit, daß jeder auch seine Geheimnisse haben darf. Dennoch ist es sinnvoll, die Frage nach der Offenheit zu stellen, wenn einer sich mal von einem anderen angezogen fühlt. Darf ich es sagen, wenn ich einen anderen Mann, eine andere Frau reizvoll finde? Würdest du das als normal empfinden oder würde es dich kränken? Könnten wir es uns als normal eingestehen, daß man sich auch von anderen angezogen fühlen kann?

Und was ist, wenn einer von uns wirklich mal „fremdgeht"? Vielleicht sollten wir nicht gleich entrüstet sagen, das kommt bei uns nicht vor. Die Statistik spricht immerhin davon, daß es bei 50 Prozent vorkommt – und auch wenn es im Moment kein Thema in unserer Beziehung ist – wer weiß, wie es in fünf, in zehn Jahren aussieht. Würdest du es wissen wollen, würde *ich* es wissen wollen, wenn der jeweils andere eine Affäre hat? Und würden wir uns trotzdem lieben können – oder beschließen, daß es dann mit der Liebe vorbei ist?

Schon der Gedanke an solche Gespräche stellt Streß für die meisten dar. Und deshalb kehren sie das Thema unter den Tisch und bauen auf Hoffnung, daß es nicht passiert. Über die *Möglichkeit* von *begründeter Eifersucht,* also sexueller Anziehung außerhalb des Paars, zu reden, bedeutet für viele, sich tiefen Ängsten stellen zu müssen – Ängste, die man gerade hoffte, durch die Paarbildung bannen zu können. Diese Ängste – vor Alleinsein, Verlassenwerden, Selbstwertreduzierung, weil andere „besser" sind, Verlust des Lebenssinns – werden durch Paarbildung und Partnerschaft *eben nicht* aufgelöst, sondern wuchern im Untergrund weiter, bei manchen verdeckter, bei anderen offensichtlicher, je nach individueller Ausgangslage. Man kann es dabei belassen, die Augen schließen und hoffen, daß es gut geht – das machen die meisten. Mit der Folge, daß manche sehr unsanft aus ihrem Schlaf gerissen werden, eben weil das untergründig Befürchtete wirklich eingetreten ist. Und dann fallen sie aus allen Wolken.

Wenn das Thema Untreue vorher nie thematisiert wurde, dann aber wirklich einer der beiden in einer Partnerschaft sich in jemand anderen verliebt, dann ist es kaum mehr möglich, *jetzt* darüber zu reden: Man versucht, allein damit fertig zu werden, schlägt sich die Sehnsucht aus dem Kopf oder beginnt heimlich eine Affäre.

Im Rahmen von „Polyamorie" ist es dagegen unerläßlich, im Falle eines Falles darüber mit dem Partner zu reden. Und hier kann man, wenn man möchte, durchaus lernen – wie bei Heinz-Ulrich:

Für eine offene Beziehung ist es unerläßlich, daß beide voneinander wissen, was bei dem anderen in Liebesdingen gerade passiert, und daß über alles offen geredet, gefragt und geantwortet werden kann.

In dem Moment, in dem Heimlichkeit und Hemmungen eintreten, ergeben sich große Räume, in denen Spekulationen und Ängste gedeihen. Das führt wiederum zu Unoffenheit, Mißtrauen und Abgrenzung. Insgesamt ergibt das eine Abwärtsspirale, die die Beziehung nicht lange überleben wird.

Natürlich ist das erst einmal unangenehm und angstbesetzt, dem Partner zu erzählen, daß ich mich gerade verliebt habe. Aber wenn ich darauf warte, daß mein Partner mich möglicherweise Wochen später fragt, und er (oder sie) mir alles mühsam aus der Nase ziehen muß, wird mit ziemlicher Sicherheit eine Situation entstehen, die leicht einen inquisitorischen Charakter bekommt und ungute Gefüh-

le weckt. Wenn ich dagegen von Anfang an versuche, meinen Partner teilhaben zu lassen an dem, was mich beschäftigt und beglückt, sind die Aussichten wesentlich besser. (Schlender/Söhner 2006, S. 48f.)

Was ist die größte Angst bei solchen Gesprächen? Es ist die Angst, zu verletzen, oder die Angst, verletzt zu werden. Oft ist die Angst, mit einem derartigen Bekenntnis den Partner zu verletzen, sogar das Allerschlimmste. Von traditionell orientierten Autoren wie Jordan und Jellouschek wissen wir, daß „Verletzen" ein Tabu darstellt: Ja alles unterlassen, was den Partner verletzen könnte, und wenn man, was nicht immer zu vermeiden ist, den Partner dennoch unabsichtlich verletzt, so muß Wiedergutmachung geleistet werden. Vor allem bei der größten denkbaren Verletzung, dem „Treuebruch"!

Auch Heinz-Ulrich kennt dieses Problem, aber er zieht andere Schlußfolgerungen:

Am schwersten ist es, ehrlich zu sein, wenn ich die Angst oder Sorge habe, mit dem, was ich sage, meinem Partner weh zu tun. Und am schwersten ist es, Ehrlichkeit zu wollen und trotzdem wertzuschätzen, wenn das, was ich dann höre, schwer zu nehmen ist oder schmerzt. Wenn wir es jedoch nicht schaffen, ehrlich zu sein, weil wir dem anderen nicht weh tun wollen, werden unsere Begegnungen und Gespräche bald überlagert sein von den Zweifeln an den Worten und dem Tun des anderen. Wenn ich nicht mehr weiß, ob meine Partnerin mich trifft, weil sie mit mir zusammen sein möchte, oder aus der Angst, mir sonst weh zu tun, also mehr aus Mitleid, dann kann ich mich nicht mehr wirklich öffnen. Und wenn ich irgendwann erfahre, daß meine Partnerin nur deshalb mit mir ins Bett gegangen ist, ist das ein Vertrauensverlust, der nur schwer wiedergutzumachen ist. Wenn ich dagegen sicher sein kann, daß meine Partnerin ehrlich bleibt, selbst wenn sie mir damit möglicherweise weh tut, kann ich ihr fast unbegrenzt vertrauen. (Schlender/Söhner 2006, S. 49f.)

Wenn das Gesprächsthema Untreue deshalb vermieden wird, weil man glaubt, man würde mit dem Thema „schlafende

Hunde wecken" – „Mein Partner könnte ja erst dann auf den Geschmack kommen" –, dann ist was faul in der Partnerschaft. Dann ist nicht Liebe der Grundton, sondern Angst. Der Partner wird als Versicherung gebraucht (oder mißbraucht?) vor der Angst, einmal wieder allein mit dem Leben fertig werden zu müssen. Wie Heinz-Ulrich im Polyamorie-Kapitel sagte:

Selbstverständlich entsteht immer dann, wenn meine Partnerin eine Liebesbeziehung mit einem anderen anfängt, auch in mir irgendwo die Frage: Wird dieser andere vielleicht wichtiger als ich? Findet sie dort etwas, was so bereichernd und beglückend ist, daß unsere Beziehung sekundär wird? Vielleicht ganz zu Ende geht?

Mit dieser Unsicherheit möchte ich leben, weil ich mich der Realität stellen möchte, wie sie ist: Beziehungen können zu Ende gehen. Wege können sich trennen, ob mit oder ohne Trauschein. Ich möchte dann nicht völlig enttäuscht aus einer schönen Illusion aufwachen und mich selbst neu erfinden müssen. Ich glaube auch nicht, daß die Wahrscheinlichkeit einer solchen Entwicklung sich in einer offenen Beziehung erhöht – eher im Gegenteil. Wenn wir uns schon vorher gegenseitig die Möglichkeit zur freien Entfaltung einräumen und uns darin unterstützen, verbindet uns das auf eine Weise, die mehr ertragen kann, als eine exklusive Beziehung.

Indem ich mir selbst sicher bin, daß ich meiner Liebsten aus ganzem Herzen alles Gute wünschen kann, selbst wenn unsere Wege auseinander führen sollten, indem ich mir sicher bin, daß mein eigener Weg weiterführt und für mich keine Welt zusammenbricht, und indem ich mir sicher bin, daß ich die Trauer tragen kann, schwindet meine Angst, sie zu verlieren. Dann kann ich ihr auch schon während unserer Beziehung alles gönnen, was ihr Leben reicher und glücklicher macht, auch einen anderen Geliebten. Und gerade weil ich ihr die Sicherheit geben kann, frei zu sein, sinkt die Wahrscheinlichkeit, daß sie irgendwann gehen muß, um bei sich zu bleiben. (Schlender/Söhner 2006, S. 42–46)

„Mit dieser Unsicherheit möchte ich leben", sagt Heinz-Ulrich. Ist es ein Zeichen von Reife, wenn man auf Sicherheit und

Garantien verzichtet? Wie wir alle wissen, ist auch die standesamtlich und kirchlich getraute Ehe keine Garantie. „Brauche“ ich Garantien, die es nicht gibt – oder kann ich mit der Unsicherheit leben?

Das Problem ist nie der Dritte, der in die Beziehung „einbrechen“ könnte. Thema und Problem ist immer nur die Beziehung der beiden. Freuen wir uns aneinander? Geben wir uns gegenseitig Energie? Lieben wir uns? Haben wir fruchtbare Themen? Haben wir ein gemeinsames Projekt? Diese Fragen sind viel wichtiger, als die Frage, ob da eventuell auch noch eine Anziehung zu einem Dritten besteht oder irgendwann mal bestehen könnte. In einer Beziehung, in der Liebe und fruchtbare Themen bestehen, hat ein Seitensprung eine völlig andere Bedeutung als in einer Beziehung, die vor allem aus Gewohnheiten besteht.

Über eventuelle Untreue oder Trennung zu sprechen bedeutet, Unsicherheit in die Partnerschaft zu bringen. Warum sollte man sich das antun? Ganz einfach: Um falsche Sicherheiten abzulegen und den Partner nicht als Rückversicherung gegen Lebensängste zu mißbrauchen. Damit der Selbstwert nicht vom Verhalten des Partners abhängig ist, sondern in sich selbst gefunden wird. Dasselbe gilt für das verbreitetste Motiv für Partnerschaft, nämlich Sicherheit und Geborgenheit – es ist sinnvoll, dies in sich selbst zu finden und nicht vom Partner zu erwarten.

Dafür muß man etwas opfern – nämlich die Vorstellung von Partnerschaft als Hort von Sicherheit, Selbstbestätigung und Bedürfniserfüllung. Dies sind dann nicht mehr die Hauptmotive für eine Partnerschaft. Was man gewinnt, ist eine Liebe, die nicht mehr auf Sicherheitsängsten beruht. Was man gewinnt, ist Freiheit – Freiheit für sich und Freiheit für den Partner.

Und *eine Möglichkeit,* diesen Prozeß anzustoßen, ist, das tabuisierte Thema hereinzuholen in die Paaridentität, *indem wir mit dem Partner darüber sprechen.*

Dem Partner Freiheit geben

Im tiefsten Innern wünschen wir uns alle Freiheit: Nicht eingeschränkt sein, nicht unter Zwängen stehen, das tun, was man gerne möchte. Das gilt auch und gerade für Beziehungen. Ein Partner, der uns Freiheit zugesteht, zu tun, was wir möchten, den lieben wir: Wir fühlen uns wohl in seiner Gegenwart, denn wir dürfen sein, wie wir sind.

Wir haben im Kapitel über Erwartungen die Grundvoraussetzungen hierfür beschrieben: Je mehr Erwartungen, desto mehr Druck, desto weniger Freiheit. Und wir haben beschrieben, wie Erwartungen in Wünsche verwandelt werden können, die dann mit dem Partner besprochen werden können, um eventuell Vereinbarungen zu schließen.

Hinter all diesem steht eine innere Haltung, die besagt: Ich wünsche und gönne meinem Partner das Beste, was auch immer er als Bestes für sich wählt.

Der Leser, die Leserin mag für sich selber prüfen, ob diese Aussage für ihn oder sie stimmt, oder ob Abwehr und Ängste hochkommen.

Wir sind es nicht gewohnt, daß wir selbst so freigelassen werden. Unsere Eltern wollten natürlich „das Beste" für uns – alle Eltern wollen das – aber wurden wir damals gefragt, was *wir* als das Beste im konkreten Fall für uns gewählt hätten? Gewöhnlich wollen Eltern das Beste für ihre Kinder, *so, wie sie es verstehen, und nicht, wie wir es gern als Kinder gehabt hätten.*

Dieses Prinzip übertragen wir später auf die Partnerschaft. Eltern wirkten oft einengend mit ihren Vorstellungen und Erwartungen; also machen wir es genauso in der Partnerschaft; wir sind es nicht anders gewohnt. Die traditionelle Partnerschaft ist ein Tauschhandel: Du gibst mir, was ich brauche, dafür gebe ich dir, was du brauchst – *aber* – wenn du etwas zu brauchen meinst, was mir nicht einleuchtet oder meinen Erwartungen zuwider läuft, dann ignoriere ich das, und wenn du dann immer noch nicht deinen Mund hältst, bekämpfe ich es – notfalls mache ich dich klein und erkläre dich für verrückt und reif für die Psychiatrie.

„Du willst ein esoterisches Seminar besuchen? So ein Quatsch, das läßt du lieber." – „Du willst keinen Sex mehr? Wozu habe ich denn mit der Heirat meinen Jagdschein erworben?" – „Du willst zwei Wochen allein in Urlaub? Bist du verrückt geworden? Du willst ja nur mit einem anderen Mann bumsen." – „Du willst arbeiten – aber nur in meinen Betrieb als unbezahlte Sekretärin." – Zahllos sind solche und ähnliche aus dem Leben gegriffene Reaktionen, meist von Männern, die befragt behaupten würden, ihre Frau zu lieben.

Menschen können ihren Partnern keine Freiheit geben, weil

- sie in eigenen Bedürfnissen feststecken
- sich nicht in ihren Partner einfühlen können und auch nicht wollen
- voller negativer Gefühle wie Ärger, Mißtrauen, Haß sind
- meinen, ihren Partner dominieren und beherrschen zu müssen.

Alle vier Punkte hängen zusammen und treten auch meist zusammen auf.

Daraus ergibt sich, daß ich meinem Partner erst dann Freiheit, sich selbst und seine eigenen Möglichkeiten zu leben, zugestehen kann, wenn ich eine gewisse Kontrolle über meine Bedürfnisse habe, mich gut in meinen Partner einfühlen kann und das auch immer wieder tue, positive Gefühle wie Liebe, Freude und Dankbarkeit lebe und meinen Partner als gleichberechtigten, gleichwertigen Menschen an meiner Seite wahrnehme.

Man kann diese Haltung gegenüber dem Partner als *Liebevolles Lassen* bezeichnen: Ich versuche nicht, meinen Partner zu verändern und ihn meinen Wünschen und Erwartungen anzupassen, sondern lasse ihn, wie er ist, jedoch das nicht auf eine gleichgültige, sondern eine liebevolle Weise. Man kann dies auch als *Achtung vor dem So-sein des Partners* bezeichnen. Dies geht natürlich nur, wenn ich die Gedanken, Wünsche und Gefühle meines Partners wahrnehme und an ihnen interessiert bin und mein Partner bereit ist, sie mir mitzuteilen.

Er wird mir seine Gefühle und Wünsche nur dann mitteilen, wenn er sicher sein kann, verstanden und nicht negativ beurteilt zu werden. Je mehr ich mich um Verständnis bemühe und je weniger mein Partner Angst haben muß, von mir abgewertet und negativ beurteilt zu werden, desto mehr wird mein Partner das Gefühl haben, frei zu sein und tun zu können, was immer er möchte.

Viele Paare, vor allem im westlichen Kulturkreis, sind der Überzeugung, ihrem Partner Freiheit zu geben. „Natürlich kann mein Mann zum Fußball gehen und sich mit seinen Kollegen treffen." – „Natürlich kann meine Frau den Malkurs machen oder ihre Freundin besuchen." – Wenn jemand nicht extrem eifersüchtig und kontrollierend ist, wird er mit solchen Aussagen keine Mühe haben.

Aber es muß eine Grenze geben! – so denken die meisten. Die Grenze wird durch das Aufkommen von Eifersucht markiert. Diese Grenze ist für die meisten erreicht, wenn die Beziehung zu einem Dritten „intim" zu werden droht – vom Wangenkuß bis zum Geschlechtsverkehr – oder wenn auch nur die Möglichkeit am Horizont gesehen wird, wie z. B. der Solo-Urlaub des Partners.

Es bestünde die Möglichkeit, auch diese scheinbare Grenze zu verschieben. Kann man, möchte man das? Wozu sollte man selbst hier „tolerant" werden? Die affektiven Widerstände der meisten sind an diesem Punkt erheblich. Ein weiterer Punkt kommt hinzu. Viele sind fest davon überzeugt, dass *ihr* Partner treu ist. Wieso sollte man sich mit diesem Problem belasten, wenn keine Notwendigkeit dafür gesehen wird? Es ist einfach bequemer, im monogamen Modell der stillschweigenden Treueerwartung zu bleiben. Wer es so halten will, soll es tun und das kann gut gehen – oder auch nicht.

Also, was könnte der Vorteil sein, selbst hier Freiheit zu gewähren? Der hauptsächliche Vorteil hat überhaupt nichts mit dem Partner zu tun, sondern mit einem selber: Man gewinnt an Souveränität und verliert an (unterschwelliger) Angst. Wenn man weiß, daß selbst *dieser Fall,* also wenn der Partner untreu wird, keine Katastrophe darstellt, weil man auch dann innerlich liebevoll mit dem Partner verbunden bleiben kann und sich nicht tiefverletzt abschneidet, dann geht auch die unterschwellige Angst weg, weil „Vertrauen" nicht mehr nötig ist. So, wie Anapol schreibt:

Jealousy always conjures up the worst case scenario: The loss of your beloved. Most often, this is a false alarm. But if you can calmly accept the worst, everything else can be handled with grace. Jealousy tempts us to resist the flow of life, to say NO to change. Like a brush with death, jealousy brings us face to face with the unpredictable nature of life.

Suddenly the future looks uncertain. Jealousy says clamp down, hold on for dear life. Stop that current, lock that gate. But resistance only causes pain. Instead, let go. What is yours will flow back to you. (Anapol)[11]

Eifersucht, so Anapol, will den schlimmsten Fall verhindern, den Verlust des Partners. Eifersucht will festhalten, diesen schlimmsten Fall um jeden Preis verhüten. Eifersucht will dem Strom des Lebens widerstehen und sagt nein zu jeder Veränderung. Aber wenn man diesen schlimmsten Fall als Möglichkeit akzeptieren kann, verändert sich alles. Laß los, sagt Anapol – was zu dir gehört, wird wieder zu dir zurückkommen.

Wer diesen Weg gehen will, findet in diesem Buch eine Menge Anregungen wie z. B. das Sprechen mit dem Partner über diese Möglichkeit oder die Visualisierung dieser Möglichkeit, so wie Labriola im Kapitel „Konfrontation" es beschreibt. Und man kann es als Ritual durchführen, so wie z. B. Maria schreibt:

Wir haben beide genug Beziehungserfahrung, wir wußten, wie das ist, wenn man sich verletzt und dem anderen die Schuld gibt oder einfach nur ausbricht und sich jemand anderen sucht. Das wollten wir so nicht, weil das, was wir aneinander haben, so wertvoll ist.

11 Übersetzung im Anhang.

Wir haben sehr viel darüber gesprochen. Und dann haben wir eine Art Ritual gemacht, in Form eines Ringes, den er mir ausgesucht hat und mit dem er mir meine Freiheit geschenkt hat. Als Signal und Ausdruck, daß wir uns von den Zwängen, die normalerweise mit einem Ehering verbunden sind, befreien wollen und möglich machen, daß man nicht, wie sonst in den Beziehungen, heimlich fremdgeht und dann so viel Leid entsteht. Es war klar, daß wir keine Heimlichkeiten entstehen lassen wollten. (Ihlefeld 2008, S. 185)

Freiheit auch in diesem Punkt zu gewähren, kann allerdings nicht isoliert geschehen, etwa daß man eine „offene" Beziehung vereinbart, aber ansonsten den Partner bekämpft und niedermacht. Achtung vor dem Partner und liebevolles Lassen gerade auch im Alltag bilden hierfür die unverzichtbare Voraussetzung.

Das Selbstbild im sozialen Vergleich

Im Kapitel „Der Vergleich mit dem Nebenbuhler" habe ich über die Angst geschrieben, ein möglicher Rivale könnte „besser" sein, worin auch immer, und uns so den Partner abtrünnig machen. Dort wurde über die *Merkmalsfixierung* gesprochen, die uns verleitet anzunehmen, wir müßten bestimmte erwünschte Eigenschaften aufweisen, um beruflich oder partnerschaftlich „Erfolg" zu haben. Wenn es hierbei um Partnerschaft geht, so werden in der Regel zwei Strategien angewandt, um zu dem erwünschten Erfolg zu kommen:

- Wenn man noch keine Beziehung hat: *Selbstoptimierung hinsichtlich erwünschter Merkmale:* Ich versuche, mich so darzustellen, daß ich in den Augen eines möglichen Partners ein begehrenswerter Partner bin.
- Wenn man schon in einer Beziehung ist: *Bindung mit Eifersucht,* um meinen Partner an Vergleichen mit möglichen Rivalen zu hindern.

In beiden Fällen bleibt das Denken in konkurrierenden Merkmalen bestehen. Das Problem wird so nicht wirklich gelöst. Wie oben dargestellt meinen wir, unser Partner würde uns eher irgendwelcher *Merkmale* wegen lieben, als daß wir meinen, er würde *uns* lieben.

Die hier aufgeworfene Frage betrifft das *Selbstwertgefühl,* genauer gesagt, worauf sich das Selbstwertgefühl gründet. Wir alle neigen dazu, unser Selbstwertgefühl auf Attribute zu gründen, welche wir bei uns für gut halten, etwa unsere berufliche Leistungen, offizielle Anerkennungen und Abschlüsse, unser Geld – oder unsere persönliche Attraktivität, soziale Fähigkeiten, die wir haben, oder bei manchen Frauen die körperliche Attraktivität. In all diesen Fällen haben wir das Selbstwertgefühl auf Merkmale und Attribute gegründet, in denen wir *im Vergleich* oder manchmal sogar *in Konkurrenz* stehen zu anderen. Und damit entsteht auch in der Partnerschaft das Vergleichs- oder Konkurrenzproblem, welches einen Teil der Eifersucht bildet.

Eine radikale Lösung dieses Problems könnte darin bestehen, daß wir aus dem Vergleichen heraustreten; wir nehmen uns selbst als *unvergleichbar* wahr. Wie soll das geschehen? Dies ist nur möglich, wenn wir uns nicht mehr als Bündel verschiedener Merkmale, sondern als einzigartige Individualität begreifen. *Diesen Menschen, der ich bin, mit seiner spezifischen Qualität gibt es nur einmal.* Wenn ich mir dessen bewußt bin, dann werde ich auch meinen Partner anders ansehen, und zwar als einzigartige Person.

In vielen Partnerschaften spielt die Einzigartigkeit der Partner nur eine geringe Rolle, wenn überhaupt. Je weniger in der Partnerschaft Individualität wahrgenommen wird, desto mehr herrschen starre Rollenerwartungen vor. *Solange man in sozialen Rollen gefangen ist, steht man im Vergleich und in der Angst, der vorgeschriebenen Rolle nicht zu genügen.* Bin ich ein wirklicher Mann, weil ich eher weich und nicht so machomäßig drauf bin? Bin ich eine gute Mutter, weil ich auch beruflich tätig werden will? Bin ich eine schlechte Frau, weil ich beim Sex so gern den Ton angebe? Das sind so Fragen, die darauf hinweisen, daß man seine Individualität noch nicht gefunden hat und lebt.

Wenn ich meine Einzigartigkeit noch nicht gefunden habe und eher eine Rolle spiele, werde ich sehr wahrscheinlich einen Partner anziehen, der sich ebenfalls noch nicht gefunden hat und in Rollen befangen ist. Und dann herrscht das traditionelle Eheverständnis mit Erwartungen und Eifersucht. Wenn ich aber meine Einzigartigkeit gefunden habe und lebe, dann werde ich sehr wahrscheinlich einen Partner anziehen, der diese Einzigartigkeit liebt und zu schätzen weiß. Und damit höre ich mehr und mehr auf, mich oder den Partner mit anderen zu vergleichen.

Dann, und nur dann, ist es mir egal, ob ein anderer oder eine andere in diesem oder jenem Merkmal besser ist. Dann kann ich als Frau sagen: Es mag ja viele Frauen geben, die „schöner" sind als ich, gemessen am Standardmodell – na und? Ich habe das Aussehen und die persönliche Schönheit, die zu mir paßt und mein Partner liebt mich deshalb. Und als Mann könnte ich sagen: Von mir aus können andere Männer sexuell „besser" sein (was immer auch das heißen mag) – ich lebe meine Sexualität auf meine einzigartige Weise, und meine Frau liebt mich deswegen.

Wieder ist es die Polyamorie-Szene, in der sich notwendigerweise damit auseinandergesetzt werden muß. So sagt eine Frau, Maike:

Das Selbstbewußtsein, daß ich richtig bin, so wie ich bin, das ist der Ausgangspunkt. Sonst geht das nicht. Sonst kommen immer wieder Zweifel, ob ich dem Partner nicht genug bin, oder: Warum ist die andere bei ihm, was fehlt da? Sondern das Gefühl zu haben, es ist alles in Ordnung, ich muß nämlich nicht alles können, was andere können. Die andere Person kann ruhig etwas haben, was ich nicht haben muß. Ich kann weder alles haben noch alles machen, das geht nicht. (Ihlefeld 2008, S. 61)

Oder ein Mann, Johannes:

Ich war zu der Zeit eine Woche geschäftlich weg. Als Marina mich dann vom Flughafen abgeholt hat, war sie einigermaßen übernächtigt, denn sie hatte die Nacht mit ihm auf einem Dach verbracht und sich Berlin angeguckt. Da hatte ich das Gefühl: Kaum bin ich eine Woche weg, da ist sie mit einem anderen zugange. Da kam schon ein bißchen Eifersucht auf. Ich fing an, mich mit dem anderen zu vergleichen. Natürlich war er größer und stärker, konnte Marina beim Tanzen besser heben und war insgesamt temperamentvoller. Da hat mich schon die Frage beschäftigt, inwieweit sie mit ihm etwas hat, was sie mit mir nicht hat. Aber umgekehrt konnte ich natürlich auch entdecken, daß sie mit mir vieles hat, was ihr der andere nicht geben kann. Und das wiegt viel schwerer. So wurde mir klar, daß ich keine Angst haben muß und daß Eifersucht gar nicht nötig ist. Ich glaube auch, daß ich insgesamt ziemlich wenig eifersüchtig bin. Soll es ihr doch gut gehen, solange ich nichts vermissen muß, und sowieso, wenn ich verreist bin. (Ihlefeld 2008, S. 98)

Zwei Aussagen, die sich ergänzen, können diesen Zitaten entnommen werden. „Ich muß nicht alles können, was andere können. Die andere Person kann ruhig etwas haben, was ich nicht haben muß." – Dies ist die erste Aussage. So souverän zu reagieren geht aber nur, wenn ich ein „Selbstbewußtsein, daß ich richtig bin, so wie ich bin" habe. Ein derartiges Selbstbewußtsein kann sich nur auf die persönliche Einzigartigkeit gründen – ich muß mich nicht mehr vergleichen. Und dann macht es mir nichts mehr aus, wenn die dritte Person in dem einem oder anderen Zug „besser" ist oder etwas kann, was ich nicht kann und vielleicht auch gar nicht können möchte.

In dem zweiten Zitat wird zwar gesehen, daß die Partnerin mit dem anderen Mann etwas hat, was sie mit ihrem Partner nicht hat. Aber es wird genauso klar gesehen, daß sie mit ihrem Partner Dinge leben kann, die sie mit dem anderen nicht leben kann. Diese Betrachtungsweise ist wieder nur mit einem guten Selbstbewußtsein möglich.

Auch das folgende Zitat von einem Mann, der mit zwei Frauen lebt, ist sehr erhellend:

Ich würde sagen, daß das, was man bei einer findet, nicht unbedingt das ist, was man bei der anderen vermißt hat, sondern noch schlimmer: Es ist etwas, was dieser auch gar nicht fehlt. Die eine hat eben eine Eigenschaft, die auch gar nicht zu der anderen Frau passen würde. Es ist nicht so, daß man diese vermißt und sie dann eben irgendwo anders sucht, sondern wenn sie diese Eigenschaft hätte, wäre das in sich gar nicht konsistent. Es ist also etwas, was nur für die andere Person charakteristisch ist, und insofern ist es kein Ausspielen der Personen gegeneinander. Das beste Beispiel ist vielleicht das der vollbusigen Blondine als Konkurrentin. Da steht eine Frau vor dem Spiegel und fantasiert, daß die andere einen riesigen Busen hätte, und dann kommt am Ende heraus, die hat fast gar keinen. Und sie hat auch keine langen, blonden Haare. Stattdessen hat die andere aber eine Eigenschaft, die sie nun selbst gar nicht haben will. Die Frage, ob mir etwas fehlt, ist immer eine Auseinandersetzung mit mir selbst, mit der Projektion und dem Verlustgedanken in bezug auf eine andere Person und die Eigenschaften, die sie vielleicht hat. Ich habe Lydia nicht gefunden, weil mir bei Sybille etwas gefehlt hätte. Ich finde, sie sind beide absolut einzigartig. (Ihlefeld 2008, S. 121)

Auch hier wird auf die Einzigartigkeit abgehoben, die einen Vergleich sinnlos erscheinen läßt, im Zitat bezogen auf die Partnerin. Wichtig der Satz mit der Frage, ob mir etwas fehlt: Wenn man sich vergleicht mit dem realen oder vermeintlichen Nebenbuhler und der Vergleich fällt ungünstig für einen selbst aus, so ist das „immer eine Auseinandersetzung mit mir selbst" – ich muß mit mir selbst ins reine kommen, und wenn ich das bin, dann entfällt jeder Vergleich.

Wenn hier Zitate aus der Polyamorie-Szene gebracht werden, so könnte dies zu dem Schluß führen, daß die Schlußfolgerungen nur für Anhänger von Polyamorie gültig seien. Nichts könnte weiter von der Wahrheit entfernt sein. Die Erkenntnisse sind genauso gültig für Menschen, die in monogamen Beziehungen leben – allerdings sind Polyamorie-Vertreter aufgrund ihres Beziehungskonzepts eher gezwungen, sich mit Eifersucht positiv auseinanderzusetzen; sie gelangen aber so zu Erkenntnissen, die auch für die Mehrheit der in monogamen Beziehungen Lebenden wertvoll sind.

Was könnte man also am Schluß dieses Kapitels über den Vergleich mit anderen sagen? Hier ein paar Anregungen:

- Versuche herauszufinden, in welchen Bereichen du Angst hast, ein anderer könnte „besser“ sein als du, und nimm die Ergebnisse als Hinweise, daß du in diesen Bereichen noch nicht dein Optimum entwickelt hast.
- Du als Mann hast Angst, du könntest deiner Partnerin beruflich und finanziell nicht genügen? Dann nimm das als Hinweis, daß du den Beruf, der optimal zu dir paßt, noch nicht gefunden hast. Oder Angst, ein anderer könnte deiner Partnerin sexuell mehr „bieten“? Dann ist deine Sexualität wahrscheinlich noch nicht wirklich frei und du hast deinen Stil noch nicht gefunden.
- Du als Frau siehst dich als graue Maus oder hast Probleme mit deiner Figur und meinst, dein Partner würde sofort zu einer Frau mit großem Busen überwechseln, sobald sich die Gelegenheit ergibt? Dein Selbstwertgefühl ist beklagenswert gering, und ehe du an Implantate denkst, wäre es vielleicht gut, deine Ausstrahlung zu verbessern. Und die hat mehr mit deinem Selbstbild und deinen Gefühlen als mit deiner Figur zu tun.

Dies sind nur Hinweise, in welcher Richtung die Lösung liegt. Seine Einzigartigkeit entwickeln, mehr Selbstbewußtsein und eine andere Ausstrahlung bekommen ist nichts, was man mit Hilfe einiger Tips in wenigen Wochen erreichen kann – es ist eine Lebensaufgabe. Jedoch es ist fast die einzige Aufgabe im Leben, die sich wirklich lohnt.

Liebe und Verstehen

Wenn sich zwei Menschen miteinander verbinden, dann tauschen sie sich miteinander aus. Man lernt einander kennen, die Vorlieben, die Gewohnheiten, die Macken des anderen und lernt, wie der Partner auf die eigenen Vorlieben, Gewohnheiten und insbesondere Macken reagiert. Irgendwann entsteht der Eindruck, man kennt einander, nicht nur ein bißchen, eigentlich ziemlich gut, ja, viele würden behaupten, daß sie alles Wichtige von ihrem Partner wissen und kennen.

Wenn – nach einem halben Jahr, nach einem Jahr – die Partner meinen, alles übereinander zu wissen, dann wird dieser Wissensstand eingefroren: Es gibt nichts Neues mehr am Partner zu erfahren. Die Partner sind wie zwei Himmelskörper, die einander umkreisen und einander immer dieselbe Seite zukehren: Ich weiß, was du weißt über mich, und was in dieses dein Wissen über mich nicht reinpaßt – will ich dir das im Ernst mitteilen? Lieber nicht. Andererseits bin auch ich nicht sicher, ob ich neue und unbekannte Aspekte von dir wirklich kennenlernen will. Es ist so, wie der Paarberater Michael Mary schreibt:

Deshalb wird in einer Paarbeziehung keinesfalls alles kommuniziert, was Menschen kommunizieren können, sondern im Gegenteil sehr wenig … Die Partner lieben sich nicht deshalb, weil sie tatsächlich ***alles*** *einander mitteilen, sondern sie lieben sich gerade im Gegenteil, weil sie vieles* ***nicht*** *kommunizieren … Nur indem sie vieles aus ihrer Kommunikation weglassen, ist es den Partnern möglich,* ***scheinbar*** *alles voneinander zu wissen,* ***scheinbar*** *alles miteinander zu teilen, sich in vieler Hinsicht eins zu fühlen und einander scheinbar vollständig zu verstehen. Es geht in der Liebe demnach weit mehr um die Illusion des Verstehens als um das Verstehen selbst. (Mary 2007, S. 165)*

Liebe im gängigen Verständnis beruht also nach Mary auf einer Illusion: Der Illusion, man verstünde den Partner und wisse alles Relevante von ihm. Zweifellos ist dies oft der Fall. Wenn Frauen in die Beratung zu mir kamen mit der Klage, ihr Mann sei fremdgegangen, dann fragte ich manchmal: Glauben Sie denn, daß Sie Ihren Mann *kennen?* Die Antwort war immer: Ja, selbstverständlich. – Ja, haben Sie denn *gewußt,* daß Ihr Mann auch mal gern mit einer anderen Frau schlafen würde? – Nein, das denn doch nicht. Aber hier konnte die Frau stutzig werden. *Habe ich denn meinen Mann wirklich gekannt, kenne ich ihn?* Will ich überhaupt *alles* von meinem Partner wissen?

Ich mache mir ein Bild von dir, und was nicht in dieses Bild reinpaßt, will ich gar nicht wissen. Und ich erwarte, daß du meinem Bild von dir entsprichst. Ebenso versuche ich, deinem Bild von mir zu entsprechen und nichts von mir zu zeigen, was dieses Bild infrage stellen könnte: So sieht es aus bei vielen Paaren.

Mary spricht von der *Paaridentität,* die sich ein Paar schafft. Die Paaridentität besteht aus all dem, was ein Paar miteinander teilt, was das „Wir" des Paares ausmacht. Jeder der Partner hat darüber hinaus Anteile, die nicht zur Paaridentität passen. Individuelle Unterschiede der Partner gehören nicht unbedingt zur Paaridentität und können diese potentiell bedrohen. Da fast jedes Paar unbewußt und automatisch das übliche Partnerschaftsmodell mit Treue und Eifersucht übernimmt, gehört dieses Modell auch zur Paaridentität. Wünsche und Phantasien, die nicht dazu passen, stehen damit außerhalb der Paaridentität und damit außerhalb jeglicher Verhandlungsmöglichkeit.

Zweifelsohne trifft die Aussage von Mary in der Durchschnittsbeziehung häufig zu: Die Paaridentität ist sehr begrenzt, viele Gedanken und Wünsche der beiden Partner werden vor dem jeweilig anderen abgeschirmt und nicht geäußert (mögliche Fremdgehwünsche sowieso) und in vielen Fällen trifft die Beobachtung von Mary zu, daß eine derartige „Liebe" mehr auf der Illusion des Verstehens gründet als auf einem tiefen Verständnis des Partners. Für das durchschnittliche Paar stellt „Verstehen" keine Erfordernis für eine Partnerschaft dar: Man hat miteinander das Leben und den Tag mit seinen anstehenden Aufgaben zu bewältigen; sicher gehört auch gegenseitige Hilfe dazu; man hat Sex miteinander (wobei es viele wenig kümmert, wie sich der andere beim Sex fühlt) und man hat für die daraus entstehende

Familie zu sorgen in der jeweiligen Rolle als Geldheranschaffer oder Hausfrau und Mutter – Verstehen des Partners hat in diesem Rahmen oft einen sehr untergeordneten Platz.

Aber muß es zwangsläufig so sein, wie es Mary eher pessimistisch sieht? Hat Liebe wirklich mehr mit der Illusion des Verstehens zu tun als mit echtem Verständnis? Schließen sich Verstehen des Partners und Liebe aus? Höre ich auf zu lieben, wenn ich meinen Partner verstehe und mir nicht nur einbilde ihn zu verstehen? Will ich den Menschen, mit dem ich lebe, wirklich kennenlernen in all seinen Facetten, in seinen Begabungen, aber auch in seinen Abgründen, in seiner gelebten und in seiner ungelebten Persönlichkeit, in seinen Glaubenssätzen aber auch in seinen geheimen Phantasien?

Wenn ich meinen Partner nicht nur einfach nehme, wie er sich mir darstellt, und ausblende, was mir nicht paßt, sondern ihn neugierig *erforsche,* in alle Falten seiner Seele hinein, dann werde ich auf Dinge stoßen, die mir fremd und unverständlich sind oder gegen die ich sogar eine ziemliche Abwehr entwickle. Was mach ich damit? Ich kann diese Seiten wie die meisten Menschen ausblenden. Oder ich kann sie, was nur wenige tun, in einer intensiven Auseinandersetzung mit meinem Partner *verstehen lernen* und so die gemeinsame Paaridentität erweitern.

Hat das was mit Liebe zu tun?

Wir nehmen noch einmal das obige Mary-Zitat: „Die Partner lieben sich nicht deshalb, weil sie tatsächlich *alles* einander mitteilen, sondern sie lieben sich gerade im Gegenteil, weil sie vieles *nicht* kommunizieren.“ Seltsam, dieser Satz. Er sagt sehr viel darüber aus, wie der Durchschnittsmensch Liebe definiert: Was paßt, das paßt, und was nicht paßt, wird ausgeblendet – hier haben wir wieder die Aufteilung des Menschen in *Merkmale* – bestimmte Merkmale des Partners sind liebenswürdig und gehören somit zur Paaridentität, von anderen möchte man so wenig wie möglich wissen (z. B., daß er sich auch von anderen Männern oder Frauen angezogen fühlen könnte).

Aber nehmen wir mal an, daß wir Liebe anders definieren wollen und *Verstehen* zu einem zentralen Merkmal von Liebe machen wollen. *Weil ich dich liebe, möchte ich dich verstehen – und zwar möglichst vollständig, alle die vielfältigen Facetten deiner Person. Und wenn ich dich wirklich verstehe, dann liebe ich dich.* Dies ist eine ungewohnte Definition von Liebe. Wie schon ausgeführt (Kapitel „Liebe und Eifersucht im traditionellen Partnerschaftsverständnis") definieren wir Liebe entweder als magisch-emotionales Zueinandergezogensein oder als vertrautes Miteinander. Wir sind es nicht gewohnt, Liebe auch als geistigen Akt des wechselseitigen Verstehens zu sehen. Auch in den meisten Büchern über Partnerschaft wird dem *Verstehen des Partners* keine zentrale Bedeutung für Liebe und Partnerschaft eingeräumt.

Also: Was hat Liebe mit Verstehen zu tun?

Wir alle wünschen uns, von den Menschen um uns und unserem Partner im Besonderen bejaht und angenommen zu werden. Und das schließt ein, *verstanden* zu werden. Wenn ich mich von meinem Partner in meiner Einzigartigkeit gesehen und verstanden fühle, dann brauche ich nichts mehr zu verheimlichen. Ich muß keinerlei negative Reaktion befürchten, wenn ich ehrlich sage, was in mir ist.

Und auch mein Partner braucht nichts zu verheimlichen vor mir, wenn er sich von mir vollständig gesehen fühlt. Natürlich darf er – und darf ich – Geheimnisse haben. Ein Ausfrage- und Selbstoffenbarungszwang gehört nicht zum Verstehen. Aber mein Partner weiß, daß ich ihn nicht negativ bewerte, wenn er von sich etwas mitteilt. Er darf *alles* sagen – auch Fremdgehwünsche, wenn sie da sind – ohne bestrafende Reaktionen von mir befürchten zu müssen.

Den Partner *verstehen wollen* bedeutet, daß man sich selbst, die eigenen Wünsche und Erwartungen im Moment ausblenden kann und sich nur auf seinen Partner bezieht. Eifersucht blockiert Verstehen, sagten wir weiter oben, weil Eifersucht bedeutet, daß man in eigenen Bedürfnissen und Erwartungen hängenbleibt. Man braucht sich nur die Frage zu stellen: Wie reagiert jemand, der erfahren hat, daß sein Partner eine Affäre hat – mit *Verurteilen* oder mit dem *Wunsch zu verstehen?* Kaum jemand, dessen Partner „fremdgegangen“ ist, will ihn *nicht* verurteilen, sondern in erster Linie *verstehen.*

In diesen Zusammenhang taucht oft das Wort *Toleranz* auf. Im hier gemeinten Sinn bedeutet Toleranz eben nicht: Du kannst tun, was du willst, es ist mir egal, sondern liebevolle Anteilnahme an allem, was für meinen Partner wichtig ist. Toleranz in diesem Sinne beruht auf Verstehen des Partners und eben nicht auf Gleichgültigkeit, wie oft von den Rechtfertigern der Eifersucht unterstellt.

Verstehen ist Liebe auf geistiger Ebene. Und Verstehen kann geübt werden – und zwar genau da, wo wir unseren Partner eben nicht verstehen, weil er ganz anders fühlt, denkt und handelt als wir; wo wir eine Abwehr gegenüber gewissen Zügen unseres Partners empfinden; wo wir nicht so genau hinschauen möchten. Genau da kann Verstehen geübt werden:

Es kann geübt werden, in dem wir *nachfragen,* wenn wir bei unserem Partner etwas nicht verstehen: Ich versteh gar nicht, was findest du an … (was auch immer) – kannst du es mir sagen, was dich da anzieht? – Die Frage darf nicht rhetorisch sein, der Fragende muß wirklich interessiert sein an dem, was sein Partner sagt. Auch dieses Vorgehen setzt eine entwickelte Gesprächskultur voraus.

Beispiele hierfür sind: Völlig andere Eßvorlieben des Partners, völlig andere Urlaubsvorstellungen, sexuelle Wünsche des Partners, die mich völlig kalt lassen, Neigung zum Fremdgehen, eine andere Art, mit Menschen zu kommunizieren, abweichende Vorstellung von Ordnung usw. usw.

Bei diesem Nachfragen werden wir ab und zu auf wunde Punkte des Partners stoßen, bei denen er auf Abwehr geht. Genauso kann es umgekehrt passieren, daß das Nachfragen des Partners bei uns wunde Punkte berührt. Wenn ein wunder Punkt berührt ist, hilft es wenig, sich verletzt in Abwehr zurückzuziehen oder den Partner zu schonen, denn er hat ja da seinen wunden Punkt. Wenn das Nachfragen des Partners an einem wunden Punkt aber von Liebe getragen ist, so bietet sich hier die Möglichkeit, das, was verletzt ist, aufzulösen.

Wenn das Gespräch an einem Punkt nicht weiterkommt, dann kann man auch versuchen, sich in den Partner zu versetzen, sozusagen durch seine Augen zu schauen, sich zu fragen, was könnte der Grund sein, daß er so reagiert, was könnte ihn da anziehen. Man könnte in einem weiteren Gespräch dem Partner dann seine Vermutungen mitteilen, „könnte es sein, daß du …" Ein solches Gespräch kann schwierig sein, denn *wir holen damit etwas in die Paaridentität, was vorher außerhalb war.* Und das Ergebnis? Die Partnerschaft wird so immer umfassender, umfaßt immer mehr Anteile der Partner. Und je umfassender die Partnerschaft ist, desto weniger können *unvorhergesehene Ereignisse* von außerhalb der Paaridentität störend reinwirken.

Verstehen in diesem Sinn ist nichts Statisches, so wie viele Verstehen definieren: Ich versteh das oder ich versteh das nicht, fertig. Verstehen ist ein dynamischer Prozeß, ein Austausch, der zum Ziel hat, immer mehr Verständnis für den anderen zu gewinnen, *ihn immer besser* zu verstehen.

Dies ist ein Idealmodell, welches nicht immer leicht zu verwirklichen ist. Die Verständnisbereitschaft der meisten Menschen ist nicht allzu groß, wenn sie auf Züge stoßen, die sie nicht verstehen oder, schlimmer noch, mißbilligen. Wer macht sich zum Beispiel die Mühe, einen Menschen zu *verstehen,* der gerade aus einer subjektiven Notlage heraus einen anderen Menschen umgebracht hat? Und gerade ein solcher Mensch hätte Verständnis dringend nötig. Was würde Verstehen in diesem Fall heißen? Es würde heißen: Ich weiß und kann nachvollziehen, warum, das heißt, aus welchem inneren Antrieb heraus du das gemacht hast. Für dich gab es in dieser Situation keine andere, bessere Lösung – sonst hättest du sie gewählt. Aber du kannst lernen, bessere Lösungen zu finden – so daß die innere Zwangslage, in die du geraten bist, gar nicht mehr auftaucht.

Ähnlich verhält es sich beim Hexenkessel Eifersucht, wo die Bereitschaft zum Verstehen notorisch klein ist, vor allem bei „begründeter" Eifersucht. Wenn man den Täter hört mit seinem lahmen „es ist halt passiert", dann kann man ja nur schließen, daß er sich selber nicht versteht – und vor allem: Nicht *dazu* steht. Sowohl *Ver*stehen wie auch *dazu Stehen,* d.h. die Verantwortung dafür übernehmen, wären wichtig.

Wenn ich meinen Partner liebe, dann will ich ihn verstehen – „Weinen und wütendes Schreien", wie es Jellouschek für angebracht hält (Kapitel „Eifersucht ein Zeichen von Liebe") zeugt nicht von Verständnisbereitschaft. Es ist verblüffend, wie im Falle von Eifersucht das Verstehen blockiert ist – es ist gerade so, daß fast alle Menschen stolz darauf sind, „in diesem Fall" kein Verständnis zu zeigen und sich auch nicht darum zu bemühen. Seitensprung – das ist in den Augen vieler ein unverzeihliches Vergehen, selbst bei professionellen Verstehern wie Psychologen und Therapeuten! So z.B. die Familientherapeutin Felicitas Heyne über den Seitensprung: „Es gibt Dinge, die sind so schwerwiegend, daß ich sie nicht verzeihen kann und nicht muß." (zitiert bei Franz 2008) Wer es so sehen will, der wird es so sehen. Und wird wahrscheinlich im Falle des Falles allein in seiner Wohnung sitzen. Also was soll man tun? Vielleicht doch den Seitensprung „verzeihen", um die Ehe zu „retten"?

Jedoch auch „Verzeihen" gehört als Möglichkeit noch zum traditionellen Liebes- und Partnerschaftskonzept. *Verzeihen setzt voraus, daß ein Vergehen vorliegt* – d.h. ich muß ein bestimmtes Verhalten des Partners als Vergehen bewerten, wie oben bei Heyne, die den Seitensprung sogar als „schwerwiegendes" Vergehen bewertet.

Wie aber, wenn ich das nicht tue? Dann gibt es nichts zu verzeihen, weil der Partner nichts Schlimmes getan hat – es liegt einfach kein Vergehen vor.

Wie kann man so denken? Sicher nicht im Rahmen des traditionellen Partnerschaftsmodells. Voraussetzung ist, wie schon oft gesagt, daß man „Liebe" nicht mehr von der eigenen Bedürftigkeit her interpretiert. Dann wird „Weinen und wütendes Schreien" überflüssig:

Ich gönne dem, den ich liebe, alles, was er möchte und was ihm gut tut, in dem Wissen, daß ihn jede Erfahrung auf dem Weg zu seiner

Bestimmung weiterbringen wird. Ich weiß auch, daß alles, was er tut, nie gegen mich ist, sondern immer nur für ihn und sein Leben. (Wessbecher 2006, S. 111)

Dies ist ein Liebesbegriff, der frei ist von eigener Bedürftigkeit. Und weil eigene Bedürfnisse nicht mehr im Mittelpunkt stehen, kann ich dann auch die Sichtweise des Partners verstehen: Er tut es ja nicht gegen mich, sondern *für sich,* um für sich etwas zu erreichen.

Genau denselben Liebesbegriff finden wir in dem Zitat, welches als Motto diesem Buch vorgestellt ist. Es ist der bekannten Buchreihe „Gespräche mit Gott" entnommen:

Wenn ich für dich will, was ***du*** *für dich willst, dann liebe ich dich wirklich. Wenn ich für dich will, was* ***ich*** *für dich will, dann liebe ich mich* ***durch*** *dich. An demselben Maßstab kannst du ablesen, ob andere dich lieben und ob du andere wirklich liebst. Denn Liebe wählt nicht für sich selbst, sondern macht die Wahl möglich, die die geliebte Person getroffen hat. (Walsch, N. 1999, S. 22f.)*

Also, was wählt ein Partner, der fremdgeht? Hier können viele Motive mitspielen: sexuelle Lust, emotionale Nähe, Anerkennung des eigenen Mann- oder Frauseins. Noch globaler ausgedrückt: Freude und Bestätigung – denn was ist Sexualität anderes als eine spezifische Form von Freude? Und noch globaler ausgedrückt: Er sucht mehr Lebensqualität.

Können wir diesen Punkt in das Verstehen einbeziehen?

Ja aber, so dann der Aufschrei, warum sucht mein Partner dies *außerhalb* unserer Beziehung, warum nicht mit mir!?

Ja – warum? Hierfür gibt es viele Gründe und diese können Grundlage eines auf Verstehen ausgerichteten Gesprächs sein. Dies ist kein Buch über den Seitensprung; deshalb werde ich darauf nicht näher eingehen. Nur eines möchte ich zu bedenken geben: Ist es nicht Größenwahnsinn anzunehmen, wir könnten in der Partnerschaft *alle* Bedürfnisse unseres Partners abdecken? Wäre da nicht mehr Bescheidenheit und realistisches Hinsehen angesagt?

Ein Liebesbegriff, wie er in den Zitaten von Wessbecher und Walsch aufscheint, läßt den Partner frei. Er wird nicht mehr unter der Sichtweise des eigenen Bedürfnisses gesehen. Liebe so gesehen bedeutet demnach, am Wohlergehen des anderen interessiert zu sein, das Glück des anderen zu fördern, dem Partner alles Gute für sich (und nicht für mich) zu wünschen. Liebe bedeutet demnach nicht liebevolles Habenwollen, eher liebevolles Lassen des anderen, ihn lassen, wie er ist, ohne ihn nach meinen Erwartungen verändern oder zurechtstutzen zu wollen. Liebe bedeutet nicht, aus einer Beziehung möglichst viel herauszuholen, sondern in eine Beziehung möglichst viel zu investieren. Dies ist ein Liebesmodell, welches nicht auf Bedürftigkeit aufbaut und in dem Eifersucht keinen Platz mehr hat.

Eine zentrale Rolle in diesem Liebesbegriff ist das *Verstehen des Partners* – und die Bereitschaft, dieses Verständnis immer mehr zu erweitern. *Dieses Verstehen kennt keine Grenze,* so nach dem Motto, bis hierhin bin ich bereit, Verständnis aufzubringen, wenn du aber *das* tust, ist es aus mit meinem Verständnis. Gerade in schwierigen Beziehungssituationen ist Verstehen und das Bemühen darum doppelt wichtig. Die Belohnung ist eine fortwährende Ausdehnung der Paaridentität – bis zu dem idealen Punkt, an dem sie beide Menschen mit all ihren Zügen vollständig umfaßt.

Über Treue

Die Erwartung von Treue ist die Voraussetzung für Eifersucht; so sagten wir anfangs. In der Folge haben wir viele weitere Voraussetzungen für Eifersucht kennengelernt und nicht alle tönen so gut wie das Wort Treue. Der Treuebegriff, so wie er üblicherweise verwendet wird, wurde bis jetzt in diesem Buch eher kritisch gesehen, so daß der Aufschrei „Ja, ist denn die Treue gar nichts wert" verständlich erscheint. Deshalb soll jetzt, zum Abschluß des Buches, noch einmal auf die Treue eingegangen werden.

Zunächst einmal ist der Begriff der Treue nicht unbedingt auf Partnerschaft begrenzt. Im Mittelalter gab es die Treue zum Fürsten oder zum Lehnsherrn. Wir machen uns heute kaum mehr klar, mit welchen intensiven Emotionen das früher verbunden war; so war der „Ritterschlag“ genau genommen ein Treue-Eid. Für die meisten von uns ist das schwer nachzuvollziehen, vielleicht am ehesten noch beim Betrachten bestimmter Filme, z. B. „Kagemusha – der Schatten des Kriegers“ von Akira Kurosawa.

Auch das Verhältnis zu den Eltern kann unter diesem Begriff gesehen werden, auch wenn er da meist nicht verwendet wird. Ich denke da vor allem an das heikle Thema „Pflege der alten Eltern“. Wenn die Forderung erhoben wird, man solle seine alten Eltern nicht ins Heim „abschieben“, sondern die Pflege auf sich nehmen, um etwas zurückzuzahlen von dem, was die Eltern ein ganzes Leben lang Gutes für einen getan haben, so steckt auch hier ein Treuebegriff dahinter.

Was heißt also Treue, nur von diesen Beispielen ausgehend? Treue heißt: *Ich stehe zu einer Aufgabe oder zu einer Person, ganz egal, was passiert.* Ich verspreche dir, daß ich dich getreulich pflege, ganz egal, wie lange du noch lebst. Ich verspreche, meine Kräfte in den Dienst meines Fürsten zu stellen, wann immer er mich braucht. Es ist etwas Unbedingtes in diesem Treuebegriff, etwas Absolutes, es tönt immer etwas mit von *„Du kannst dich drauf verlassen“*. Dieser absolute Charakter klingt immer noch in dem Begriff der „Nibelungentreue“ nach. Dazu paßt auch, daß es eigentlich keine Entbindung gibt von der Treue. Genauer gesagt, u. U. kann der von der Treuepflicht entbinden, dem die Treue geleistet wird, aber nie der, der die Treue „schuldet“.

Auch die *partnerschaftliche Treue* hat eine lange Geschichte. Ich erinnere mich, früher einmal ein Buch mit altchinesischen Novellen gelesen zu haben. In mehreren dieser Geschichten wurde Treue thematisiert, immer nach demselben Schema: Ein Mann heiratet eine Frau, dann muß er sie verlassen, um Heldentaten und eine große Aufgabe zu vollbringen. Diese Aufgabe nimmt eine lange Zeit in Anspruch, Jahre, in einer Geschichte sogar sage und schreibe 20 Jahre! Er kehrt heim zu seiner Frau, sie begrüßt ihn, sie hat auf ihn gewartet, jahrelang, auch 20 Jahre lang, sie hat während der Zeit nie aufgehört, sich als seine Frau zu betrachten, selbstredend war sie ihm nie „untreu" gewesen, sie war ihm treu. – Auch im abendländischen Raum kennen wir dieses Schema aus Homers Odyssee in der Geschichte von Odysseus und Penelope: Er kehrt nach 20 Jahren Krieg um Troja und Irrfahrt auf dem Meer nach Hause zurück, dort haben sich inzwischen zahlreiche Freier eingenistet, die scharf sind auf Penelope, aber sie bleibt standhaft, sie bleibt treu. Wir wissen, daß Odysseus ihr während der 20 Jahre nicht gerade treu war; er verbrachte sogar lange Zeit in den Armen anderer Frauen, aber das zählt nicht; er ist ein Mann. – Als drittes möchte ich den Fantasy-Autor J. R. R. Tolkien erwähnen, bekannt durch seinen Roman „Der Herr der Ringe", mit seiner Geschichte von Aldarion und Erendis (1983, S. 235 ff.) – im Prinzip dieselbe Geschichte: Aldarion der Seefahrer treibt sich jahrelang auf dem Meer und an fremden Küsten rum, während seine Frau Erendis ihre gemeinsame Tochter erzieht. Doch hier kann man eine Abweichung vom traditionellen Schema beobachten und es kommt eine „modernere" Auffassung rein: Als Aldarion nach Jahren zurückkehrt und natürlich erwartet, bereitwillig wieder aufgenommen zu werden, trifft er auf eine verbitterte Erendis, die sich weigert.

Was kommt hier neu rein? Neu ist hier, daß nach der Befindlichkeit dessen gefragt wird, der die Treue leistet, in diesem Fall Erendis. In den alten Geschichten war das keine Frage; psychische Befindlichkeiten zählten da nicht. In traditionellen, konservativen Kulturen ist das noch heute so: Wenn eine Frau im asiatischen Raum vergewaltigt wird, so hat sie ihre Ehre verloren und damit auch ihre Treue, auch wenn wir im Westen sie noch so sehr als Opfer sehen: In traditionellen Kulturen gilt allein der Vollzug; die psychische Beteiligung ist nebensächlich.

Auch wenn heute selbst entschiedene Vertreter von „Treue" wahrscheinlich nicht mehr behaupten würden, eine Frau müßte, wenn es sich denn mal so ergibt, auch zehn Jahre auf ihren

Mann warten und ihm während dieser Zeit „treu" bleiben, so sind diese alten Geschichten doch aufschlußreich, um das Prinzip herauszuschälen.

Denn Treue ist in seiner Absolutheit ein Prinzip. Halten wir als zweiten Begriff die oben genannte *„psychische Befindlichkeit"* fest, denn um die Spannung zwischen diesen beiden Aspekten geht es.

Treue ist ein Wert, ein sehr hoher sogar, aber warum? Auf diese Frage können verschiedene Antworten gegeben werden; eine von ihnen ist: Es berührt uns. Es berührt uns, wenn ein Mann zu einer Frau, eine Frau zu einem Mann sagt: Ich stehe zu dir, ich bleibe bei dir, egal, was passiert – ich bin dir treu. Es bringt eine unverrückbare Qualität herein, etwas Bleibendes in allen Wechselfällen des Lebens, wie es sich in der Formel „In guten wie in schlechten Tagen" ausdrückt.

So gesehen hat „Treue" eine Verwandtschaft mit dem Begriff der *bedingungslosen Liebe.* Bedingungslose Liebe ist eine Liebe, die nicht an Bedingungen geknüpft ist, so nach der Art: „Ich liebe dich, aber nur unter folgenden Bedingungen, und wenn du diese nicht erfüllst, dann ist ganz rasch Schluß mit der Liebe." Die Liebe, die sexuelle Treue fordert, ist eine bedingte Liebe: Bei Eingehen einer Außenbeziehung macht der „Treugebliebene" meist sehr rasch Schluß mit seiner Liebe. Und dennoch hat Treue eine innere Beziehung zur bedingungslosen Liebe.

Wenn ich „bedingungslos" geliebt werde, dann kann ich aus der Liebe nie herausfallen, egal, was ich tue. Für die meisten Menschen ist bedingungslose Liebe ein Fremdwort; sie nehmen an und haben erfahren, daß sie nur geliebt werden, wenn sie bestimmte Bedingungen erfüllen. Bedingungslose Liebe kann den Menschen bis auf den Grund erschüttern, gerade weil sie so ungewohnt ist: *Es ist nicht möglich für mich, nicht geliebt zu werden, egal, was ich bin, egal, was ich tue.*

In der absoluten Treue wie auch in der bedingungslosen Liebe spüren die Menschen eine Qualität, die über das „menschlich-Allzumenschliche" hinausreicht und eine göttliche Qualität aufweist. Deswegen bewegt uns Treue auch so tief – weil wir sie, befangen in zahllosen Verwicklungen und Einschränkungen, überhaupt nicht gewohnt sind.

In den letzten 200 Jahren hat sich vor allem die westliche Welt immer mehr „psychisiert" – der *psychischen Befindlichkeit* wurde ein immer größerer Wert beigemessen. Psychologie und Psychotherapie tauchten auf, aber sie konnten nur auftauchen, weil schon in der Literatur der Romantik das *individuelle Seelenleben* eine immer größere Beachtung erfuhr. Derlei wäre in den alten Kulturen völlig unmöglich gewesen. Und so geschah, daß durch die wachsende Bedeutung der psychischen Befindlichkeit das Treueprinzip aufgeweicht wurde.

Absolute Prinzipien, die früher verbindlich, da göttlichen Ursprungs waren, wurden in ihrer Rückwirkung auf die psychische Befindlichkeit als *starre* Prinzipien erlebt, die lebensfeindlich waren und zumindest der individuellen Befindlichkeit, die plötzlich wichtig wurde, keinerlei Rechnung trugen.

Es mag damit angefangen haben, daß man begriff, daß es einer Frau eigentlich nicht zuzumuten war, auf ihren Mann, der sich weiß Gott wo rumtrieb, jahrelang ergeben zu warten und ihm währenddessen „treu" zu bleiben. Hatte sie während der Zeit nicht auch das Recht auf gelebte Liebe?

Und das war natürlich nur der Anfang. Denn auch wenn der Partner nicht jahrelang weg, sondern ständig da ist – inwiefern muß ich treu bleiben, bloß wegen einer Zeremonie und eines Versprechens vor vielen Jahren, wenn ich die Beziehung als absolut unbefriedigend erlebe? Was nützt mir die Treue, wenn mein Leben immer verkümmerter wird? Das waren die Fragen, die immer mehr Menschen stellten, weil die *psychische Befindlichkeit* immer mehr beachtet wurde.

Genau dieselbe Entwicklung trat hinsichtlich der *Dauer* auf. Galt früher eine Ehe als unauflöslich, so wurde dies schließlich in Einzelfällen relativiert – ist die Ehe wirklich unauflöslich, wenn die Frau täglich vom Mann verprügelt wird? Wäre das nicht unmenschlich? Aber damit war eine Bresche geschlagen, denn *wo ist die Grenze?* Körperliche Grausamkeit, seelische Grausamkeit, mangelnde Beachtung, mangelndes Geliebtwerden oder einfach zu geringe Berücksichtigung meiner individuellen Psyche – wo ist die Grenze, ab der eine Ehe geschieden, eine Partnerschaft getrennt wird?

Gibt es überhaupt eine Grenze?

Und so führte die wachsende Beachtung der psychischen Befindlichkeit dazu, daß das absolute Prinzip der Treue und der Dauer immer mehr aufgelöst wurde.

Im Zuge der wachsenden Beachtung der psychischen Befindlichkeit tauchte schließlich ein neuer Treue-Begriff auf: Es war die *Treue zu sich selbst.*

Dieser Treue-Begriff war natürlich eine logische Konsequenz der wachsenden Bewußtwerdung des eigenen individuellen Ichs. In den alten Kulturen gab es nur eine Unterscheidung: Entweder der Einzelne erfüllte die ihm zugeordnete soziale Rolle – dann war er angesehen – oder er erfüllte sie nicht. Langsam tauchte ein neues unterscheidendes Merkmal auf: Er war entweder sich selbst treu – das heißt, er brachte auf authentische Weise sich selbst zum Ausdruck, was auch immer das heißen mochte – oder er war es nicht, nur Funktionsträger ohne jeden persönlichen Ausdruck. Während der Treue-Begriff eine lange und alte Geschichte hat, war der Begriff der „Treue zu sich selbst" offensichtlich etwas völlig Neues – und für viele Menschen ist dieser Begriff auch heute noch nicht nachvollziehbar.

Natürlich konnte die „Treue zu sich selbst" nur entstehen aufgrund der wachsenden Bedeutung der psychischen Befindlichkeit. Plötzlich gab es ein neues Absolutes – nicht mehr die Gemeinschaft oder die göttliche Ordnung, sondern das individuelle Selbst, welches jetzt als Kriterium für Lebensentscheidungen herhalten mußte. Auch dies wäre in alten Kulturen völlig unmöglich gewesen.

Damit hatte man die Bescherung, nämlich zwei Treue-Begriffe. Und der Konflikt zwischen diesen beiden war vorprogrammiert.

Die *Treue zu sich selbst* basiert auf der psychischen Befindlichkeit und fügt ihr ein absolutes Element hinzu: das Selbst. Damit hatte die Treue zu sich selbst denselben absoluten Anspruch wie der alte Treuebegriff. Es ist wie mit der Liebe und der Selbstliebe: Muß ich mich selbst lieben als Voraussetzung, um liebesfähig zu sein? In früheren Zeiten nicht. In heutigen Zeiten schon. Das bekannte Jesus-Wort „Liebe deinen Nächsten wie dich selbst" wird heute gern so interpretiert, daß die Selbstliebe die Voraussetzung der Nächstenliebe ist. Ob Jesus das wirklich so gemeint hat, wissen wir nicht. Er hätte auch sagen können: Bleibe anderen treu, wie du dir selbst treu bleibst.

Mit der Entdeckung und Schaffung eines neuen absoluten Bezugspunktes, des Selbst, tauchten neue Begriffe, d. h. neue Möglichkeiten auf: Das „Selbst" wurde ein Ziel, welches „um seiner selbst willen" angestrebt werden durfte, etwa im Begriff der Selbstverwirklichung. Und natürlich tauchten sofort die Warner im Dienste des alten Treuebegriffs auf, die in der Betonung der psychischen Befindlichkeit und des Selbst das Abgleiten in krassen Egoismus sahen. Sich einfügen in die Gemeinschaft und in eine höhere Ordnung stand gegen den jungen, unfertigen, merkwürdig schillernden Begriff des Selbst – wem sollte man jetzt die Treue halten? Dieser Konflikt schwelt unterirdisch, wird selten thematisiert und sehr leicht ideologisiert. „Muß" ich treu sein, auch wenn ich psychisch leide? In alten Zeiten war das keine Frage. „Muß" ich treu sein, auch wenn „ich selbst" zu kurz komme? Am Beispiel der Eltern: „Muß" ich meine bettlägerige, demente Mutter über Jahre hinweg pflegen, auch wenn ich dadurch weder eine Berufsausbildung noch eine Partnerschaft haben kann? „Muß" ich als Frau meinem Partner sexuell treu sein, auch wenn die Sexualität mit ihm mich anwidert und ich mich gerade völlig in einen sensiblen Mann verliebt habe? Ist es nicht geradezu Verrat an meinem Selbst, wenn ich bei dem ungeliebten Mann bleibe, mit dem ich mich völlig eingezwängt fühle?

Und die neue, individualisierte, auf das eigene Selbst bezogene Ethik sagte: Entscheide du! Kein Gott entscheidet für dich, keine von außen kommende Norm, keine sonstige Autorität – *nur du!*

Mit dieser Wendung zum Selbst als entscheidenden Faktor war etwas Neues aufgetreten. In alten Gesellschaften waren die gesellschaftlichen Normen wie z. B. die Treue-Norm ein Abbild der göttlichen Ordnung. In der Moderne und dort vor allem in den westlichen Gesellschaften beginnt dieses Normverständnis mit der Bewußtwerdung des „Selbst“ zu zerfallen. Das Selbst als oberste Instanz übernimmt die Verantwortung für sein Leben. Mit diesem Paradigmenwechsel wird dem Einzelnen eine große Verantwortung auferlegt: Um sein Handeln zu legitimieren, kann er sich nicht mehr auf Gebote Gottes berufen, nicht auf die Religion und nicht auf vorgegebene gesellschaftliche Normen: Er selbst muß entscheiden, was er tun will, und keine äußere Instanz, und sei sie noch so ehrfurchtgebietend, kann ihm diese Entscheidung abnehmen. Da jede Norm in dem neuen Paradigma als künstliche Konstruktion betrachtet wird, mit der eine Gesellschaft versucht, das Verhalten ihrer Mitglieder zu regeln, hat die Norm – auch die Treuenorm – ihren absoluten Charakter verloren.

Im theologisch-weltanschaulichen Bereich wird dieser Wandel sehr gut durch die „Gespräche-mit-Gott“-Bücher von Neil Donald Walsch dargestellt. Diese Bücher haben ihren Ausgangspunkt in einer Lebenskrise von Walsch: Er war ohne Arbeit, ohne Geld, ohne Partner und verzweifelt. In dieser Situation schrieb er eines Abends einen wütenden und anklagenden Brief an Gott, um seiner Seele Luft zu verschaffen. Als er den letzten Satz geschrieben hatte, verharrte seine Hand über dem Papier. Dann bewegte sich der Stift von selbst und schrieb eine Antwort. Auf diese Weise entstand ein Dialog mit einer Stimme, die sich als Gott persönlich vorstellte.

Ob hier bei Walsch Gott wirklich spricht oder nicht, soll hier nicht die Frage sein. Tatsache ist jedoch, daß in den Büchern von Walsch eine spirituell begründete neue Theologie, Ethik und Lebensführung gebracht wird, die auch für unser Thema Beziehung, Treue und Eifersucht bedeutsam ist.

Im dritten Band der Reihe werden u. a. Ehe, Treue und Untreue behandelt. Ich zitiere im folgenden einige Passagen, die das hier Gemeinte besonders klar zum Ausdruck bringen:

Gott: *Ihr strebt als Spezies danach, eine Liebe zu erfahren, die unbegrenzt, ewig und frei ist. Die Institution der Ehe war euer Versuch, Ewigkeit herzustellen. Mit der Eheschließung habt ihr vereinbart, lebenslang Partner zu bleiben. Aber das hat wenig zur Erzeugung einer Liebe beigetragen, die „unbegrenzt" und „frei" ist.*

Walsch: *Warum nicht? Ist die Ehe, wenn sie frei gewählt ist, nicht ein Ausdruck von Freiheit? Und die Aussage, daß du deine Liebe auf sexueller Ebene mit keinem anderen außer deinem Ehepartner bezeugst, ist keine Einschränkung, sondern eine Wahl. Und eine Wahl ist keine Beschränkung, sie ist die* ***Ausübung von Freiheit.***

Gott: *Ja, solange es weiterhin die Wahl* ***ist.***

Walsch: *Nun, das* ***muß*** *sie sein. Das war das* ***Versprechen.***

Gott: *Ja – und damit fangen die Probleme an.*

Walsch vertritt in dieser Passage die traditionelle Eheideologie, während die Stimme, die sich hier als Gott bezeichnet, diese subtil infrage stellt. Die Ehe ist problematisch, weil sie nicht unbedingt die Erzeugung einer lebenslangen Liebe garantiert, und mit dem Versprechen von Treue und Dauer sind zwangsläufig spätere Probleme garantiert.

Im folgenden spricht Gott über die Einzigartigkeit jeder Beziehung und jeder Liebe und fährt fort:

Gott: *Wenn du deine Entscheidung, deiner Liebe auf bestimmte Weise mit nur einer bestimmten anderen Person Ausdruck zu geben, als ein* ***heiliges*** *Versprechen ansiehst, das nie gebrochen werden darf, dann mag der Tag kommen, wo du dieses Versprechen als Verpflichtung empfindest – und wirst dich darüber ärgern. Doch wenn du diese Entscheidung nicht als ein nur einmal gegebenes Versprechen ansiehst, sondern als freie Wahl, die du immer und immer wieder triffst, wird dieser Tag der Ablehnung nie kommen. Denk immer daran: Es gibt nur ein heiliges Versprechen – und das ist, daß* ***du deine Wahrheit sprichst und lebst.*** *Alle* *anderen Versprechen bedeuten einen Verlust von Freiheit, und dieser kann nie etwas Heiliges sein. Denn Freiheit ist, wer du bist. Wenn du die Freiheit einbüßt, büßt du dein Selbst ein. Und das ist kein Sakrament, das ist Blasphemie.*

In dieser Äußerung von Gott wird *Freiheit* als höchster Wert dargestellt, denn „Freiheit ist, wer du bist. Wenn du die Freiheit einbüßt, büßt du dein Selbst ein". Dies ist weit entfernt von einer Theologie, die den wesentlichen Punkt in der Befolgung von Gottes Geboten sieht. Bedeutsam ist auch die hier vollzogene Koppelung von Freiheit und Selbst – damit wird das Selbst auf eine ähnlich hohe Stufe gehoben. Von diesem Blickwinkel aus gesehen erscheint ein Versprechen – und zumal das Treueversprechen – fragwürdig. Denn ein Versprechen bindet und schränkt die Freiheit ein. Im weiteren Dialog ist Walsch jedoch zunächst mal entsetzt:

Walsch: *Puh! Das sind harte Worte. Willst du damit sagen, daß wir nie Versprechen abgeben, nie jemandem irgend etwas versprechen sollten?*

Gott: *So wie die meisten gegenwärtig ihr Leben leben, ist in jedes Versprechen eine Lüge eingebaut. Die Lüge ist, daß ihr nicht wissen könnt, wie ihr in Zukunft in bezug auf etwas fühlt und was ihr dann in dieser Sache unternehmen wollt. Das könnt ihr nicht wissen, wenn ihr euer Leben als das reaktive Wesen führt, das die meisten von euch sind. Nur wenn ihr ein Leben als schöpferisches Wesen führt, ist es möglich, daß euer Versprechen keine Lüge enthält.*

Schöpferische Wesen ***können*** *wissen, welche Gefühle sie künftig hegen werden, weil sie ihre Gefühle* ***erschaffen,*** *statt sie nur zu erfahren.*

Solange ihr eure Zukunft nicht ***erschaffen*** *könnt, könnt ihr eure Zukunft auch nicht* ***vorhersagen.*** *Solange ihr eure Zukunft nicht* ***vorhersagen*** *könnt, könnt ihr auch keine wahrhaftigen Versprechen für die Zukunft abgeben.*

Diese Aussage ist sehr klar: Treueversprechen können nicht abgegeben werden, weil Treueversprechen nicht gehalten werden können. Und sie können nicht gehalten werden, weil wir unsere Gefühle und unsere Zukunft zwar erleben, aber nicht erschaffen, bewußt erzeugen können. Zwar gibt es nach der Aussage von Gott Menschen, die das können – sie werden im Buch „Meister“ oder „Meisterin“ genannt – aber solche Menschen sind rar gesät; die große Mehrzahl kann es nicht:

Gott: *Meister und Meisterinnen sind Personen, die – ganz buchstäblich –* ***wissen, was sie tun.***
Und sie wissen auch, ***warum.***
Menschen, die nicht auf der Meisterschaftsebene agieren, wissen oft beides nicht.

Walsch: *Und deshalb ist es auch so schwer, ein Versprechen zu halten?*

Gott: *Das ist einer der Gründe. Wie ich schon sagte, könnt ihr so lange nicht etwas wirklich versprechen, wie ihr nicht eure Zukunft vorhersagen könnt.*
Ein weiterer Grund, warum Menschen das Einhalten von Versprechen so schwerfällt, ist der, daß sie mit der Authentizität in Konflikt geraten.

Walsch: *Was meinst du damit?*

Gott: *Ich meine damit, daß sich ihre entfaltende oder weiterentwickelnde Wahrheit in bezug auf eine Sache von der Wahrheit unterscheidet, die, wie sie* ***sagten,*** *unveränderlich sein würde. Und damit geraten sie in einen tiefen Konflikt. Wem soll ich Folge leisten – meiner Wahrheit oder meinem Versprechen?*

Gott spricht hier einen zweiten Grund an, warum ein Treue-Versprechen nicht gegeben werden kann: Es kann sein, daß man mit einem derartigen Treue-Versprechen mit der eigenen „Authentizität“ in Widerspruch gerät, aus dem einfachen Grund, weil man sich weiterentwickelt. Und indem die Partner sich weiterentwickeln, verändert sich auch ihre Beziehung – sie ist nicht mehr dieselbe wie zu Beginn, wo die Treueversprechen gegeben oder stillschweigend vorausgesetzt wurden. Möglicherweise ist die Beziehung nicht mehr fruchtbar, in Gewohnheiten erstarrt und plötzlich erscheint die Begegnung mit einem anderen Mann, einer anderen Frau wie ein verlockender Traum. Es ist die Vision, daß man sein Selbst, *sich selbst* mit dem anderen Partner besser leben und entfalten könnte als mit dem bisherigen, dem man das Treueversprechen gegeben hat. Und damit ist der Konflikt da. Der Konflikt zwischen der Treue dem Partner gegenüber und der Treue zu sich selbst.

Und was soll man jetzt tun, wenn man in diesem Konflikt steckt? Das ist auch im Weitergang die Frage von Walsch:

Walsch: *Was rätst du?*
Gott: *Das, was ich dir schon einmal geraten habe:* ***Verrat an dir selbst, um nicht einen anderen zu verraten, bleibt dennoch Verrat. Es ist die höchste Form von Verrat.***

Hier wird Gott sehr deutlich: Die Treue zu sich selbst wird eindeutig höher gewichtet als die Treue zum anderen. Übersetzt in die Partnerwirklichkeit: Wenn ich bei meinem Partner nur bleibe, weil ich mich an ein vor Jahren gegebenes Versprechen gebunden fühle, es aber gleichzeitig nicht schaffe, die Beziehung wieder lebendig und fruchtbar für beide werden zu lassen, so daß beide gern in der Beziehung sind, so entspricht das zwar der gängigen Moral, aber in der Sichtweise Gottes, wie er in den Büchern von Walsch sich äußert, ist dies Verrat, Verrat an sich selbst, *die höchste Form von Verrat.*

Kein Wunder, daß Walsch im Gespräch weiterhin entsetzt ist. Er wechselt jetzt die Perspektive, geht in die Rolle dessen, dem ein Versprechen gegeben wurde, auf welches man, wie jetzt klar ersichtlich, sich offensichtlich nicht verlassen kann:

Walsch: *Aber das würde dazu führen, daß überall Versprechen gebrochen werden!* ***Kein*** *gegebenes Wort würde mehr zählen.*

Man könnte sich auf niemanden mehr verlassen! ... Du meinst, ich habe kein Recht zu erwarten – oder zumindest darauf zu ***hoffen*** *–, daß andere ihr Wort halten?*

Gott: *Warum würdest du ein solches Recht haben* ***wollen?***

Der einzige Grund, warum eine andere Person ihr dir gegebenes Wort nicht hält, ist der, daß sie es nicht will – oder das Gefühl hat, daß sie es nicht kann, was auf dasselbe hinausläuft. Und warum solltest du, wenn eine andere Person ihr Wort nicht halten will oder aus irgendeinem Grund nicht halten zu können glaubt, es von ihr einfordern wollen?

Möchtest du wirklich, daß jemand eine Vereinbarung einhält, die er nicht einhalten will? Hast du wirklich das Gefühl, Menschen sollten zu Dingen gezwungen werden, die sie ihrem Empfinden nach nicht tun können? ...

Glaubst du wirklich, daß dir kein Schaden zugefügt wird, wenn du einen anderen zwingst, sein Versprechen zu halten? Ich sage dir: Es ist anderen mehr Schaden von Personen zugefügt worden, die ein Leben stiller Verzweiflung führen – das heißt, die das tun, was sie tun zu „müssen" meinen –, als von Personen, die ungehindert tun, was sie tun wollen.

Wenn du einem Menschen Freiheit gibst, verstärkst du nicht die Gefahr, du ***räumst sie aus.***

(Alle Zitate: Walsch, N. D. 1999, S. 265–274)

Auch in dieser Aussage von Gott wird dem Wert *Freiheit* die höchste Priorität eingeräumt; die Freiheit, die man selbst lebt, wie auch die Freiheit, die man anderen Menschen zugesteht, *ihr* Leben zu leben. Und auch der Partner ist ein solcher Mensch. Nur so kann der Satz verstanden werden, „warum solltest du, wenn eine andere Person ihr Wort nicht halten will ..., es von ihr einfordern wollen? Möchtest du wirklich, daß jemand eine Vereinbarung einhält, die er nicht einhalten will?" Und die Aussage schließt mit dem Plädoyer, Freiheit zu geben, auch dem

Partner, denn damit „verstärkst du nicht die Gefahr, du *räumst sie aus.*"

Dies ist eine kühne Aussage, die dem allgemeinen Verständnis zuwiderläuft. Gängig ist eher die Meinung: Ich darf meinem Partner nicht Freiheit zugestehen, denn das würde sofort ausgenutzt. Hinter diesem Gedanken vom Ausnutzen gewährter Freiheit steht allerdings nicht Liebe, sondern Angst. Angst und Freiheit verhalten sich gegensätzlich zueinander: Um Freiheit zu leben und anderen Freiheit zuzugestehen, muß ich angstfrei sein; wenn ich voller Angst bin, kann ich weder Freiheit leben noch Freiheit zugestehen. Und der Gott, den Neil Donald Walsch in seinen Büchern bringt, ist eindeutig auf Seiten der Freiheit.

Ich breche hier ab; die Grundaussage dürfte hiermit eindeutig sein. Es wäre ein Mißverständnis, wollte man aus diesen Aussagen ableiten, daß Gott in Walsch' Buch das Fremdgehen befürwortet und die lebenslange Monogamie gering bewertet – nirgends in den Büchern von Walsch steht Derartiges. Die kritischen Anmerkungen von Gott beziehen sich eher darauf, in was für Fallen wir uns mit unserem Beziehungsverständnis manövrieren. Dabei ist eine Hauptaussage der „Gespräche-mit-Gott"-Bücher, daß Gott nichts befürwortet und nichts verdammt, jedoch seine Beobachtungen mitteilt. Weder befürwortet noch mißbilligt Gott die Treue zum anderen, aber er erklärt, warum ein Treueversprechen für alle Zukunft problematisch ist und in dieser Form wahrscheinlich nicht so günstig. Nebenbei gesagt gelten die obigen Zitate nicht nur für Treueversprechen, sondern ebenso für jegliche Art von Vertrag. Aber dies ist ein anderes Thema.

Mit dieser Wendung zum Selbst, wie sie beispielsweise bei Walsch aufscheint, hat Treue aufgehört, ein Erfordernis zu sein: Treue kann nicht gefordert werden; Treue kann nicht erwartet werden, wenn man ein Paradigma leben will, welches auf der Treue zu sich selbst fußt. Ich wiederhole, weil dieser Satz sehr wichtig ist:

Treue kann nicht gefordert werden. Treue kann nicht erwartet werden.

Nach dem neuen Paradigma ist Treue keine Norm mehr, sondern eine Leistung des Selbst und damit der Verantwortung des Selbst, der *Selbstverantwortung* übereignet. Heißt das, daß Treue nichts mehr gilt? Es wäre dies ein völliger Fehlschluß. *Treue, die in Freiheit und von Herzen geleistet wird,* ist nach wie vor eine der kostbarsten Erfahrungen, die ein Mensch machen kann. Diesen Wert behält sie jedoch nur dann, wenn sie in Freiheit und von Herzen geschieht – sie kann weder gefordert noch erwartet werden.

Dies gilt auch für die sexuelle Treue, die ja bei einer Partnerschaft regelmäßig mit Treue gleichgesetzt wird – leider. *Solange du nicht mit einem anderen bzw. einer anderen schläfst, ist alles gut, tust du es dennoch, ist alles vergeblich* – wenn wir wirklich weiterkommen wollen in der Partnerschaft, dann wäre es gut, über diese Einstellung hinauszuwachsen. Viel sinnvoller wäre die Einstellung, die fragt, *wie ist denn unsere Beziehung, wie fruchtbar für uns beide, inwieweit lieben wir uns,* egal, ob sexuelle Treue besteht, oder nicht.

Treue in Selbstverantwortung heißt Treue zu sich selbst und Treue zum anderen – wenn beides zusammenfällt, gibt es keinen Konflikt zwischen diesen beiden mehr.

Kontakt zum Autor

Dr. Thomas Deutschbein
Spitzackerstrasse 52, CH 4103 Bottmingen
e-mail thomas.deutschbein@bluewin.ch
www.thomas-deutschbein.ch

Fragebogen zu Treue, Untreue und Eifersucht

Der folgende Fragebogen ist garantiert unwissenschaftlich. Um das zu verstehen, muß man folgendes wissen: Ein wissenschaftlicher Fragebogen ermittelt die Ausprägung eines Merkmals verglichen mit der durchschnittlichen Ausprägung des Merkmals in einer definierten Population. Wenn der Fragebogen Eifersucht zum Thema hätte, dann würde ein wissenschaftlicher Fragebogen ergeben, wie groß meine Eifersuchtsneigung wäre verglichen mit der Bevölkerung im allgemeinen: Bin ich eifersüchtiger als die meisten anderen, ungefähr genauso eifersüchtig oder bedeutsam weniger eifersüchtig. Man bekommt bei einem wissenschaftlichen Fragebogen meist das raus, was man reingesteckt hat, denn mit einiger Selbstkenntnis weiß man ja so ungefähr, wo man steht.

Dieser Fragebogen will nicht deine Eifersuchtsneigung „objektiv" ermitteln, sondern zum Denken anregen und so die Selbsterkenntnis fördern. Der Erkenntnisgewinn ist am größten, wenn der Fragebogen *vor und nach Lesen des Buches* durchgegangen und beantwortet wird.

Und nun: Viel Spaß!

Fragen zur Eifersucht

- Was ist für dich Eifersucht?

....

....

- Gibt es positive Bedeutungen von Eifersucht?

....

....

- Und welche sind negativ?

....

....

- Hältst du Eifersucht für ein Zeichen von Liebe? Ist Liebe ohne Eifersucht für dich undenkbar?

....

....

- Wenn ja: Warum zeugt deiner Meinung nach Eifersucht von Liebe?

....

....

- Hältst du Eifersucht für nicht beeinflußbar, etwas, dem du hilflos ausgeliefert bist?

....

....

- Viele, wenn nicht die meisten Menschen, sind in der einen oder anderen Situation eifersüchtig. Hältst du es für möglich, daß es Menschen ohne jegliche Eifersucht gibt?

....

....

- Falls du einen solchen Menschen treffen würdest: Würdest du ihn beneiden? Oder wie würdest du über ihn denken?

....

....

- Hältst du es für möglich, Eifersucht völlig abzuschaffen? Wenn nein, warum nicht?

....

....

- Eifersucht beinhaltet die Angst, den Partner zu verlieren. Wäre es sehr schlimm für dich, deinen Partner zu verlieren?

....

....

- Wenn ja, warum? Was genau ginge dir verloren?

....

....

- Eifersucht beinhaltet oft die Angst, dem Partner nicht so viel bieten zu können wie eventuelle Konkurrenzpartner. Welche möglichen Eigenschaften eines Nebenbuhlers würden am ehesten deine Eifersucht wecken: Wenn er/sie schöner ist als du? Intelligenter? Erfolgreicher? Besser im Bett? Sonstiges (bitte benennen)?

....

....

- Welches Verhalten deines Partners gegenüber Personen anderen Geschlechts könntest du tolerieren?

....

....

- Und wo wäre für dich die Grenze erreicht?

....

....

- Ist diese Grenze absolut, oder könntest du dir vorstellen, diese Grenze zu verschieben?

....

....

Fragen zur Treue

- Wie genau definierst du Treue?

....

....

- Ist Treue für dich wichtig? Wenn ja, warum?

....

....

- Was ist der wesentliche Kern einer Partnerschaft, deiner Meinung nach? Ist es die Treue?

....

....

- Wenn nein, was ist es dann?

....

....

- Ist sexuelle Treue die unabdingbare Voraussetzung einer guten Partnerschaft? Wenn ja, warum?

....

....

- Wenn du die sexuelle Treue als unabdingbare Voraussetzung siehst – heißt das, daß Sexualität für dich das wichtigste Element einer Partnerschaft ist?

....

....

- Was ist deiner Meinung nach Liebe?

....

....

- Gehört es deiner Meinung nach zur Liebe, daß man bestimmte Erwartungen an den geliebten Partner hat, z. B., daß er/sie treu ist?

....

....

- Meinst du, man kann nur einen Menschen lieben?

....

....

- Oder hältst du es für möglich, zwei oder mehrere Menschen zu lieben? Und was ist dann mit der Treue?

....

....

- Der Partner hat für die meisten Menschen einen „besonderen" Status. Aber was macht diesen besonderen Status aus? Wieso ist er besonders?

....

....

- Besteht das „Besondere" darin, daß wir mit ihm Sex haben? Oder in was sonst?

....

....

- Und wenn es nicht der Sex ist – wieso ist sexuelle Treue dann so wichtig?

....

....

Fragen zur Untreue

- Gesetzt den Fall, es käme heraus, daß dein Partner fremdgeht – würdest du sofort die Koffer packen?

....

....

- Würde es dich interessieren, warum er/sie das getan hat? Und wäre das ein echtes Interesse an seinem Leben, weil du ihn/sie liebst?

....

....

- Oder wäre deine Liebe dann schlagartig vorbei und Verständnis aufbringen wolltest du dann auch nicht mehr?

....

....

- Könntest du dir vorstellen, daß die „Untreue" deines Partners auch was mit dir zu tun haben könnte? Und wärst du bereit, da mal hinzuschauen?

....

....

- Glaubst du, du kennst deinen Partner?

....

....

- Hast du mit deinem Partner schon mal über mögliche Untreue bei dir oder bei ihm/ihr gesprochen?

- Wenn ja, warum? Und wenn nein, warum nicht?

- Könntest du dir so ein Gespräch vorstellen, und daß es nützlich wäre?

- Wenn der Partner fremdgeht, hat das oft Auswirkungen auf den „treugebliebenen“ Partner. Ist das Gefühl von Sicherheit und Geborgenheit dann gleichbleibend oder vermindert?

- Wenn vermindert, warum? Hast du Sicherheit und Geborgenheit von deinem Partner bezogen?

- Und was an deinem Partner hat dir Sicherheit und Geborgenheit gegeben? Etwa daß du sein/ihr einziger Sexpartner warst?

- Wird das Selbstwertgefühl durch Fremdgehen des Partners gestärkt oder vermindert?

....

....

- Wenn vermindert, warum? Ist dein Selbstwert nicht etwa noch derselbe? Oder hast du ihn von deinem Partner bezogen?

....

....

- Bei Untreue entsteht oft ein Gefühl des Verrats bei dem treugebliebenen Partner. Worin besteht genau der Verrat? Habt ihr ein Abkommen getroffen, welches Untreue für alle Zeit und Ewigkeit ausschließt?

....

....

- Wenn dein Partner fremdgehen würde – würde dies dich sexuell erregen?

....

....

- Warst du selbst schon einmal „untreu“?

....

....

- Wenn ja, hast du es ohne Schuldgefühle bejaht und genossen?

....

....

- Oder hattest du zumindest danach Schuldgefühle?

....

....

- Hat der Seitensprung deiner Partnerschaft geschadet? Wenn ja, inwiefern?

....

....

- Oder sie im Gegenteil gefördert und belebt? Wenn ja, inwiefern?

....

....

- Hast du durch den Seitensprung etwas Wichtiges über dich rausgefunden?

....

....

- Wenn du eine Außenbeziehung eingehen würdest, würdest du es deinem Partner auf jeden Fall bzw. auf keinen Fall bzw. eventuell mitteilen? (Zutreffendes bitte unterstreichen)

....

....

- Fändest du eine „freie Beziehung" gut, in der auch sexuelle Außenbeziehungen vorkommen dürfen?

....

....

Anhang: Übersetzung der englischen Zitate

Seite 78, Fußnote 1: Zitat Anapol: Part of jealousy …

Teilweise ist in der Eifersucht sexuelle Erregung enthalten, die ganz von selbst entsteht bei der Vorstellung, wie unser Partner mit jemanden Liebe macht – auch wenn dies jemand anderer ist. Es ist die Stärke der sexuellen Spannung, die Eifersucht zu einer derart gefährlichen Passion macht.

Wenn Eifersucht auftritt, dann verwandle diese Passion in etwas Positives. Erlaube es dir, dich sexuell erregt zu fühlen. Nimm dies als Gelegenheit, Energie aufzubauen und in dir kreisen zu lassen anstatt diese sofort zu entladen, indem du Liebe mit deinem Partner machst.

Wenn du das Kreisen der sexuellen Energie in dir gemeistert hast und mit starker Erregung umgehen kannst, dann bitte deinen Partner, dir von seinen oder ihren erotischen Begegnungen zu erzählen. Noch besser, frag', ob du zuschauen kannst. Wenn der Zeitpunkt gekommen ist, dann übertrage durch bewusstes Berühren dein Feuer zu deinem Liebespartner und spüre, wie er in deinen Armen schmilzt. Dann ist der Kreislauf geschlossen.

Seite 79, Fußnote 1: Zitat Francis: Feel, if you can …

Fühle, falls möglich, wie erotisch Eifersucht sein kann. Wenn du dich eifersüchtig fühlst, dann geh' in den Kern der Erfahrung. Ermutige deinen Partner, dasselbe zu tun. Hilf ihnen, falls du kannst. Tief innen in der Eifersucht ist ein feuriger Kern erotischer Leidenschaft. Vielleicht überrascht es dich, wie gut sich das anfühlt …

Seite 93, Fußnote 2: Zitat Labriola: For every jealous feeling …

Für jedes eifersüchtige Gefühl gibt es eine Emotion hinter der Eifersucht, welche sehr viel wichtiger ist als die Eifersucht selbst. Hinter der Eifersucht liegt ein unerkanntes Bedürfnis oder eine tiefe Furcht, daß unsere Bedürfnisse nicht erkannt werden. Diese Ängste und unerkannten Bedürfnisse zu erkennen ist der Schlüssel dazu, der Eifersucht ihre Maske und ihre Energie zu nehmen. Eifersucht ist nur der Finger, der auf die Ängste und Bedürfnisse zeigt, die wir nicht anschauen möchten. Wenn sich Eifersucht bemerkbar macht, reagiert der archaische Reptil-Teil unseres Gehirns mit einer „Kampf-oder-Flucht"-Haltung, denn wir meinen, daß unser Überleben bedroht ist. Wenn du dich eifersüchtig fühlst, dann frag' dich: „Was ist es, vor dem ich wirklich Angst habe? Was brauche ich, damit ich mich in dieser Situation sicher fühle?" „Was ist das Schlimmste, was passieren könnte, und wie wahrscheinlich ist es, daß es eintritt?"

Seite 94, Fußnote 3: Zitat Labriola: Our society is addicted …

Unsere Gesellschaft verteidigt fanatisch drei Grundüberzeugungen über Beziehungen, die mit absoluter Garantie Eifersucht selbst in den ausgeglichensten Personen erzeugen. Die meisten von uns haben diese Überzeugungen aufgesogen ohne sich dessen bewusst zu sein. Diese Glaubenssätze in unserem tiefsten Herzen zu erkennen und zu zerstören ist der effektivste Weg, Eifersucht zu besiegen.

Seite 95, Fußnote 4: Zitat Labriola: If you truly believe …

Falls du wirklich glaubst, dein Liebhaber wäre nur deswegen an einem anderen Partner interessiert, weil du unzulänglich bist, dann kannst du sehen, wie sehr dies Eifersucht erzeugt und fördert.

Seite 96, Fußnote 5: Zitat Labriola: The fact that these new beliefs …

Die Tatsache, daß diese neuen Grundüberzeugungen uns so merkwürdig und fast lächerlich erscheinen, zeigt uns, wie tief die alten Glaubenssätze über Liebe und Beziehungen in unserem Bewusstsein verwurzelt sind. Dies unterstreicht auch die Wichtigkeit diese alten Glaubenssätze aufzulösen, falls wir hoffen, uns an multiplen Beziehungen frei von Eifersucht zu erfreuen.

Seite 101, Fußnote 6: Zitat Francis: Compersion begins the first time …

Compersion beginnt dann zum ersten Mal, wenn wir angetörnt sind von der Lust eines anderen, oder von der Idee, daß jemand anderer jemanden liebt außer uns. Du denkst vielleicht, daß dies total verrückt ist. Aber für einige Menschen ist dies völlig natürlich. Da gibt es diejenigen, die nicht der „eifersüchtige Typ“ sind, und dann diejenigen, die einfach die Liebe lieben, egal wen es betrifft. Wir alle wissen, daß dies möglich ist. Vielleicht haben wir eine Vorstellung, wie gut es sich anfühlen würde, sich hinzugeben an die Sicherheit, Freiheit und unbedingte Akzeptanz unserer Liebhaber und alles, was sie sind – eingeschlossen andere Menschen, die sie vielleicht lieben, und wie großartig es wäre, sie alles erfahren zu lassen, was wir sind – eingeschlossen andere Menschen, die wir vielleicht lieben.

Seite 105, Fußnote 7: Zitat Francis: The movement from jealousy to compersion ...

Die Entwicklung von Eifersucht zu Compersion ist einer der direktesten spirituellen Wege, die es gibt, weil wir dadurch so viel lernen, was spirituelle Schulen uns zu lehren versuchen: Bedingungslose Liebe, Hingabe, Vergebung, Freiheit, Sicherheit, und, am allerwichtigsten, so zu lieben wie das Höhere Selbst uns liebt: Jeden Menschen gleichermaßen. So zu lieben ist vielleicht die einzige spirituelle Lektion, die es gibt.

Seite 130, Fußnote 8: Zitat Labriola: Learn to accept ...

Lerne Eifersucht zu sehen als normale, aber übertriebene Reaktion auf eine stressvolle, emotional aufgeladene Veränderung in deinem Leben. Ich gebrauche oft das Phobiemodell, um Klienten zu helfen mit ihren Eifersuchtsgefühlen umzugehen. Falls jemand zum Beispiel Angst vor Höhen hat, dann würde der Therapeut genau beschreiben, was für Situationen der Person Angst machen, und dann würde er Schritt für Schritt versuchen diese Situationen so sicher zu machen, daß sie ausgehalten werden können. Bei einer Furcht vor Höhen würde er den Klienten erst mit der Höhe von ein paar Stufen konfrontieren, dann mit der einer Leiter, einer Rolltreppe und schließlich mit dem Gipfel eines Hügels oder Berges. Wenn ein Klient allmählich sich mit der Situation konfrontiert, die die Phobie auslöst und indem er in kleinen Schritten und in zunehmendem Ausmaß sich der angstauslösenden Situation aussetzt, kann er langsam seine Ängste überwinden.

Seite 130 f., Fußnote 9: Zitat Labriola: To treat jealousy …

In der Behandlung von Eifersucht fordere ich die Klienten auf, so genau wie möglich anzugeben, was Eifersucht bei ihnen auslöst. Zum Beispiel bei Susan war das, was sie am meisten aufbrachte in bezug auf die Affäre ihres Mannes Bill, daß er die Nacht mit Rachel verbrachte und Susan sich in der Nacht einsam fühlte. Bill war einverstanden damit, jede Nacht nach Hause zu kommen solange er ein paar Abende mit Rachel verbringen konnte. Nach einem Monat merkte Susan, daß sie nicht länger eifersüchtig war und sie willigte ein, daß er eine Nacht in der Woche mit Rachel verbringen konnte mit dem Vorbehalt, daß sie ihn anrufen und bitten könne nach Hause zu kommen, falls sie sich eifersüchtig fühle. Nach ein paar weiteren Monaten entschied sie, daß es für sie okay war, wenn Bill zwei oder drei Nächte pro Woche mit Rachel verbringen würde und sie wurde nur eifersüchtig, wenn Bill ihren Geburtstag vergaß und ein Treffen mit Rachel in dieser Nacht vereinbarte. Während dieser ganzen Zeit war Rachel bereit, sich flexibel an Susan's Forderungen anzupassen, da sie verstand, daß Susan's Kooperation wesentlich war, damit diese Beziehung für jedermann stimmig ist. Und was Susan am meisten half, war, daß sie sich in kleinen Schritten genau den Situationen aussetzen konnte, die sie am meisten fürchtete und so allmählich lernte, die neue Situation zu tolerieren und sogar zu lieben.

Seite 132, Fußnote 10: Zitat Labriola: Most people are surprised …

Die meisten sind überrascht, wenn sie herausfinden, daß die Vorstellung ihr Partner habe noch eine andere Beziehung im allgemeinen schmerzlos ist außer bestimmte Schlüsselsituationen, und diese Auslöser sind unterschiedlich für jede Person. Zum Beispiel entdeckte eine Frau, daß es tatsächlich angenehm und sexuell erregend war, sich den ganzen Ablauf vorzustellen; jedoch sie rastete aus bei der Vorstellung, ihr Mann ginge mit der Frau in „ihr" gemeinsames Bett. Sie traf dann mit ihm eine Vereinbarung, daß er mit anderen Frauen nur außerhalb ihres Hauses schlafen würde, entweder im Haus der Frau oder im Hotel, und dies bewirkte, daß sie sich sicher fühlte. Ein anderer Mann fand die Vorstellung, seine Partnerin hätte Geschlechtsverkehr mit einem anderen Mann, angenehm, aber er wurde wütend bei der Vorstellung, sie würde den Mann oral bedienen. Er betrachtete Fellatio als äußerst intime Erfahrung und bat sie, dies nicht mit einem anderen Mann zu tun und sie war damit einverstanden.

Eine andere Frau fand zu ihrer großen Überraschung die ganze Visualisierung sehr angenehm, bis sie zu dem Punkt kam, wo nach dem Sex ihr Ehemann mit der Frau über seine Gefühle spricht. Es wurde ihr klar, daß es ihr nichts ausmacht, wenn ihr Partner Sex mit einer anderen Frau hat, aber daß sie sich sehr bedroht fühlte bei der Vorstellung eines intimen Gesprächs.

Seite 165, Fußnote 11: Anapol: Jealousy always conjures up …

Eifersucht beschwört immer die schlimmste Möglichkeit: Den Verlust des geliebten Partners. Meistens ist es ein falscher Alarm. Aber wenn du die schlimmste Möglichkeit akzeptieren kannst, kann sich alles andere leicht und angenehm ergeben. Eifersucht verleitet uns dazu, dem Fluß des Lebens zu widerstehen, NEIN zu sagen zu Veränderung. Wie ein Anhauch des Todes bringt uns Eifersucht in Kontakt mit der unvorhersehbaren Natur des Lebens.

Plötzlich erscheint die Zukunft unsicher. Eifersucht sagt, geh' dagegen an, klammere dich fest so stark du kannst. Stop diesen Strom, verschließ' das Tor. Jedoch Widerstand bewirkt nur Schmerz. Stattdessen, lass los. Was zu Dir gehört, wird wieder zurückfließen.

Literaturverzeichnis

Anapol, Deborah: *Compersion: Using Jealousy as a Path to Unconditional Love.* – In: www.lovewithoutlimits.com/articles/Compersion.html

Anonymus: *Freie Liebe, offene Ehe und Polyamorie.* Diplomarbeit 2004. – Zu finden unter: www.polyamorie.ch/doc/text:diplomarbeit-anonymus

Aresin, Lykke/Starke, Kurt: *Lexikon der Erotik.* – Droemer Knaur Verlag München 1996

Baumgart, Hildegard: *Formen der Eifersucht. Erfahrungen und Lösungen im Beziehungsdreieck.* – Deutscher Taschenbuch Verlag dtv, München 2006

Bischof, Norbert: *Das Rätsel Ödipus. Die biologischen Wurzeln des Urkonfliktes von Intimität und Autonomie.* – Verlag Piper, München-Zürich 1985

Buss, David: *Wo warst Du? Der Sinn der Eifersucht.* – Rowohlt Taschenbuch Verlag, Reinbek 2003

Degen, Rolf: *Süßer die Alarmglocken nie klingen.* In: Die Weltwoche, Jhrg. 2007 (26)

Duhm, Dieter: *Der unerlöste Eros.* – Verlag Meiga, Berlin 1991

Francis, Eric: *A crazy little thing called …* – In: www.planetwaves.net/compersion.html

Franz, Sabine: *Die Kunst des Verzeihens.* In: Für Sie 13/2008

Gambaroff, Marina: *Sag mir, wie sehr liebst du mich. Frauen über Männer.* – Rowohlt Taschenbuch Verlag, Reinbek 1987.

Havas, Laslo/Pauwels, Louis: *Die letzten Tage der Monogamie. Die Geschlechtsmoral von morgen.* Verlag Fritz Molden, Wien, München, Zürich 1970.

Ihlefeldt, Felix: *Wenn man mehr als einen liebt. Frauen und Männer erzählen von ihrer Art, Partnerschaft freier zu leben.* – Verlag Schwarzkopf & Schwarzkopf, Berlin 2008.

JELLOUSCHEK, HANS: *Warum hast du mir das angetan? Untreue als Chance.* – Verlag Piper, München-Zürich 1997
JELLOUSCHEK, HANS: *Wie Partnerschaft gelingt – Spielregeln der Liebe.* – Verlag Herder, Freiburg im Breisgau 1998.
JELLOUSCHEK, HANS: *Was die Liebe braucht. Antworten auf die wichtigsten Beziehungsfragen.* – Kreuz Verlag, Stuttgart 2009.
JORDAN, WOLF: *Aus Eifersucht kann Liebe werden.* Verlag Herder, Freiburg/Brsg. 2005.
KAST, BAS: *Die Liebe und wie sich Leidenschaft erklärt.* – Fischer Taschenbuch Verlag, Frankfurt 2006.
LABRIOLA, KATHY: *Unmasking the green-eyed monster: Managing jealousy in open relationships.* – In: www.cat-and-dragon.com/stef/Poly/Labriola/jealousy.html
LANDOR, MARTINA: *Eifersucht kann die Liebe retten.* In: Emotion – das Psychologie-Magazin, Jhrg. 2006, März
LICHTENFELS, SABINE: *Der Hunger hinter dem Schweigen. Annäherungen an sexuelle und spirituelle Wirklichkeiten.* – Verlag Meiga, Belzig 1992.
LUYENS, MAUREEN/VANSTEENWEGEN, ALFONS: *Trotz aller Liebe. Wie überstehen wir den Seitensprung?* – Carl-Auer-Verlag, Heidelberg 2006
MARY, MICHAEL: *Fünf Wege die Liebe zu leben.* Bastei Lübbe TB, Bergisch-Gladbach 2004
MARY, MICHAEL: *Wie lassen sich Nebenbeziehungen führen?* Vortrag 2006, pdf-Dokument, www.michaelmary.de
MARY, MICHAEL: *Das Leben lässt fragen, wo du bleibst.* Bastei Lübbe TB, Bergisch-Gladbach 2007
MERKLE, ROLF: *Eifersucht. Woher sie kommt und wie wir sie überwinden können.* – PAL-Verlagsgesellschaft, Mannheim 2005, 10. Auflage.
PEREL, ESTHER: *Wild Life. Die Rückkehr der Erotik in die Liebe.* Pendo Verlag, München/Zürich 2006
ROMING, ANNA: *Der Eifersucht entkommt niemand.* – Psychologie Heute, Jhrg. 1997 (5)

Schlender, B./Söhner, E. (Hrsg.): *Frühstück zu Dritt. Leben und lieben in Mehrfachbeziehungen.* novum Verlag Horitschon-Wien-München 2006

Schmidt, Adalbert: *Eine tödliche Krankheit?* In: Borneman, E., Körner, H., Lankor, E., Plack, A. und Schmidt, A.: Eifersucht. Ein Lesebuch für Erwachsene. Lucy Körner Verlag, Fellbach 1979, in 40. Auflage 2004.

Talese, Gay: *Der Talese-Report. Sexualität und Erotik in der Männergesellschaft.* – Playboy-Taschenbuch im Moewig-Verlag, 1982. Neu herausgekommen unter dem Titel *„Du sollst begehren"*. – Rogner und Bernhard, Berlin 2007.

Tolkien, J. R. R.: *Nachrichten aus Mittelerde.* Klett-Cotta-Verlag, Stuttgart 1983.

Walsch, Neale D.: *Gespräche mit Gott, Band 3: Kosmische Weisheit.* Wilhelm Goldmann Verlag, München 1999.

Wendt, Heide-Ulrike: *Du hast mich betrogen. Frauen erzählen von Liebe, Betrug und Verrat.* Verlag Schwarzkopf & Schwarzkopf, Berlin 2002.

Wessbecher, Harald: *Die Energie der Liebe. Eine neue Dimension der Selbstentfaltung durch Partnerschaft.* Integral Verlag, München 2006.

Willi, Jürg: *Die Zweierbeziehung.* Rowohlt Taschenbuch Verlag, Hamburg 1990.

Willibert: *Der Cuckold.* Online-Buch www.cuckold.de

Der Autor

Thomas Deutschbein studierte Psychologie und war jahrelang als Psychotherapeut in eigener Praxis tätig. Er hat drei längere Partnerschaften hinter sich, die er mit allen Höhen und Tiefen durchlebte. In deren Verlauf stellte er fest, daß er in Situationen, in denen andere vor Eifersucht ausrasten würden, gelassen blieb, während er manchmal eifersüchtig wurde, wenn andere ruhig blieben. Dies gab zu Fragen Anlaß und der Neugier, das Thema Eifersucht in einen neuen Kontext zu stellen. Der Autor ist in den Bereichen Lebensberatung, Paarberatung und Psychotherapie tätig, lebt mit seiner Lebenspartnerin in Bottmingen bei Basel und gibt gemeinsam mit seiner Lebensgefährtin Kurse in Lebensgestaltung und Partnerschaft.

Der Verlag

„Semper Reformandum", der unaufhörliche Zwang sich zu erneuern begleitet die novum publishing gmbh seit Gründung im Jahr 1997. Der Name steht für etwas Einzigartiges, bisher noch nie da Gewesenes.
Im abwechslungsreichen Verlagsprogramm finden sich Bücher, die alle Mitarbeiter des Verlages sowie den Verleger persönlich begeistern, ein breites Spektrum der aktuellen Literaturszene abbilden und in den Ländern Deutschland, Österreich und der Schweiz publiziert werden.
Dabei konzentriert sich der mehrfach prämierte Verlag speziell auf die Gruppe der Erstautoren und gilt als Entdecker und Förderer literarischer Neulinge.

Neue Manuskripte sind jederzeit herzlich willkommen!

novum publishing gmbh
Rathausgasse 73 · A-7311 Neckenmarkt
Tel: +43 2610 431 11 · Fax: +43 2610 431 11 28
Internet: office@novumpro.com · www.novumpro.com

AUSTRIA · GERMANY · HUNGARY · SPAIN · SWITZERLAND

35899106R00129

Printed in Poland
by Amazon Fulfillment
Poland Sp. z o.o., Wrocław